27 하위유형: 에니어그램의 열쇠

Eric Salmon 저

김환영 · 김선휘 · 김진태 공역

SUBTYPES:
THE KEY TO THE ENNEAGRAM

박영story

역자 서문

소크라테스의 경구로 널리 알려져 있지만 실제로는 델포이의 아폴론 신전에 새겨진 말인 "너 자신을 알라!"는 인간에게 자신을 이해하는 것이 얼마나 중요한가를 통찰하게 한다. 인간이 자신을 이해하기 위한 많은 학문의 분야와 방법론이 발달해 왔다. 인간의 성격을 이해하기 위한 에니어그램이라는 이론적 틀도 그중에 하나이다. 일반적으로 우리가 아는 에니어그램은 우리 안에 공존하는 다양한 특성들을 보다 잘 이해하여 자기지식self knowledge을 증진시키고 성격의 그림자, 무의식적인 동기와 두려움 및 방해 요소를 인식하여, 일상에서 반복되고 습관으로 형성된 자동화된 행동 패턴을 알아차려 영적인 변형을 통해 '참 자아'를 찾기 위한 획기적인 이정표를 제공하는 영적 도구이다. 인간이 어떤 존재인가, 인간의 발달과 성장을 위한 방법은 무엇인가라는 의문에 대한 답변을 위한 에니어그램 학습의 출발은 에니어그램의 전제인 에니어그램의 아홉 가지의 성격 특성을 명확하게 이해하고, 이를 토대로 자신이 아홉 가지의 유형 중에 어떤 유형인가를 명료하게 통찰하는 것이다. 따라서 에니어그램의 입문 과정에서 학습자는 아홉 가지의 성격 유형 중에 어떤 성격 유형의 소유자인가를 파악하는 것이 무엇보다 중요하다. 더 나아가 자신의 거짓 자아, 즉 에고의 특성을 정확하게 인식하고 이에 대한 정보를 토대로 내적 작업을 통해 자신의 본질인 참 자아를 회복하여, 자신이 진정 어떤 존재인가를 통찰하는 것이다.

에니어그램의 입문 과정에서 가장 중요한 이슈 중에 하나는 "자신의 에니어그램 성격 유형이 무엇인가?"라는 의문에 해답을 찾는 것이다. 즉, 에니어그램의 아홉 가지 성격 유형 중에 나는 어떤 유형인가를 파악하는 것이다. 그런데 세계적으로 유명한 에니어그램 워크숍에 참석하여 자신의 성격 유형을 확인하는 과정에서 많은 사람들이 자신의 유형을 올바르게 찾지 못하는 어려움을 겪고 있다. 탁월한 에니어그램 학자인 스탠퍼드 대학의 데이빗 대니얼스 교수는 "만약 당신이 하위유형에 대해 알지 못하다면 당신이 누군가의 유형을 잘못 파악할 확률은 50%이다"라고 주장한다. 어떤 사람이 에니어그램의 하위유형에 대해 정확하고 깊이있게 이해하지 못한다면 자신의 에니어그램 성격 유형을 잘못 파악할 수 있다는 것이다.

이러한 맥락에서 볼 때, 에니어그램의 27 하위유형을 올바로 설명한 책이 필요하다. 에니어그램에 입문한지 10여 년 만에 오스카 이차조와 클라우디오 나란호 박사의 27 하위유형에 대한 연구 결과를 국제에니어그램협회의 비트리스 체스트넛 박사를 통해 접하게 되었다. 그 후, 에니어그램의 27 하위유형에 대한 여러 접근 방법에 접하면서 27 하위유형의 명료한 이해에 대한 갈구가 커져만 갔다.

코로나 펜데믹이라는 세계적인 재앙의 와중에 우연히 Eric Salmon의 『Subtypes: The Key to the Enneagram』이라는 책을 일견하고 이 책을 번역하여 한국의 독자들에게 소개해야 한다는 생각에 『27 하위유형: 에니어그램의 열쇠』라는 책으로 번역 출간하게 되었다.

27 하위유형에 관한 소수의 책들이 한국에도 소개되어 있지만, 이 책들의 내용은 대부분 비슷하다. 그러나 『27 하위유형: 에니어그램의 열쇠』는 지금까지 봐온 어떤 책보다 27 하위유형에 대한 구조적·프로세스적 설명이 탁월하다. 저자는 27 하위유형의 결정 요소인 아홉 가지의 격정과 세 가지 본능을 누구보다도 적확하게 설명하고 있다. 또한 이 책에는 본질로부터 에고가 어떻게 발생하여 성격이 탄생하는가를 심리학적인 관점에서 정교하게 설명하고 있다. 또한 에니어그램의 아홉 가지 성격 유형별로 유아기 상처, 격정, 선호하는 방어기제 등을 명료하게 설명하고 각 유형에 따른 세 가지 하위유형에 대한 설명도 상세하게 기술되어 있다. 또한 에니어그램의 아홉 가지의 성격 유형에 따른 세 가지 하위유형별로 일반적인 특징을 중심으로 역설, 메타포, 유형별 경고신호와 하위유형의 경

고신호 및 유형별 사례, 하위유형을 살펴볼 수 있는 참고 영화가 탁월하게 기술되어 있다.

『27 하위유형: 에니어그램의 열쇠』의 내용은 이해하기가 쉽지 않다. 이 책에 소개된 27 종류의 하위유형 프로파일은 에니어그램의 아홉 가지 성격에 대한 심도 있는 이해를 토대로 숙고하면서 읽어야 하기에 다소 어렵지만 정말 좋은 책이다. 이 책은 세 개의 파트로 구성되어 있다. 27 하위유형에 대한 설명은 파트 2에 속해 있다. 27 하위유형에 대한 궁금증 때문에 파트 1을 생략한 채 파트 2를 먼저 본다면 27 하위유형에 대한 온전한 이해가 안 될 수도 있다. 독자들은 인내를 가지고 도입부터 차근차근 숙독하기를 권한다.

이 책의 파트 3은 오스카 이차조 박사와 클라우디오 나란호 박사의 저서와 강연에서 발견할 수 있는 알아차림을 통한 깨달음, 즉 일깨움에 대한 글이다. 해당 파트는 에니어그램의 본질이 영적이라는 것을 깨닫게 해 준다. 파트 3을 일독하면 성격의 차이를 관점의 차이로 설명하는 것에 완전히 동의할 것이다. 여기에서 우리는 온전히 우리 자신이 되기 위한 여정인 변형을 위한 방법 및 영성이 무엇인가라는 질문에 명확한 해답을 발견할 수 있다. 번역을 하면서 "내가 만일 다른 사람과 이어져 있다면 나는 인간이다. 내가 스스로를 다른 사람으로부터 분리하면 나는 존재하지 않는다"라는 생각을 떠올렸다. 우리는 영성이 무엇인가에 대한 단서를 발견할 수 있다. 역자가 특별히 강조하고자 하는 것은 이 책에 소개된 성격의 형성 과정과 본질, 즉 참 자아로 돌아가기는 프로세스 모델은 압권이라는 것이다.

이 책의 번역과 출간의 과정에서 감사를 드려야 할 분들이 많다. 먼저 에니어그램을 창조한 이름 모를 현자, 현대 사회에 에니어그램을 전해준 신비주의 영성학자인 조지 이바노비치 구르지예프, 성격 에니어그램 틀의 개발과 발전에 기여한 오스카 이차조, 클라우디아 나란호 등 에니어그램 스승들에게 깊은 감사를 전한다. 그리고 에니어그램의 하위유형까지 연구할 수 있게 에니어그램의 지혜를 직접 전수해 준 진저 라피드 복다, 돈 리소와 러스 허드슨, 안드레아 아이작, 록산느 호우—머피 등의 현대 에니어그램의 이론 발전과 인간 변형 기법의 개발과 전승에 기여한 에니어그램의 멘토들에게도 감사를 전한다. 또한 번역의 전체 과정에서 에니어그램 지식을 모아주신 최진태 박사님과 김선휘 목사님께 감사드리며, 오랜 시간 동안 격려와 인내로 기다려 주신 박영사의 노현 이사님과 편집과 교정에 최선을 다해주신 소다인 선생님께 심심한 감사를 전한다.

역자 일동

차례

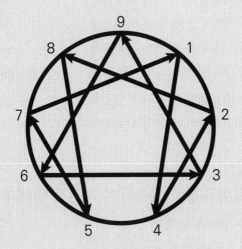

01

하위유형의 중요성 발견

- 20세기 에니어그램의 발달

20세기
에니어그램의 발달

에니어그램 하위유형의 기원과 원리를 이해하기 위해서 에니어그램과 하위유형 이론의 발달에 영향을 주었던 핵심적인 몇 가지 성격 이론과 심리학 이론의 흐름들을 고려하는 것이 중요하다. 따라서 이 장에서는 20세기 에니어그램의 발달에 영향을 끼친 심리학적 동태들에 대한 개요로 시작한다. 이 심리학적 동태들은 어린 아이가 생존을 위해 방어기제를 어떻게 만들어 내는지에 대한 이론의 발달로 이어졌고, 이것이 에니어그램의 세 가지 센터와 아홉 가지 유형의 기초가 되었다. 이것은 추후에 기술되는 하위유형 설명의 맥락을 설정하여 하위유형이 우리의 삶에서 왜 그리고 어떻게 발현하는지를 이해하도록 도울 것이다. 우리의 하위유형 행동을 알아차리고, 이해하고, 그에 대해 연민을 가지는 것은 개인의 발달을 위한 초석이 될 것이다.

1960 - 샌프란시스코 만

"정신분석은 본질적으로 정신적 활동 및 삶을 관찰한 결과이기 때문에 정신분석의 구조에 대한 이해는 여전히 불완전하며 지속적인 수정의 대상이다." 프로이트Freud는 그가 얼마나 옳았는지 몰랐을 것이다. ─ 정신분석은 그저 여정의 한 단계일 뿐이었다. 제2차 세계 대전 이전에도 많은 연구자들이 다방면으로 인간의 영혼을 탐구하고 있었다. 유럽의 연구자들은 정치적인 상황 때문에 미국으로 떠나는 것이 연구를 지속하기에 좋다는 결론을 내렸다. 그들이 미국에 도착하여 자리를 잡은 뒤, 그들은 대서양의 반대쪽에서 많은 사람들을 만나 교류하게 되었다. 그중 몇 명은 인문학 연구에 혁명을 일으켰는데, 아브라함 매슬로우Abraham Maslow, 그레고리 베이트슨Gregory Bateson, 프릿즈 펄스Fritz Perls, 칼 로저스Carl Rogers, 빌헬름 라이히Wilhelm Reich, 그리고 루트비히 빈스뱅거Ludwig Binswanger 등이다. 인간의 의식에 대한 이들의 발견은 심리학뿐만 아니라 양자 물리학과 같은 다른 과학 분야에도 영향을 미쳤다. 이후 베트남 전쟁이 중요한 역할을 했는데, 이 전쟁이 대부분의 연구자들을 미국 서부해안으로 이동하게 하였다. 대부분의 평화주의자들이 그랬던 것처럼 말이다. 그 결과로 1960년대 샌프란시스코 남쪽에는 심리학 연구자인 정신과 의사, 심리학자, 그리고 철학자들이 역사상 제일 많이 밀집되어 있었다. 이곳에서 발달한 몇몇 동태들 중 세 가지는 인본주의 심리학, 팔로 알토 학파Palo Alto school, 그리고 자아초월 심리학이다. 이 다양한 학파의 연구자들은 다른 사람을 이해하던 방식에 혁명을 일으켰다. 이 혁명은 인간의 본성을 더 잘 이해하고 존재의 본질을 재발견하는 것의 필요성을 강조했다. 자기인식을 위한 도구의 필요성 또한 분명해지기 시작했다. 이런 비옥한 토양과 같은 환경 속에서 에니어그램이 출현하였고 성공을 거두게 되었다. 전쟁 이후 세 명의 중요한 에니어그램의 개척자인 오스카 이차조Oscar Ichazo, 클라우디오 나란호Claudio Naranjo, 헬렌 팔머Helen Palmer 등은 에니어그램이 의식을 확장할 수 있는 최고의 방법이라고 보았다.

인본주의 심리학

이 분야에는 칼 로저스Carl Rogers, 롤로 메이Rolo May, 에리히 프롬Erich From과 같은 권위자들이 한데 모여 있다. 1963년에 설립된 인본주의 심리학회는 5가지 핵심 원칙을 가지고 있다[1].

인간은

- 부분의 합 이상이다.
- 다른 사람들과의 관계에 의해 영향을 받는다.
- 의식적이다.
- 선택할 수 있다.
- 자유 의지가 있다.

팔로 알토 학파 The Palo Alto school(2)

이 학파는 그레고리 베이트슨Gregory Bateson의 시스템 사고systemic thought 에 대한 연구에 근거하여 설립되었다. 이 연구의 결실은 새로운 방식의 사고였는데, "전체적으로 생각하고, 국지적으로 행동하라"로 요약할 수 있다.

"전체적으로 생각하라" — 이게 무슨 뜻일까? 서양에서는 항상 아이들에게 분석적 사고 과정을 가르쳐 왔다. 즉, 어떤 현상은 작은 단위로 분해해야 이해할 수 있다는 것이다. 반면 시스템 사고는 각각의 요소, 부분으로 구성된 전체적인 맥락에서 이해될 수 있다는 것이다.

"국지적으로 행동하라" — 이것은 신속한 행위가 가장 큰 변화를 가져올 수 있는 지점에서 실질적인 행동을 취하라는 뜻이다.

30년 이상에 걸쳐 시스템 사고는 실업, 환경, 폭력에 대한 이해와 같은 복잡한 분야에서 큰 성공을 거두었다. 심리학적 관점에서 이 사고방식은 가족치료, 단기 치료 및 게슈탈트Gestalt 등의 세 가지 핵심 분야에서 적용되고 있다. 인본주의 심리학 협회의 다섯 가지 핵심 원칙 또한 이 학파에서 또한 잘 적용되고 있다.

자아초월 심리학

자아초월 운동은 1969년 미국에서 "지성은 정신의 작은 부분이지만, 정신 그 자체는 우주적 차원에서 존재한다"는 칼 융C. G. Jung의 진술을 기반으로 시작되었다. 융에 의하면 모든 영혼은 초월성을 필요로 하며, 개인은 신성에 연결되어야 한다. 융은 지성 및 정서적인 기능에서 멈추지 않고 개인을 넘어 초개인transpersonal을 바라본 첫 번째 심리학자였다[3]. 그것은 우리가 인간으로서 필연적으로 자신의 보다 뛰어난 부분을 찾고 있다는 믿음이었다. 이 스위스 개척자의 뒤를 아브라함 매슬로우Abraham Maslow, 빅터 프랭클Viktor Frankl, 찰스 타트Charles Tart[4], 스타니슬라스 그로프Stanislas Grof와 같은 여러 인본주의자들이 따랐다. 그들은 "고전 심리학"을 넘어서 칼프리드 그라프 뒤어크하임Karlfried Graf Duerckheim과 루돌프 슈타이너Rudolf Steiner의 연구를 더욱 깊이 있게 받아들이며 인간 의식의 깊이를 파헤쳤다. 이 운동은 실제로 영적이라기보다는 존재의 보다 높은 측면에 관심을 가졌다.

의식적 인간

1971년 샌프란시스코에서 에니어그램은 이런 맥락에서 시작되었다. 정신에 관한 모든 연구결과가 한데 모아진 것뿐만 아니라 실제로 적용하여 그 결과를 산출하기 시작했다. 예를 들어 개인 발달을 다루는 최초의 센터 중 하나인 에살렌Esalen 연구소에서 프릿즈 펄스Friz Perls와 함께 많은 연구자들과 심리치료사들이 연구를 통해 게슈탈트Gestalt 요법[5]의 타당성을 검증했다. 이런 새로운 관점의 용광로 안에서 진짜 혁명적 기여는 인간이 "의식을 가지고 있다"라는 아이디어이다. 이는 심리치료에서 "전문가인 심리치료사와 자신을 심리치료사에게 맡기는 내담자"의 관계만이 유일한 길은 아니라는 것을 암시한다. 이는 내담자가 공동의 책임자이고, 치료 요법의 공동 창조자가 되고, 그들 자신과 자신의 발달을 의식하게 되는 새로운 형태의 관계가 바람직하다라는 것을 시사한다.

"부유하지만 불만족스러운" 세대의 등장

이 시기에 작용했던 또 다른 중요한 요소는 부유하지만 불만족스러운 세대의 출현이었다. 직장과 행복한 가정을 가진 40대의 많은 사람들이 다음과 같은 요구를 하며 치료사들에게 가기 시작했다. "감정적인 면이나 직업적인 면에서 내가 꿈꿔왔던 모든 걸 가졌지만 나는 다른 무언가를 찾고 있어요. 내가 알고 있는 신념이나 종교는 더 이상 매력적이지 않거나 저에게 맞지 않아요." 이 시기의 심리치료사들은 객관적으로 잘 살고 있는 사람들에 대처할 전략이 없었다. 그들은 모든 것을 가지고 있음에도 그 이상을 바라는 사람들을 어디로 보내야 할지 몰랐다. 앞서 언급한 주요한 세 가지 동태는 스스로를 보다 더 깊이 이해할 것을 요구했던 이 세대에서 나온 것이다.

자기 인식을 위한 도구의 제공

두 개의 흐름이 하나로 모였다. 한편 치료 전문가들은 누구나 접할 수 있는 자기 인식 도구를 통해, 모든 이들이 좀 더 자율적이고 스스로를 의식할 수 있기를 원했다. 다른 한편으로 "부유하지만 불만족스러운" 세대는 스스로 자기발전을 촉진할 수 있는 도구를 필요로 하고 있었다. 수요와 공급이 만나는 지점이 생긴 것이다. 그러나 클라우디오 나란호Claudio Naranjo가 에니어그램을 연구하게 된 것은 또 다른 세 번째 이유였다. 클라우디오의 주된 생각은 치료사들에게 각 환자의 취약성을 신속하게 감지할 수 있게 하는 도구를 제공하는 것이었다. 그 도구를 개발하기 위해 그는 2년 동안 평일 저녁에 샌프란시스코에서 심리학자, 철학자, 수도사, 수녀 및 교육자 약 30여 명을 모았다. 이 연구팀은 진리를 추구하는 사람들 Seekers After Truth 이라고 불렸다. 이 집단은 작업 중에 에니어그램의 아홉 가지 격정들과 고전적인 심리학적 병리 사이의 연관성을 찾아냈다. 중요한 것은 인간은 책임 있는 존재라는 원리를 적용하여 그 연관성을 찾아 냈다는 것이다. 이들 모임은 스승이 제자들에게 수업하는 방식으로 이루어지지 않았고 집단 내 모든 사람들이 함께 답을 구했다. 이 모임 덕분에 "내러티브 전승 학파"가 빛을 볼 수 있었다. 이 모임은 몸과 가슴 그리고 머리로 구성된 온전한 인간을 인식하고, 깊이 경청하는 분위기에서 모든 사람들의 발언을 환영했다.

클라우디오 나란호Claudio Naranjo

이 시기에 칠레의 클라우디오 나란호는 채 마흔이 되지 않았음에도 불구하고, 그의 인상적인 업적의 다양한 줄기들을 관통하는 몇몇 강력한 연구의 내용들을 결합하였다. 인본주의 심리학을 가르친 정신과 의사로서, 그의 업적의 일부는 정신의학에 사용되는 특정 화학물질을 같은 효과를 내는 자연 식물로 대체하는 임상연구였다. 또한 그는 캘리포니아에서 비교종교학을 가르쳤으며 후에 하버드 대학 사회학과로 초빙되어 연구를 지속하였다. 그는 칠레의 아리카에서 오스카 이차조Oscar Ichazo에게 에니어그램의 기초를 배웠다.

클라우디오는 수많은 책을 썼는데, 그중 에니어그램에 관한 책인 에니어—유형 구조Ennea-Type Structures는 여러 언어로 번역되었다. 이러한 전문적인 업적들에 더하여 그는 자기 자신을 여러 단계에 걸쳐 시험을 하였다. 그는 프릿즈 펄스와 게슈탈트 치료를 하였으며 요가, 선Zen, 위빠싸나vipassana와 같은 다양한 종류의 명상을 수련하였다. 그는 한동안 에살렌에서 프릿즈 펄스의 후계자였으며, 게스탈트 요법 그룹의 촉진자였다.

헬렌 팔머Helen Palmer

헬렌은 고전 심리학과 선Zen을 공부한 뒤 여러 신체적, 정신적 명상 요법을 탐구하였다. 1960년에 그녀는 직관intuition 발달에 관한 연구에 착수했고 여러 유형의 직관을 파악했다. 그러다 에니어그램을 알게 되었을 때 그녀는 자신이 연구하던 여러 가지 종류의 직관들이 에니어그램 유형들과 매우 유사하다는 것을 알고 놀라워했다. 그 이후 헬렌은 에니어그램의 세계적인 발전에 지대한 기여를 하였다.

1973년에 그녀는 클라우디오 나란호의 위업을 이어받아 내러티브 전승 방식으로 에니어그램의 가르침을 구조화하고 발전시켰다. 헬렌은 특별히 명상과 같은 기법을 적용하는 것으로 에니어그램이 그녀의 출발점인 인본주의적 맥락에서 계속 이어지도록 노력했다.

1980년대에 그녀는 에니어그램이 저작권에 문제되지 않고 누구나 사용할 수 있도록 법적 분쟁에 앞장섰다. 그녀는 에니어그램을 자신의 직관 연구에 접목시켰고, 아홉 가지 신성한 사고holy ideas가 더 잘 이해될 수 있도록 섬세한 정보들을 추가하였다. 이러한 헬렌의 노력은 현재 세계적인 에니어그램 모임이며 주요 저자들과 추세를 알아보는 장이 된 국제에니어그램협회International Enneagram Association의 탄생에 일조하였다.

헬렌은 수많은 책을 발간했는데, 그중 "에니어그램의 장점The Enneagram Advantage"은 20여 개가 넘는 언어로 번역되었으며 여전히 세계적인 기본 교과서로 여겨지고 있다. 2004년에 그녀는 발첼 연구소Waldzell Institute에서 "개인의 변화가 세상을 변화시키는 키가 될 것인가?"라는 주제로 2003년 노벨 평화상 수상자인 쉬린 에버디Shirin Ebadi와 함께 최초의 12인 중 한 사람으로 초대되었다.

데이빗 대니얼스David Daniels

의학 교수이며 임상 심리학 전문가, 그리고 스탠퍼드 대학의 행동 과학 교수인 데이빗 대니얼스는 1988년에 헬렌과 함께 에니어그램 전문가 양성 프로그램Enneagram Professional Training Program을 만들었다[6]. 데이빗의 참여는 에니어그램의 진화에 결정적인 원동력이 되었다. 미국의 서부 해안에서 데이빗은 그의 분야에서 뛰어난 인물로 인정되었을 뿐만 아니라 1994년에 스탠퍼드에서 최초의 국제 에니어그램 컨퍼런스 개최를 주선했다.

내러티브 전통The narrative tradition

데이빗 대니얼스는 내러티브 전통을 이렇게 소개한다. "이것은 1970년에 클라우디오 나란호에 의해 창시되었으며, 내러티브 전통은 각 유형의 사람들의 산 증언에 의존한다. 모임에 참여한 사람들은 같은 유형끼리 모여 패널 방식으로 각자의 이야기를 한다. 이를 통해 당신은 개별적인 관찰, 각자의 일상적인 집착 및 각 유형의 특징을 즉각적으로 경험할 수 있다. 내러티브 전통은 에니어그램을 가르치는 가장 좋은 방법이다. 이것에는 많은 장점들이 있으며, 시스템을 생동감 있게 하고, 듣는 사람들이 자신의 유형을 더 쉽게 파악할 수 있게 하며, 사람들이 차이를 이해할 수 있게 해준다." 에니어그램은 두 개의 핵심적인 장점이 있다. 현실적인 접근법이라는 것과 내러티브 전통이 각 유형의 감정적인 면과 특정한 에너지를 표면화 시킨다는 사실이다.

에니어그램

에니어그램의 기원은 오랜 역사를 거슬러 올라간다. 어떤 요소들은 피타고라스Pythagoras로부터 온 것처럼 보이나, 현재 이것에 대한 공식적인 증거는 없다. 그 이후, 이 도형은 여러 문화와 역사적 시기들을 거쳐 세계 이곳저곳을 널리 돌아다녔다. 이 책에서는 에니어그램의 개정이 있었던 1970년대 이후의 역사에 초점을 맞출 것이다.

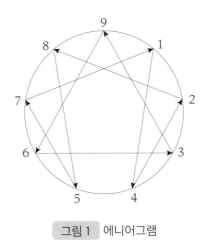

그림 1 에니어그램

에니어그램은 도형이면서 성격을 이해하기 위한 틀이다. 에니어그램의 가장 우선적인 목표는 우리 안에 공존하는 다양한 측면들을 보다 잘 이해하여 자기 지식을 증진시키는 것이다. 이 시스템에는 아홉 개의 점으로 된 일상의 습관들과 패턴이 비슷한 아홉 개의 성격 유형이 있다. 우리 내면의 우세한 성격적인 측면인 '자신의 유형을 찾는 것'은 도전적인 첫 단계이다. 이를 위해 우리는 우리 성격의 그림자shadow를 탐구해야 한다. 우리는 우리의 무의식적인 동기와 두려움, 방해요소를 인식하고, 그 결과 우리의 주된 취약함과 그것이 어떻게 반복되고 있는지를 알아차려야 한다. 그러나 에니어그램은 거기서 멈추지 않고 영적인 변형을 위한 획기적인 이정표를 제공한다. 그것은 우리가 어떻게 자동화된 행동 패턴과 두려움, 방해요소들을 넘어서 "참 자아" 또는 존재의 본질을 향해 갈 수 있는지를 보여준다. 그런데 여기서 간과해서는 안 될 점이 있다. 이 과정에는 기적이나 마법과도 같은 해결 방법이 있는 게 아니다. 에니어그램이 이정표, 지도 또는 나침반을 제공하더라도 당신은 스스로 이 여정을 떠나야 한다…….

> ▶ **기억해야 할 핵심 내용**
> - 에니어그램은 모델이다.
> - 에니어그램은 특히 성격을 이해하는 틀로 사용된다.
> - 에니어그램은 누구나 사용 가능하다.
> - 에니어그램의 최우선적인 목표는 우리가 참된 자기를 더욱 알도록 의식을 확장하는 것이다.
> - 에니어그램은 우리가 스스로를 보다 잘 이해하며 다른 사람들에 대한 이해도를 높이는 데에 사용될 수 있다.

성격 – 우리 자신을 보호하기 위한 껍데기 ·····

인간의 상태에 대한 은유

여기에서는 영유아기의 정서적 단계들에 대한 요약을 소개한다. 만약 좀 더 학술적인 설명을 원한다면, 장 피아제Jean Piaget와 마가렛 말러 Margaret Mahler의 연구를 추천한다.

탄생

아이는 물이 가득한 세상에서 생겨난다. 아이는 아홉 달 동안 분화되지 않은 세계에서 물에 잠겨 그 어떤 노력도 하지 않은 채 필요한 모든 것을 공급받으며 지낸다. 그러다 갑자기 한 번에 펑 하고 태어나는 것이다. 액체에서 견고한 고체의 실제 세상으로 옮겨간다. 놀라울 정도로 연약하고 가녀린 신생아를 상상하며 아기가 겪는 탄생의 순간을 떠올려보라. 숨막히는 산도, 압력, 눈부신 빛, 열 배는 커진 소리, 차가운 공기······
아이가 어떤 고난을 경험하는가?: 고통, 괴로움, 신체적 긴장감의 첫 경험

의존

출생 후 아기는 더 이상 지속적으로 영양분을 공급받지 못하고 처음 몇 달은 외부 세상에 완전히 의존해야 한다. 여기서 살아남기 위해서 환경에 완전하게 의지하거나 배고프다는 것을 표현하는 방법을 배워야 한다. 이 과정은 불편하다. 아기는 자신의 필요조차 혼자 해결할 수 없다.
무엇을 경험하는가?: 괴로움, 긴장

세상에서 오가기

12개월에서 18개월 사이의 어느 날 아이는 사물들이 서로 분리되어 있다는 것을 갑자기 발견한다. "나랑 엄마는 두 사람이야. 의자와 책상은 두 물건이고. 저녁에 엄마가 잘 자라고 키스해 주고 나서 다시 돌아오지 않을 수도 있어." 아이의 발달 과정에서 이런 발견들은 큰 충격이다. 아이는 엄

마와 자신이 별개의 두 존재라는 것을 알게 된다.

무엇을 경험하는가?: 괴로움, 의심, 두려움, 긴장

외로움

"내가 분리된 존재이기 때문에 나는 혼자야. 과민함으로부터 방어나 보호 없는 무력한 인간 본연의 상태야 — 영원히 홀로야."

무엇을 경험하는가?: 괴로움, 긴장

자율성

새로운 단계가 시작된다. "분리되었기 때문에 나는 독립적이야. 따라서 나는 자율적이야. 즉 나는 조금씩 내 주변을 탐험하기 시작할 수 있고, 엄마를 잠시 떠났다가 되돌아올 수 있어. 그러면 조금 더 멀리 갔다가 되돌아오는 거야. 나는 넘어지고, 스스로 부딪힐 수 있고, 미지의 것에 맞닥뜨리고, 돌아올 수 있어. 이건 험난하고 위험하지만 나는 다른 선택지가 없어. 나는 스스로 살아남아야 하기 때문에 세상에서 나의 방향을 찾아야 해. 물론 모험할 때 겁이 날 거야. 나는 세상이 나에게 상처를 입힐 수 있다는 것을 알게 될 거야".

이 단계를 거치는 아이는 그 자체로 존재할 수 없다는 것을 발견하고 자신의 생각대로 행동하지만 아직 안전하다. 이 시기의 아이는 더 이상 물 속에서의 보살핌이 필요 없다. 이 지상의 세계에서는 어떤 것도 저절로 주어지지 않는다. 아이가 탐험할 때 겪는 모든 충격들은 더 강하게 느껴지는데, 아이에게는 보호막이 아직 없기 때문이다. 아이는 아직 예민하고, 연약하고, 깨지기 쉬운 공이고 아이의 고통은 참을 수 없는 수위에 다다르게 된다.

이 모든 감정적 경험은 무엇인가?: 고통, 괴로움, 두려움, 긴장

"난 이걸 견뎌낼 수 없을 거야. 나는 내 자신으로 있을 수 없어. 나는 이 모든 취약함을 가지고 있어. 그러나 난 여전히 이 세상에서 살아 남았어".

상처

아이가 발달하는 어느 날, 어떤 사건, 혹은 다른 것이 결정적인 것으로 작용한다. 그것은 알아차릴 수 있는 순간이 아닐 수도 있다. 아주 사소한 일이었을 수도 있지만 수년간의 상처와 좌절, 이상과 현실 사이의 괴리감에 더해진다. 아이들에게 이런 특정한 사건은 차가운 외로움, 거친 자각, 쓰라린 교훈, 대체할 수 없는 진리의 공포스러운 광경이 된다. 아이는 자신이 "진정한 자아true self"로서 사랑받는 것이 아니었으며 앞으로도 그러지 않을 것이라는 것을 알게 된다. 이 순간에 아이는 살아남기 위해서 세상에 대처하는 새로운 방법을 찾아야 하는 중요한 선택을 내려야만 한다. 그리고 가장 먼저 해야 할 일은 보호막을 세워 진정한 자아의 과도한 취약성과 그로 인한 고통으로부터 스스로를 격리하는 것이다. 에니어그램에서는 이 사건을 상처의 순간이라고 부르며 이 특정한 형태가 아이의 유형 선택에 영향을 미친다고 본다.

세상에 미치는 영향

또 다른 주요 단계는 아이가 자신의 마음대로 살 수는 없지만 부모의 기대에 부응하기만 한다면 그 보상으로 애정을 얻을 수 있다는 걸 깨닫는 순간이다. "만약 내가 변기에 볼일을 본다면 사랑받겠지만 변기 밖에다 본다면 혼이 날 거야." 이것은 흥미로운 발견이다. ― 내가 받는 애정이 나의 행동에 달려 있기 때문이다. 이 애정은 아이가 자기자신이 될 수 없어 포기해야 했던 것을 만회해 줄 수는 없지만 고통을 줄여준다. 아홉 개의 에니어그램 유형에서 아이는 본인이 최대한의 애정을 얻을 수 있는 유형 패턴을 선택한다.

감정적 결과는 무엇인가?: 고통의 감소, 긴장의 감소

"내 몫을 해내고 내 역할을 잘 해낼 때, 나의 일부는 안심이 되고 고통과 긴장이 완화된다."

동일시

아이는 자신의 역할과 동일시한다. 아이가 이런 생존 방법, 즉 "훌륭하진 않지만 없는 것보다는 나은 성격"을 찾게 되면 아이는 자신의 역할과 자신을 지나치게 동일시해서 여기에 깊이 빠지게 된다. 다시 말해서 아이의 진정한 자신에 대한 인식이 잠들어 버리는 것이다.

그 결과는?: 고통의 감소, 긴장의 감소. "참 자아(true me)"와 "거짓 자아(false me)"의 분리

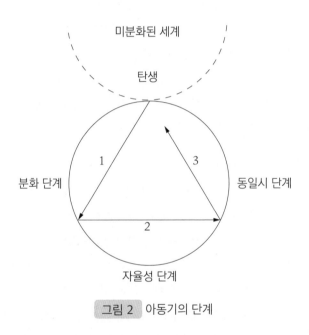

그림 2 아동기의 단계

신경증 — 좋은 생존 전략

앞선 은유적인 이야기 이후에, 존재의 상실에 대한 보다 학문적인 설명이 있다. 아서 야노프Arthur Janov 박사(7)에 의하면 작은 아이가 일련의 괴로운 일들을 겪게 되면 그 결과로 안심하고, 먹고, 만지고, 자극을 받는 것과 같이 수많은 욕구가 발생하게 된다고 말했다. "이런 기초 욕구들은 유

아 세계의 핵심을 형성한다. 신경증적 과정은 일정 기간 동안 이런 필요가 충족되지 않을 때 활성화된다. 갓난아기는 자신이 울 때 누군가가 안아줘야 한다는 것, 혹은 본인이 너무 빨리 젖을 떼면 안 된다는 것을 모르지만, 이러한 욕구가 충족되지 않으면 괴로움을 겪게 된다. 처음에 아이는 자신의 욕구를 충족시키기 위해 모든 것을 한다. 아이는 안기기 위해 팔을 내밀고, 배가 고플 때 울고, 필요를 알리기 위해 사방으로 꼼지락거린다."

주변 사람들의 관심을 얻기 위한 이런 노력에도 불구하고 욕구가 충족되지 못한다면 아이는 욕구를 억제함으로써 고통을 억제할 것이다. 본능적으로 아이는 유일한 해결책을 찾게 될 것이다. 즉, 그의 인식으로부터 감정을 분리시키는 것이다. 심리학에서 분열cleavage이라고 부르는 이 균열은 정신을 분리함으로써 아이가 살아남을 수 있도록 한다. 이 만족되지 못한 욕구는 사라진 것이 아니라 의식으로부터 단절된 것이다. 이것의 장점은 아이가 더 이상 감정이 없다는 것 — 혹은 고통으로부터 분리되었기 때문에 더 이상 고통을 느끼지 않는다는 것이다. 아이는 본인과 고통 사이에 갑옷과 방패를 만들어 낸다. 아이는 그렇게 무장을 하고 살아남기 위하여 진실한 감정을 억누른다. 너무나 연약했기 때문이다. 그렇게 아이는 초기 욕구 — 자기 자신이 되는 것 — 의 충족을 세상에서 살아남기 위해 보다 더 적절한 다른 욕구로 변형시킨다. 심리학적 용어로 이것이 신경증이 된 것이다. 야노프 박사[8]는 이렇게 말한다. "신경증은 과도한 고통에 대한 상징적인 방어 구획화compartmentalization이다. 이 상징적인 만족은 사람의 진정한 욕구를 충족시킬 수 없기 때문에 신경증은 지속적이다. 진정한 욕구들이 충족되기 위해서는 그것들이 경험되어야 하며 존재해야 한다. 불행하게도 그것들이 일으키는 고통 때문에 진정한 욕구들은 깊숙이 파묻혔다. 진정한 욕구들이 이런 식으로 숨겨졌을 때, 우리는 영구적인 경계 상태에 있게 되는데 이 경계 상태가 긴장감이다. 이것이 어린 아이, 후에 어른이 되어도 잘못된 욕구를 충족시키기 위해 가능한 모든 수단을 동원하도록 한다."

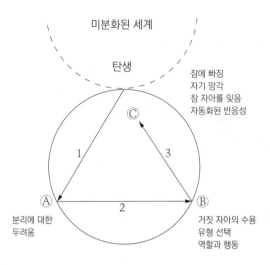

미분화된 세계

탄생

ⓒ

잠에 빠짐
자기 망각
참 자아를 잊음
자동화된 반응성

1

3

Ⓐ

2

Ⓑ

분리에 대한
두려움

거짓 자아의 수용
유형 선택
역할과 행동

1. 분리와 분화 단계

2. 자율성 단계

3. 동일시와 잠에 빠지는 단계: 에고는 그것의 성취를 자랑스러워 하게 된다.

그림 3 거짓 자아의 형성

　요약하자면 신생아의 "진정한 나true me"가 충족되는 것은 불가능하다
는 것이다. 아이로서 나는 시도할 거야. "진정한 나"는 나에게 아주 중요하
기 때문에 나는 내게 필요한 걸 얻기 위해서 갖은 종류의 고통을 경험할 거
야. 그러나 내가 한계에 다다르게 되면 더 이상 견딜 수 없어서 나의 우선순
위를 변경하는 선택을 내릴 거야. 이상적인 것을 가질 수 없다면 나는 대체
재를 찾아낼 거야. 나에게 약간의 만족감을 주며 안정감을 들게 하는 성격
을 선택할 거야. 그리고 이 성격이, 내가 쓰는 이 가면이 나의 본질, 즉 "진
정한 나"를 보호할 거야. 내가 치르는 값은 이 방어 복갑을 입는 것이야. 나
는 나의 진짜 느낌을 억누르고 더 이상 세상을 객관적으로 바라보지 않을
거야. 나는 심리적으로 살아남기 위해서 "거짓된 나false me"로 이동할거야.
　아이는 그렇게 악순환에 빠진다. — 존재하지 않는 것을 얻기 위하여
자신이 아닌 것(성격)이 되는 것 — 즉, 아이는 "거짓 자아false self"의 욕구

를 만족시킴으로써 완전한 느낌을 찾으려 노력하는 것이다. 결정적인 사건은 참된 자아에서 거짓된 자아로 가는 극적인 변화이다. 이것은 "이 모든 자잘한 상처들의 축적, 거절, 좌절은 새로운 삶의 방식을 형성하기 어렵게 만들었다. 신경증은 아이가 세상에서 살아남기 위해서는 자신의 일부분을 포기해야 한다는 것을 이해하기 시작하는 순간이다. 이 깨달음은 너무 고통스러워 견딜 수 없고, 결코 완전히 의식할 수 없으며 그 결과로 아이는 자신의 내면에서 무슨 일이 일어났는지 전혀 알지 못한 채 신경질적으로 행동하기 시작한다"[9]는 순간이다.

에니어그램 이론

에니어그램은 아홉 가지 "변장들disguises"이 존재한다는 개념, 즉 생존과 최소한의 애정을 얻기 위한 역할을 수행하는 아홉 가지 방법을 제시한다. 특정한 환경에서 받는 상처를 방어하기 위해 아이는 자신에게 가장 필요한 애정을 얻을 수 있는 역할을 선택한다.

아이가 아주 조금씩 연기하는 역할은 이윽고 아이의 삶을 지배하기 시작한다. 아이는 이 게임에 정말로 빠져들고 여기에 최대한으로 몰입한다. 아홉 패턴 중의 하나를 사용하여 자신이 사랑받을 수 있도록 애쓴다. 진정한 자신이 될 수 없다면, 아이는 자신의 다른 버전이 되기 위해 투쟁한다. 조만간 아이는 이 새로운 버전이 진정한 자신이라고 믿게 된다. 이 게임은 더 이상 의식적으로 진행되는 것이 아니다. 이런 방식의 행동은 무의식적이고 자동적으로 수행된다. 이것은 신경증이다. "나는 내 역할과 동일시되었다. 나는 더 이상 내 안 깊숙한 곳에 또 다른 내가 있다는 사실을 의식하지 않는다." 에니어그램에는 아홉 가지의 프로파일이 나와 있는데 각각의 프로파일은 그때 이후로부터 일상에서의 상처와 내가 선택한 역할과의 관계를 설명한다.

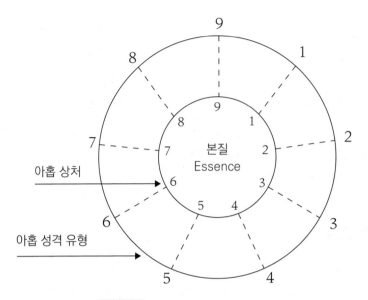

그림 4 아홉 상처와 아홉 성격 유형과의 관계

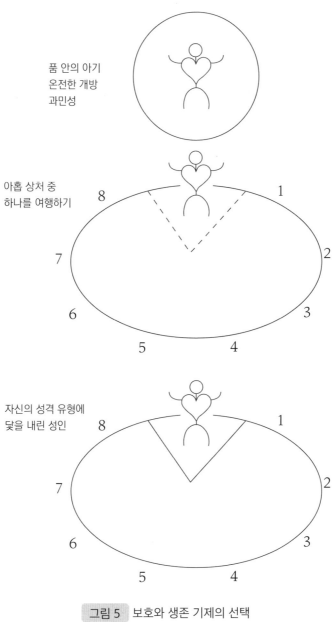

품 안의 아기
온전한 개방
과민성

아홉 상처 중
하나를 여행하기

자신의 성격 유형에
닻을 내린 성인

그림 5 보호와 생존 기제의 선택
9유형의 예

생존 매커니즘의 역할:

- 우리의 연약함을 보호하는 것
- 우리의 주의를 특정한 방향으로 돌리는 것
- 우리의 민감성을 제한하는 것

이러한 작동 방식이 우리가 어린 시절에 붕괴되지 않도록 해주었다.

참 본질 보호하기

본질essence, 그것은 매우 잘 보호되고 있는 "진정한 나"이다. 다양한 저항층은 외부 세계로부터의 공격에 대한 충격 흡수기의 역할을 한다. 이 보호의 형태로는 성격 유형, 방어기제, 격정, 본능적 반응 등이 있다.

성격 유형

외부 환경이 정상적인 사람들은 그들의 정상적인 유형의 역할을 유지함으로써 어느 정도는 그들의 욕구를 충족시킬 수 있다. 그들이 세상에 적응하기 위해 각자 선택한 방식이 있기 때문에 그들은 그들이 안전하다고 느끼거나, 소속되거나, 인정받는 데 필요한 것을 규칙적으로 얻었다고 주장한다. 거짓된 욕구가 충족되었기에 그들 내적인 삶을 돌아볼 이유가 없는 것이다. 육체는 큰 긴장감을 느끼지 않는다. ― 그들은 자신의 에니어그램 "유형" 안에 존재한다.

방어기제

각각의 유형은 스스로를 보호하는 선호 방식이 있지만 특정한 상황에서는 다른 방식이 나타날 수 있다. 바로 "저항 행동resisting behaviours"인데, 견뎌내기에 너무 클 것 같은 고통의 충격을 줄이기 위해 객관적 현실을 특정 방식으로 해석하는 것이다. 이것들은 동일시, 내사, 투사, 마취 등으로 불린다. 우리는 이들에 대해 책의 후반부에서 27 하위유형을 살펴보겠다.

격정

인간은 근원적인 정서적 고통을 느끼지 않기 위하여 긴장을 증가시키는 자동화된 행동을 개발했다. 우리의 성격을 위협하는 모든 것들에 맞서 싸워야 하고, 부정해야 하고, 물리쳐야 한다. 격정은 감정적 부담과 물리적 긴장을 동시에 일으키는 본능적인 두려움이다. ─ 이 생리적 메커니즘은 거짓 자아의 욕구를 만족시키도록 인간 유기체를 압박한다. 외부에서 어떤 일이 발생할 때마다 자극은 우리의 자동화된 행동을 따라서 습관화된 역할을 수행하도록 우리를 밀어붙인다.

거짓 자아의 욕구가 충분히 만족되지 않을 때면 긴장은 한 수위 더 증가되며 우리에게 첫 번째 방어선이 돌파 당했다는 것과 우리가 느끼는 감정이 우리의 본질에 가까워지고 있음을 알린다. 이것은 매우 위험하다. 본질에 가까워진다는 것은 몹시도 고통스러웠던 우리의 원초적 상처를 다시 경험하는 것이기 때문이다. 이것은 우리의 삶이 위험에 처했을 때에 느꼈던 감정과 연결되어 있는 원시적인 감정을 불러 일으킨다. 그것은 두려움을 넘어선 테러이다. 우리의 참 자아를 버렸기 때문에 우리는 매우 안전하지 않다는 감정을 느끼는 상황에 처하게 되었다. 자기 유형의 욕구에 집중하고, 자기의 성격과 스스로를 동일시하며, 현 상황의 긴급함 외의 모든 것과의 접촉을 끊는 것이 우리에게 최고의 보호로 느껴진다. 이것은 마치 우리가 객관적인 의식을 잃는 것과 같다. 시간이 지남에 따라 이 "응급 상황"에 들어간 상태의 감정 패턴이 더욱 반복되면서 우리는 자동적이게 되고, 더더욱 자기 유형의 욕구를 위한 로봇과 같은 노예가 되는 것이다. 우리는 우리의 역할과 동일시되어 자기 유형의 특성으로 인정받고 싶어한다. ─ 상처를 재경험하는 공포가 커질수록 이 열망은 더욱 커진다. 이것이 유형의 "격정"이다. ─ 또한 이것은 거대한 감정적 에너지이다.

본능적 반응

이제 우리는 본능적 동인drivers의 영역에 도달했다. 우리는 살아남기 위해서 우리의 살아있는 유기체를 보호하도록 본능적으로 프로그래밍되어 있다. 쁘띠 라루스Petit Larousse 사전은 동인을 다음과 같이 정의했다. "긴장감을 감소시키기 위한 행동을 취하도록 밀어붙이는 존재의 근본적인 에너지."

　[그림 6]은 우리가 충격 흡수 장치 또는 완충 장치bumper를 어떻게 사용하여 본질을 보호하는지 묘사한다. 실제로는 다양한 보호층 사이에 차이가 없이 모두 서로 합쳐져 있다. 그러나 그것들의 이름을 짓는 것은 우리가 우리의 조건 반사를 의식하고 우리의 자동적인 행동에 덜 좌우될 수 있도록 해준다.

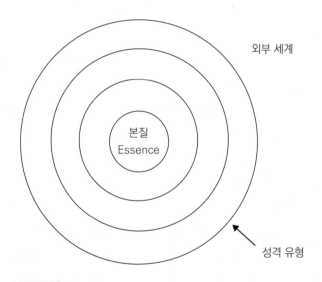

그림 6　본질은 여러 겹의 저항으로 외부 세계로부터 보호받는다.

지능의 세 중심

에니어그램에 따르면 우리에게는 지능의 세 중심, 즉 세계와 소통하는 세 가지 방법이 있다.

- 머리에 위치하는 사고 센터
- 가슴에 위치하는 감정 센터
- 배에 위치하는 본능 센터

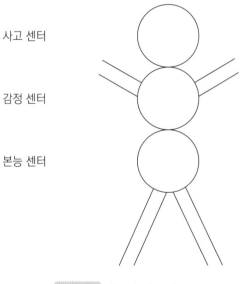

그림 7 지능의 세 중심

이 세 중심은 우리가 "자동적"(우리의 습관화된 유형 기능)인지 또는 우리가 본질적으로 무장해제 되었는지에 따라 다르게 작동한다.

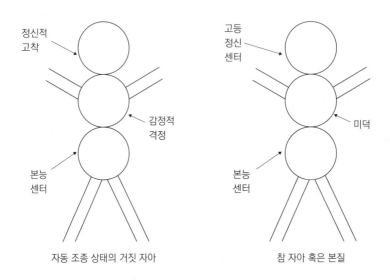

우리 자신에 현존하는 능력에 따라 우리가 인식하는 세 센터의 다른 정도

사고 센터[10]

"사고 센터에는 고착과 신성한 사고[11]라는 두 가지 극단이 있다. 고착은 정신적 집착에 붙여진 이름인데, 각 유형이 주의를 기울이는 주된 방법이다. 순수한 수용receptivity 상태는 습관적 패턴으로부터 자유롭고 고착이 더 이상 존재하지 않을 때 정신 센터의 특성이다. 우리의 사고 센터가 재잘거림을 멈출 때, 공허함이나 공백은 생기지 않는다. 그와 반대로 평안이 마음에 자리잡게 되고 각 유형의 정신적 재능이 드러나는데, 그 직관적 지식은 평상시 우리의 정신적 습관들을 넘어선다". 아홉 개의 각 유형에도 고착과 사고 센터가 온전히 수용적이고 유형의 습관적인 방향에 더 이상 집중하지 않는 때인 신성한 사고를 위한 이름이 붙여졌다.

감정 센터

가슴에 기반을 둔 감정 센터는 우리가 감정을 표현하고 느낄 수 있게 해주며, 우리 스스로 감정적으로 감동을 받고 관계를 형성시키며 다른 사람들을 매료시키고 설득할 수 있게 한다. 다시 말해서 양 극단이 작동되고 있는데, 격정passion과 미덕virtue이 그것이다. 각 유형의 습관적인 반응은 "격정"이다. 이것은 성격을 운전하는 힘의 동인이라 볼수 있다. 다른 극단은 안녕well-being의 상태인데, 격정과 분리되는 것인 "미덕"이다. 격정의 에너지가 더 이상 습관적인 반응으로 이어지지 않을 때 이 에너지는 제거될 수 있고 이것은 우리가 유형의 미덕에 닿을 수 있게 해준다. 이 지점에서 내면의 평안이 자리를 잡는데, 이는 격정에 의해서 발생하는 긴장 상태의 격정의 단계를 넘어서 나아갔기 때문이다. 이 상태는 각각의 유형에 따라 다르게 느껴진다. 격정과 미덕에 부여된 아홉 가지 명칭들은 오래된 개념으로부터 온 것이며 여러 다른 전통과 문화에서 찾아볼 수 있다.

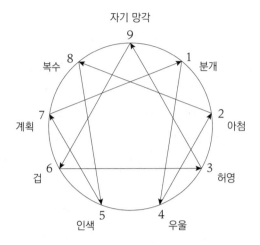

고착 – 아홉 유형의 정신적 왜곡

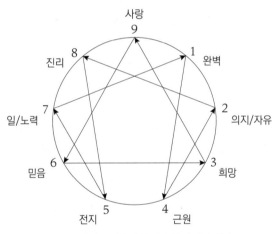

고등 정신 센터 – 아홉 유형의 수용적 정신 상태

그림 9   고착과 신성한 사고

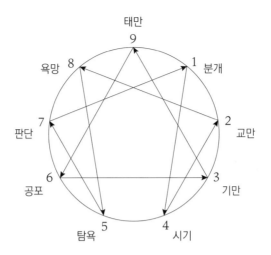

격정 – 아홉 유형의 감정적 반응

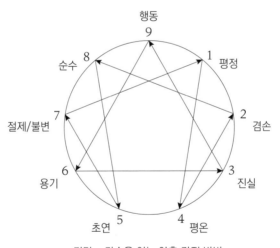

미덕 – 가슴을 여는 아홉 가지 방법

그림 10 격정과 미덕

본능 센터

본능 센터는 원시적인 고대의 본능적인 생명력이며, 의식적인 노력으로 변화시킬 수 없다. 오히려 격정에 의해서 오염되거나, 유형의 욕구들을 채우려 프로그래밍 되거나, 또는 자유롭고 자발적으로 행동하도록 한다. 운동, 격투기, 무용을 하는 사람들이나 높은 수준으로 마라톤을 뛰었던 사람들은 본능 센터의 특별한 지능의 느낌을 안다. — 바로 그 영역Zone에 존재하는 느낌이다.

하위유형을 결정하기 위한 본능 센터의 중요성 ·······························

본능 센터는 세 가지 기본적 본능으로 세분되어 있다.

- 자기보존self-preservation
- 성적 또는 일대일sexual or one-to-one
- 사회적social

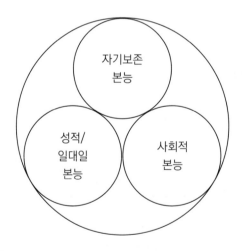

그림 11 본능 센터는 세 가지 근원적 동인으로 이루어진다.

자기보존 본능은 음식, 거처, 안락함에 대한 우리의 욕구와 관련된다. "만약 내가 어딘가 살 곳이 있고, 무언가 먹을 것이 있고, 온기를 유지시킬 방법이 있다면 나는 살아남을 것이다." 성적/일대일 본능은 아이를 낳고 인간의 종을 영속하려는 우리의 본능이다. "만약 내가 누군가와 관계를 맺고 아이를 가진다면 나는 살아남을 것이다." 사회적 본능은 우리가 무리에 소속되고 싶어하는 욕구를 지배한다. "만약 내가 공동체에서 환영을 받는다면 나는 살아남을 것이다."

우리 모두는 이 세 가지 본능을 가지고 있지만 어린 시절의 경험에 따라서 이들 중 하나는 손상을 입고 다른 두 개에 비해 더 활성화된다. 이것은 우리가 신경을 쓰는 영역에서 특별한 민감성을 제공한다. 우리는 모두 우세한 본능이 있다. 이것은 우리 무의식에 깊이 뿌리내려 있는 반사에 의해 영향을 받기 때문에 감지하기 어렵다. 예를 들어 하위유형 워크숍의 첫날에 자신의 우세한 본능이 무엇인지 이미 알고 있는 사람들의 이야기를 듣고 "아하!" 하며 그들이 선호하는 것을 깨닫기 전까지 사람들은 모두 그들의 세 가지 본능이 균형 잡혀 있다고 생각했다. 우리 안에 우리의 유형보다도 더 깊이 묻혀 있었던 본능적 동인인 자아를 강하게 수용하게 하기 위해 적어도 워크숍 3일이 요구된다.

자기보존 본능

피터 오한라한[12]에게 자기보존이란 우리의 최우선적인 동인이다. 음식과 거처 및 온기를 찾는 것이 우리를 살아남게 할 것이다. 이것은 물리적인 세계에서의 우리의 안전에 대한 것이다. 우리가 태어난 첫 달 동안 (약 두 살 정도까지) 우리는 엄마나 엄마와 같은 사람이 젖을 먹여주도록 온전하게 의지해야 한다. 물질적 안락함의 수준은 우리의 안녕에 매우 중요하다. 만약 우리의 어린 시절에 주된 상처가 이 시기에 생겼다면 아마 자기보존 본능이 우세할 것이다. 이 본능의 주요 특성은 당신의 신체적인 필요를 보살피려는 욕구이며 다음의 것들에 초점을 맞춰 몰두한다.

- 음식: 먹을 양이 충분한지, 식사의 내용물과 시간은 충분할지, 장을 봐야 할지에 대한 관심
- 집: 거주지의 중요성, 집의 편안함과 가구들
- 자연: 나무, 꽃, 자연적 요소들과 정기적인 접촉의 필요성
- 신체 리듬, 자신의 몸과 좋은 관계를 유지함: 건강, 수면, 운동
- 옷: 좋은 신발, 따듯한 옷, 모든 부분이 잘 만들어진 옷
- 돈: 충분히 가지고 있는지에 대해 관심
- 가족 단위: 당신의 가장 소중하고 가까운 사람들의 안위와 미래에 대한 관심

만약 자기보존 본능이 당신에게 우세하다면 당신은 위 영역의 대부분에 관심이 있을 것이다.

성적/일대일 본능

유아기 이후 다음 단계는 분화의 단계인 두 살에서 네 살 사이이다. — 엄마와 내가 분리된 두 사람이라는 것을 인지하는 것이다. "내가 당신으로부터 분리되어 존재한다는 것을 알기 때문에 나는 당신을 떠나갈 수 있고 — 스스로 알아서 — 당신에게 돌아갈 수도 있다." 이 시기에 오가는 것은 아이와 엄마의 관계를 강화한다. "이건 강력한 관계이다. 당신을 떠났다 다시 찾아 가고, 당신이 선호하는 이야기 상대가 되고, 당신과 특별한 관계가 되는 것이다." 이와 같은 방식으로 우리는 물리적 세계에서 모든 물체가 따로 존재한다는 것을 발견하는 것에 매료되었다. 이 일대일 관계는 사람과 나 자신뿐만 아니라 어떤 물체와 나 사이의 관계에도 적용된다. 이 물체는 내가 아니다. 나는 그것과 특별한 관계를 맺을 수 있다. 그것과 나는 분리되어 있다.

가장 최근의 이론에 의하면 유년기의 주요 상처가 이 단계에서 발생했다면 성적/일대일 본능이 우세해진다. 그 핵심적인 특징은 관계를 맺고 싶어하기 때문에 다음의 것들을 중심으로 몰입한다.

- 그룹보다 일대일 관계가 더 편안함
- 일대일 관계에서 강력한 에너지를 발생시키는 능력
- 한 눈에 봐도 누군가와 강력한 유대를 형성할 수 있는 능력
- 오랜 시간 혼자 있는 것을 좋아하지 않으며 시간을 보낼 누군가와 있는 것을 즐김
- 혼자 사는 것을 좋아하지 않으며 삶을 나눌 누군가가 필요함
- 우리가 함께 있을 때 다른 사람을 위한 세상의 중심이 되고 싶어함
- 필수적인 건 아니지만 성생활을 중요시함
- 열정적인 면을 가지고 있음
- 집중력이 매우 좋음
- 매력적이게 되는 것과 다른 사람의 관심을 끄는 것에 대해 관심이 많음

만약 이 본능이 우세하다면 당신은 위 영역의 대부분에 관심이 있을 것이다. 따라서 이것과 자기보존 본능을 비교하면 언제 무엇을 당신이 먹는지는 당신이 누군가와 함께 있고 싶은 욕구보다 덜 중요하다. — 이것이 당신이 식사를 즐기는 것을 멈추게 하지는 않는다!

사회적 본능

유년기 세 번째 단계는 세계로의 이동이다. 다른 사람들의 존재를 인식하고 다른 사람들과 관계를 쌓으며 친구를 만드는 능력이다. 우리의 정체성을 확립하기 위해서는 가족, 문화, 국가, 종교단체 등 어느 집단에 속한다는 안정감을 얻는 것이 필수적이다. "만약 내가 꽤 넓은 집단의 지지를 받는다면 나는 훨씬 더 자유롭게 살 수 있다." 만약 어린 시절의 주된 상처가 이 시기에 발생했다면 사회적 본능이 지배적일 것이다. 이것의 핵심적인 특성은 집단에 소속되려는 욕구이고 다음의 것들을 중심으로 몰입한다.

- 내가 다른 사람과 얼마나 쉽게 관계를 만들 수 있는가
- 집단 안에서 누가 누구인지 누가 어떤 일을 하는지를 알고자 하는 욕구
- 많은 친구를 사귀고 그들과 시간을 보내려는 욕구
- 모임과 행사에서 역할을 맡는 것을 즐김
- 내가 새로운 동네에 도착했을 때 어떻게 관계를 만들어야 하는지 알고 있음
- 타이틀과 사회적 지위를 의식하며 지위를 가지고 있는 사람을 존경함
- 투표 및 기타 시민의 의무와 같은 사회적 의무를 걱정함
- 정치인과 정부가 하는 일에 관심이 있음
- 사회적으로 다른 사람들에게 인정받고 싶음

만약 이 본능이 지배적이라면 당신은 이 모든 주제에 관심이 있을 것이다. 따라서 이것을 자기보존 본능과 비교한다면 정확한 시간에 식사를 하는 것이 당신이 저녁에 초대한 친구들의 참석보다 덜 중요하다는 것이다. 그리고 이것이 당신의 지배적인 본능이라면 당신은 조직이나 국가가 어떻게 작동하는지 대한 관심이 있을 것이다: 어떻게 그리고 왜 책임이 할당되는지, 권력이 어디에 있는지, 집단 내의 하위그룹에 속한 사람은 누구인지, 파당, 충성심 등.

따라서 이 세 가지 본능은 우리 삶의 명확하게 다른 부분들이며, 일상에서 우리의 가장 손상된 본능이 우리의 몰입, 필요, 욕구의 초점을 결정할 것이다. 캐서린 체르닉 포브르Katherine Chernick Fauvre의 책 『에니어그램 본능적 하위유형Enneagram Instinctual Subtypes』은 "에니어그램의 아홉 격정처럼 본능 동인들은 무의식적이지만 만연하고 우리의 가장 근본적인 존재방식을 나타내는 힘처럼 작동한다. 그들은 우리가 행동하고 생각하며 느끼는 방식과 최종적으로는 우리가 스스로 표현하는 방식에 영향을 끼친다"는 것을 고려한다. 이론적으로 우리는 세 가지의 본능 모두에게 영향을 받지만,

그들 중 하나가 항상 지배적이며 우리가 어디에 주의를 기울일지를 결정한다. 그것은 마치 우세한 동인이 우리에게 가장 잘 맞는 영역에서 살도록 강요하는 것과 같다.

> ▶ **기억해야 할 주요 내용**
> - 우리에게는 우리를 외부 세계와 연결시켜 주는 지능의 세 중심이 있다;
>   사고 센터, 감정 센터, 본능 센터
> - 본능 센터는 그 자체로 세 가지 본능으로 이루어져 있다;
>   자기보존, 성적/일대일, 사회적
> - 이 세 가지 본능 중 하나가 우리가 살아가는 방식과 삶에 반응하는 방식을
>   지배하고 조건화 한다.

하위유형의 작동 방식

우리는 오직 다른 사람들과의 관계 속에서 존재한다. "나"는 "너" 또는 "그것"이 있어야 존재한다. 즉, 우리는 끊임없이 외부 환경과 직접적인 관계를 유지하며 살아가고 있으며, 그 환경이 얼마나 우호적이거나 위협적인가에 따라 우리는 다른 긴장감을 가지고 그것에 반응할 것이다.

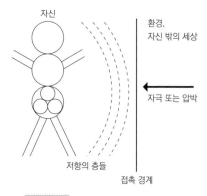

그림 12 나와 외부 환경과의 관계

긴장

우리 대부분에게 우리의 다양한 보호층들은 무의식적이다. 그것들은 위험의 수준에 따라 작동된다. 환경의 위협 수위에 따라 우리의 반응은 달라질 것이다.

첫 번째 단계는 주로 주의의 초점에 대한 것이다. 일상에서 우리는 우리 유형의 욕구에 집중하여 약간 로봇과 같이 "자동"적으로 살아간다. 모든 것이 정상일 때에도 언제나 내적인 긴장 또는 경계심이 있어서 우리의 주의가 특정한 방향에 초점을 맞추게 한다.

외적인 자극이 한 단계 높아지면 우리의 방어기제가 활성화된다. 그것은 외부의 사건을 심리적으로 소화 가능하도록 하기 위해 특정한 방식으로 걸러낸다. 만약 외부 압력이 지속되면 긴장은 한 단계 상승하여 우리가 반응하도록 강제한다. 우리의 주의는 관심있는 방향으로 고정된다. ― 이것이 정신적 고착이다. 우리는 무슨 수를 써서라도 우리 유형의 욕구를 충족시켜야 하기 때문에 감정적 격정은 우리가 즉시 대응하도록 하는 심장박동 증가와 근육의 긴장을 발생시킨다.

만약 외부의 위협이 남아 있다면 위험이 임박했기 때문에 본능 센터 또한 긴장을 발생시킨다. ― 그래서 우리는 우리의 직감으로 대응해야 한다. 자아ego가 느끼는 위험에 따라 다른 종류들의 반응이 가능하다. 주된 반응 방식은 상처의 고통을 다시 경험하지 않기 위해 긴장을 푸는 것이다.

우리는 외부 압력에 적응하기 위해 각 긴장 수준에서 반응한다. 이 움직임이 현재 작동하고 있는 하위유형이다; 이것은 외부 위협의 특정 수준에 대한 반응이며, 우리의 내적 긴장이 올라갈 때 우리가 갖는 조건 반사이다. 통합된 거짓 자아를 방어하기 위해 생존을 위한 행위로써 격정의 감정적 반응은 본능적 반응과 결합한다.

하위유형은 내적인 긴장이 더욱 극심해지는 정확한 순간에 갑자기 나타나는 행동이다. 외적인 자극은 방어기제를 활성화시키며, 긴장의 상승과 우리 상처의 고통이 되살아나는 것에 대한 공포는 우리가 반응하도록 한다. 감정적 격정과 지배적인 본능이 함께 작동한다. — 거기에는 "만약 내가 여기 머문다면, 고통이 나를 압도할 것이다"와 "만약 내가 여기 머문다면 나는 신체적으로 말살을 당할 것이다"가 연대를 형성한다. 격정과 본능은 생존을 위한 전쟁에서 연합하였다. 그리고 이 모든 일이 진행되는 동안 사고 센터는 유형의 렌즈를 통해 위험을 분석하는 데에 집중한다. 이것이 "고착fixation"이다.

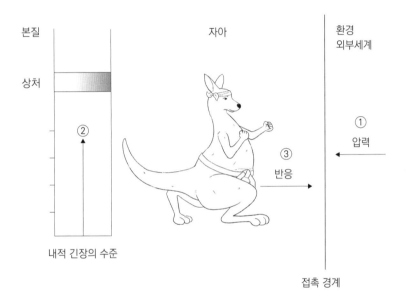

그림 13 하위유형은 반응, 즉 행동이다

에너지와 긴장

에너지 측면에서 볼 때, 야노프Janov 박사는 "진정한 자아의 잊혀진 원초적 감정은 지속적으로 내적인 압력을 만드는 기계적 에너지로 변하는 신경 화학 에너지와 같다"고 생각 했다. 어떤 외부 자극이 긴장을 높이고 에너지를 발생하도록 하는 것은 분명하다. 우리의 신체는 과도한 에너지를 제거하도록 프로그램 되어 있다. 우리가 조치를 취하지 않는다면, 만약 우리가 우리 성격의 신념에 따라 강박적인 방법으로 반응하지 않는다면, 이 수준의 긴장은 우리의 잊혀진 고통과 접촉하게 할 것이다.

> 강한 위협이 있을 때, 우리의 박동은 상승하고, 우리의 몸은 긴장하며 본능 센터에서 본능의 에너지가 차오른다. — 모든 스트레스 상황에서 우리는 평상시보다 더 많은 에너지를 가지고 있는 것처럼 보인다.

세 가지 하위유형

에니어그램의 각 유형에는 세 가지 하위유형이 있는데, 이는 아이일 때 어떤 본능이 가장 상처를 받았는지에 달려 있다. 따라서 각 유형에는 다음의 하위유형이 있다.

- 격정이 자기보존 본능과 결합되었을 때의 자기보존 하위유형
  — 그림 14a
- 격정이 성적 본능과 결합되었을 때의 일대일 하위유형 — 그림 14b
- 격정이 사회적 본능과 결합되었을 때의 사회적 하위유형 — 그림 14c

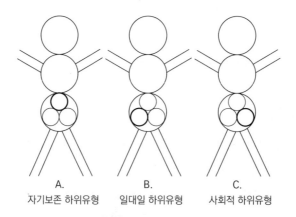

A.	B.	C.
자기보존 하위유형	일대일 하위유형	사회적 하위유형

그림 14 세 가지 하위유형

동일한 유형의 기반에서 세 가지 다른 작동 방식[13]

1유형의 예시

1유형의 분노는 내면적이다; 이를 악물고 현실에 맞서는 자세를 취한다. 그것은 사물을 있는 그대로 받아들이지 않는 것이다; 표현되지 않는 강한 분노와 세상에 대한 짜증. 다음은 1유형의 격정인 분노가 세 가지 다른 하위유형에 따라 어떻게 발생되는지에 대한 예시이다.

자기보존 1유형

- 1유형의 몰입: 옳은 것을 하려 노력함
- 자기보존 하위유형의 몰입: 집, 안전 및 물질적 안전
  =걱정

그들의 기본적인 욕구가 충족되었는지 확인하는 것이 매우 중요하기 때문에 이것이 1유형들을 불안하게 만든다. 그들은 재미와 안전을 동시에 느낄 수 없으며, 그저 계속해서 더 열심히 일한다. 그들은 스스로 규칙과 기준의 수호자라고 느끼기 때문에 이것은 끝나지 않는 과업이다. 세상은 계속 변화하고 있지만 그들은 이것을 보지 못하며, 따라서 끊임없이 세부사항들을 처리하며, 모든 것을 통제하려 하고, 훈련을 받으려 하고 자신을 채찍질한다. ― 물론 걱정을 줄이는 것보다 더 많은 걱정을 만들어낸다.

일대일 1유형

> - 1유형의 몰입: 옳은 것을 하려 노력함
> - 일대일 하위유형의 몰입: 파트너에게 집중
>   =열의 또는 질투

여기에는 모순이 있다. — 이 유형은 탁월성을 위해 분투하며, 다른 한 편으로 일대일 하위유형은 관계에 중점을 둔다. 그러나 둘 다 통제에 관한 것이다; 물질적인 것들에 대한 통제와 상대방과의 관계에 대한 통제. 이것은 매력, 통제하려는 의지, 적응하려는 욕구와 결합된 절대적이고 완전한 헌신과 자기 희생에 관한 것이다. 이 유형의 분노는 주로 표면 아래에 잠들어 있으며 비판의 형태로 나온다.

사회적 1유형

> - 1유형의 몰입: 옳은 것을 하려 노력함
> - 사회적 하위유형의 몰입: 친구, 협회, 그룹에게 집중
>   =사회적 부적응

이것은 그렇게 되어서는 안 되는 세상에 대한 분노에 관한 것이다. — 정치, 종교 또는 다른 원인이 개혁가 본능에게 기회를 제공한다. 1유형의 의무감은 훈육과 즉흥성의 억압, 탁월성을 기준으로만 생각하고 열심히 일을 해야 하는 의무감을 불러 일으킨다. 사회적 본능은 품위, 고상함, 뛰어난 자아개념에 더하여 강의하고 설교하는 경향이 있다. 즉, 분노는 표출

되지 않는다. 그것은 비판적 사고방식, 즉 규범에 어긋나는 행동을 하는 모든 사람을 개혁하고자 하는 강한 소망으로 변질된다. — 이것이 사회적 1유형의 부적응이다.

결론

동일한 유형("더 잘 처신해야 하는 세상에 대한 짜증"과 연결된 내향적인 분노에 이끌리는 1유형의 예시)으로 시작하여 작동하는 세 가지 다른 방식이 있다. 각각의 하위유형은 그들이 걱정하는 것을 먼저 생각하고 그들의 몰입을 특정한 방향으로 향하게 한다.

- 자기보존 하위유형은 집, 안전, 그리고 물질적인 것들
- 일대일 하위유형은 그들을 매료시키는 파트너 또는 주제
- 사회적 하위유형은 친구, 협회, 그룹

▶ **기억해야 할 주요 내용**
- 하위유형은 다음을 묘사한다: - 가장 나를 걱정하게 하는 지배적 본능
  - 나의 갈망과 욕구의 형태
  - 압박감이 너무 커졌을 때 내가 사용하는 비행 행동
  - 나에게 가장 중요한 인생 목표

일상 생활에서의 하위유형의 적용

"나는 에니어그램을 나의 도와주는 직업에 사용하고 있으며 하위유형이 내 고객의 유형을 더 잘 파악하는 데 도움이 될 수 있는지 알고 싶다."

데이비드 대니엘스는 "만약 당신이 하위유형에 대해 알지 못한다면, 당신이 누군가의 유형을 잘못 파악할 확률은 50%이다"라고 생각했다. 나는 그의 의견에 완전히 동의한다. 이것이 어떻게 작용하는지 몇 가지 예

가 있다. 대통령 후보들이 지닐 법한 에니어그램 유형에 대한 토론에서 하위유형을 모르는 대부분의 사람들은 대부분의 후보들이 3유형이라고 생각하는데, 그들이 성공을 원하며 그들의 목표에 집중하고 있기 때문이다. 하위유형들을 아는 사람들에게는 후보들의 행동(또는 당신이 그것을 통해 볼 수 있는 것)이 대부분 사회적 하위유형에서 온다는 것이 명확하다. 이를 참작하여 당신은 하위유형 아래에 숨겨진 유형을 식별해 볼 수 있다. "나의 아들은 자신의 이미지를 신경 쓰고 유명인사들을 만나는 것, 인정받는 것과 영향력 있는 사람들의 네트워크를 가지고 있는 것을 좋아하기 때문에 3유형입니다." 이 시점까지는 여기 있는 그 어떤 것도 우리 아이가 3유형인지 아니면 그가 사회적 하위유형을 가진 다른 유형에 속해 있는지 결정할 수 없다.

여기 다른 예가 있다. "내 아내는 우리가 휴가를 갈 때면 끊임없이 보안, 자물쇠, 소화기, 알람 설정과 관련된 모든 것에 대해 걱정하기 때문에 6유형입니다." 이 시점에서 우리에게는 이 여자가 실제로 6유형인지 또는 그녀가 자기보존 하위유형이지만 다른 유형인지 결정할 수 있는 충분한 정보가 없다.

마지막 예시로 "나의 동료는 분명히 4유형이에요; 그는 열정적이고, 심지어 가끔 실려 가기도 하며, 또한 그의 기분은 올라갔다가 확 내려가요"가 있다. 또다시 우리는 조심해야만 한다; 나라면 4유형이라고 확정 짓기 전에 그가 일대일 하위유형일 수 있는지 확인하기 위한 더 많은 정보들을 알아내려 할 것이다.

하위유형에 대한 중요한 사실들

유형이란 무엇인가?
이것은 우리의 내면 생활이 세 수준에서 어떻게 구조화되어 있는지에 대한 성격의 구조이다.

정신적 몰입: 내 머리 속이 어떻게 작동하는지

나의 감정적 상처: 감정적으로 스스로를 어떻게 보호하는지

나의 본능적 초점의 방향: 이것은 나의 세 가지의 본능 중 가장 손상된 것에 달렸다. 나를 가장 사로잡고 있는 이 분야는 또한 나의 특별한 재능이 있는 분야이다.

하위유형이란 무엇인가?

이것은 긴장이 증가할 때 자동으로 발생하는 행동이다. 이 반응은 시간과 에너지가 투입되지만 그 대가로 긴장과 두려움을 낮춘다. 하위유형은 행동으로 나타나기 때문에, 이것이 반복된다면 확인할 수 있다. 어떤 위험한 상황에서는 우리는 동일한 반응을 사용하는 경향이 있다.

언제 하위유형이 작동하는가?

외부 세계로부터의 자극과 위협이 발생하여 긴장이 증가하면 우리는 반응하고 무언가를 해야 할 필요성을 느낀다.

왜 하위유형이 나타나는가?

우리 유년기의 원초적 상처가 되살아나는 것을 피하기 위함인데, 우리가 가만히 있으면 이 엄청난 고통을 감수해야 한다. 우리의 하위유형은 우리 안에 과도하게 축적된 감정을 표현하고 제거하는 반응이다.

하위유형의 이점은 무엇인가?

우리를 진정시킨다. 반응함으로써 우리 에너지를 분산시키고 긴장은 줄어들어 기분이 좋아진다.

하위유형의 결과는 무엇인가?

이것은 우리의 무용한 에너지를 제거하도록 만들어준다. 다른 한편으로 우리를 지배적 본능 분야의 전문가로 만든다. 무의식적으로 우리 스스로를 안전하게 하기 위해 우리는 우리가 가장 편안하게 느끼는 분야를 우선시하는 경향이 있다. 따라서 자기보존 하위유형은 집안일을 하는 것과 같은 물질적인 것들의 조직화에 초점을 맞추며 행복해하는 경향이 있지만, 함정은 이 분야에 너무 집중해서 일대일 관계나 사회적 삶의 질을 손상시킨다는 것이다.

왜 우리의 하위유형을 아는 것이 유용한가?

- 긴장이 증가하거나 우리가 다시 자동적으로 움직이기 시작할 때 주의를 기울이도록 도와준다.
- 우리의 몰입 또는 욕구가 이 세 가지 영역에 집중되어 있다는 것을 인식하도록 도와준다.
- 우리가 하위유형이 다른 사람들에게 더 잘 경청할 수 있도록 도와준다.
- 우리의 반응하려는 경향을 감소시켜주며, 따라서 우리는 우리의 자동화된 행동에 덜 지배 받는다.

한 가지 하위유형이 항상 지배적인가?

대부분의 경우에 그렇지만 항상 쉽게 확인할 수 있는 것은 아니다. 만약 당신이 스스로 확신이 없다면 당신의 배우자나 아이들에게 물어보라. — 보통 그들은 알 것이다. 그러나 이것은 하루에 세 가지 상황을 모두 겪지 않는다는 뜻은 아니다. 예를 들어 집안을 돌보고, 업무 회의에 가야 하는 것과 일대일 저녁식사가 있는 것처럼. 그럼에도 불구하고 당신은 이 세 가지 상황 중 하나에 당신이 보다 더 몰두하고 더 재능이 있고 보다 편안하다는 것을 알게 될 것이다.

세 가지 하위유형에게 좋은 저녁 시간이란

자기보존 하위유형: "남편과 나는 집에 있었다. 우리는 조금 피곤했다. 우리는 함께 저녁을 먹었다. 아이들은 얌전했고 우리는 불을 피우고 영화를 봤고 분위기는 차분했고 고양이는 내 무릎에 있었다. — 그저 내가 사랑하는 가족의 둥지였다. 이 순간에 내가 느꼈던 건 부드러움, 일종의 몸으로 느껴지는 부드러움이었다. 우리는 따뜻함이 있는, 사방이 벽으로 둘러싸인 집에 있으며 우리는 안전하다."

일대일 하위유형: "남편과 나는 집에 있었다. 나는 아이들은 일찍 잠자리에 들게 하자고 제안했다. 나는 아이들에게 저녁을 주고 막내를 침대에 눕히고 동화책을 읽어 줬다. 그리고 큰애를 침대에 눕히고 아이의 하루에 대해 대화했다. 나는 샤워를 하고 거실로 돌아왔다. 우리는 둘이서 저녁을 먹었다. — 테이블에서 서로를 바라보며. 그의 붉은 스웨터는 아름다웠다. 그는 나의 눈을 바라봤다. 우리는 함께 이야기를 나눴다. 오직 우리 둘이서,

바깥 세상은 잊었다. 그러고 나서 그는 "사운드 오브 뮤직Sound of Music" 영화를 보고 싶어했다. 우리는 거의 텔레파시가 통해 열정적으로 영화의 가장 재미있었던 부분을 함께 나누었다. 이 순간에서 내가 느꼈던 건 부부로서 우리 관계의 강렬함이었다."

사회적 하위유형: "남편과 나는 집에 있었다. 나는 아무 일도 일어나지 않는 조용한 저녁을 좋아하지 않기 때문에 함께 있으면 즐거울 것 같은 친구 여덟 명에서 열 명을 초대하기로 결심했다. 분위기가 아주 좋았다. 손님들은 활기가 넘치며 서로 이야기를 나눴다. 우리는 모든 주제에 대해 이야기를 나눴다. 정치, 세계 종교, 우리 문명의 미래… 나는 이러한 저녁을 보내는 것을 사랑한다. — 나는 매일 밤 친구들과 강연이나 극장이나 식사를 갔으면 좋겠다. 사실 그런 일들은 자주 일어난다. 나의 남편과 나는 여러 모임에 속해 있고, 우리의 저녁은 아주 분주하다."

위의 예시에 대한 코멘트

상기한 사람들의 욕구와 소원, 열망은 본능적으로 서로 다르며 동일한 것을 추구하지 않는다.

자기보존 하위유형은 진정으로 안녕, 안전과 편안함을 추구한다. — 이것은 자기보존 본능과 관련되어 있다. 그래서 그들은 자신들의 소유물을 즐기고 싶어하며 소유물을 잃을 가능성에 대해 걱정한다. 그들은 또한 그들의 신체와 안녕, 건강에 대해 매우 염려한다. 모든 것이 잘 돌아갈 때에 그들은 굳이 많은 말을 하려고 하지 않는다. 그들은 집에 조용히 있는 것에 행복해하며, 그들이 있는 장소의 분위기에 매우 예민하다.

일대일 하위유형은 시간을 순차적으로 경험하는데, "나는 아이들에게 저녁을 주고, 큰애를 침대에 눕히고, 둘째도 침대에 눕히고, 남편과 저녁을 먹었다." 이 하위유형의 다른 특징은 강렬함을 추구한다는 것이다. "나는 내가 하는 각각의 것들에 할 수 있는 한 최선을 다한다. 나의 하루는 각각 더 하거나 덜한 열정적인 순간의 부분들로 나눠진다. 좋은 날이란 대단히 충만

한 순간들이 연속해서 일어났던 날이다. 아침 식탁에서의 아이의 웃음소리, 상사와의 브리핑 회의, 업무 관련 점심, 오후 다섯 시의 프로젝트 발표, 내가 집에 왔을 때 우리 남편의 표정, 그날 수준 높은 저녁과 그의 존재. 이 대단히 충만한 순간들은 그것이 생명의 불꽃을 가지고 있는 한 길어야 할 필요는 없다." 마지막 측면은 그들이 함께 있는 사람과 특별한 유대감을 가지고 있다는 것을 느끼고 싶은 욕구, 그들을 매혹하는 능력에 대한 재확신의 욕구인 것이다.

사회적 하위유형은 다음과 같은 사회적 행사에 참여하는 것을 몹시 좋아한다. 오페라의 첫날 밤, 알버트 홀에서의 열정적인 락 콘서트 티켓, 시장과의 칵테일, 여러 저명한 사람들이 모인 곳에서 그런 부류의 사람들과의 저녁 식사, 오랜 학교 친구들과의 동창회… 중요한 것은 나가서 사람들을 만나고, 사회적 이슈에 대해 그들과 이야기하고, 의사소통하고, 관계를 쌓고, 존중을 받고, 모임 안에서 유명하며 영예로운 자리를 차지하는 것이다. 이 모든 것은 집에서 따분한 저녁을 보내는 것보다 훨씬 더 낫다.

결과 1: 세 가지 하위유형의 스킬은 동일하지 않다

자기보존 하위유형은 삶의 물질적인 측면을 관리하는 데 재능이 있다. 일대일 하위유형은 그들과 이야기를 나누는 사람을 설득하는 데에 능숙하다. 사회적 하위유형은 좋은 연락망을 가지고 있는 사람들이다. 이사를 할 때 이것이 어떻게 일어나는지 보자.

"자기보존 하위유형"은 본능적으로 어떻게 체계화 시켜야 하는 지를 안다. 필요한 두꺼운 종이 박스와 스카치 테이프의 개수, 대형 트럭의 크기, 적당한 자동차를 찾을 수 있는 곳, 계획이 필요한 이동 횟수, 어떤 방에 각 박스가 배치되어야 하는지를 고려한다.

"일대일 하위유형"은 당황할 것이다. 이것은 그들의 분야가 아니기 때문이다. 따라서 그들은 자기보존 하위유형인 친구가 준비 과정을 감독하도록 유도하거나, 또는 모든 것을 도맡아줄 적당한 이사 업체를 찾아갈 것이다.

"사회적 하위유형"은 여러 명의 친구들에게 연락을 하고, 이사와 관련된 일련의 이벤트를 계획해서 이것을 기억에 남는 추억으로 만들어낼 것이다.

결과 2: 우리는 우리가 선호하지 않는 분야에서 불편하다

이사를 하는 예시에서, 오직 자기보존 유형만이 옮겨야 하는 모든 물건들과 직접적으로 대하는 것에 편안해 할 것이다. 다른 두 유형은 특정 방식을 취해서 일을 맡기는 식으로 돌려서 해낼 것이다.

결과 3: 우리는 종종 다른 두 하위유형에 대해 완전히 이해하지 못하거나 심지어는 우월감을 느낀다

파리의 에니어그램 학술 센터CEE에서 15년 동안 진행한 연구를 보면 우리의 친구들은 대부분 우리와 동일한 하위유형이라는 것을 보여준다. 이것은 우리가 선호하는 분야에서 찾는 사람들에게 가장 친밀감을 느끼는 것으로 보인다. 만약 부부가 서로 다른 하위유형을 가지고 있다면 그들이 서로에게 화나는 지점이 대부분 관계 초반에 나타날 것이다. 예를 들어 자기보존 하위유형은 사회적인 파트너가 너무 자주 나가자고 하는 요구에 금세 화가 날 것이다. 다른 한편으로 사회적인 파트너는 자신의 자기보존형 파트너가 저녁시간에 대체 어떻게 집에만 머무르며 즐거울 수 있는지 의문을 가질 것이다. 개인적으로 나는 부부들 사이에서 일어나는 오해는 아마도 대부분 유형의 차이 보다는 하위유형의 차이에서 온다고 생각한다. — 그렇다고 같은 유형의 커플이 절대 문제가 없을 것이라고 말하는 것은 아니다!

매년 CEE에서 우리는 같은 하위유형의 대표들이 그들의 공통점들을 공유하고 다른 하위유형들의 자질과 결함에 대해 설명하는 3일간의 워크숍을 개최한다.[14] 그리고 우리는 하위유형을 우리의 기본 모델로 삼아 다른 사람들과 함께 우리의 관계를 위한 노력을 한다. 몇몇 사람들은 그들

배우자와의 관계에 대한 놀라운 점들을 발견하게 된다. 여기 50명의 참가자가 있었던 2006년 6월 워크숍에서의 하위유형 패널들에 대한 짧은 요약이 있다. 이것들은 상호 작용 활동이나 전후 활동을 고려하지 않고 정제되지 않은 상태의 코멘트이다.

자기보존 하위유형과 사회적 하위유형은 일대일 하위유형에 대해 뭐라고 말했는가

"우리는 우리를 가치 있게 느끼도록 만들어주는 모든 것, 당신의 매력적인 면, 열정, 자발성, 감각적인 면, 강렬함을 좋아한다. 우리는 당신이 스스로의 매력을 이용해서 교묘하게 조종하려는 점을 좋아하지 않는다. 그것은 마치 우리가 당신과 어디에 있는지 알지 못하는 것처럼 느끼게 한다. 우리는 당신이 우리에게 너무 집중하거나 우리를 떠나 있는 것을 좋아하지 않고 또한 당신은 당신이 만들고자 하는 관계의 강렬함의 영향을 인식하지 못하는 것 같아 보인다."

자기보존 하위유형과 일대일 하위유형은 사회적 하위유형에 대해 뭐라고 말했는가

"우리는 당신이 그룹 안에서 스스로를 표현하는 능력, 지역 사회를 도우려는 노력, 당신의 그룹에 대한 포부, 어떻게 프로젝트를 체계화하는지에 대한 당신의 지식, 사람들을 한데 모으는 것, 그리고 당신이 세상과 인류를 향해 가지고 있는 넓은 시야를 진심으로 좋아한다. 우리는 당신이 너무 많이 말하는 것을 좋아하지 않는다. 단어들, 모임들, 요구들. 우리는 당신이 많은 사람들을 아는 것에 부여하는 중요성과 당신이 불가결한 존재라는 당신의 자부심에 대해 불만이다. 또한 당신이 갑자기 사라지거나 우리가 당신과 단일 분도 온전히 함께 보낼 수 없을 때(핸드폰 하느라 바빠서?) 지긋지긋 하다."

일대일 하위유형과 사회적 하위유형은 자기보존 하위유형에 대해 뭐라고 말했는가

"당신은 우리에게 안정감이 들게 한다. 우리는 당신의 실용적인 면, 물질적인 것들에 관한 신뢰성, 당신의 선견지명, 당신이 자신의 몸이 하는 말을 잘 들을 수 있는 능력을 좋아한다. 우리는 당신이 우리가 없는 동안 해야 할 모든 실제적인 일들을 간단하게 책임지는 것에 감동받았다. 우리는 당신이 당신 집 밖 세상에는 아무것도 존재하지 않는 것처럼 굴며 가끔 성격적으로 문제가 있어 보일 때는 짜증이 난다. 우리는 가끔 당신의 좁은 폭의 흥미와 인맥이 넓어질 것 같을 때 당신이 불안함을 갖는 것 같아 실망감이 든다."

하위유형 간 관계의 역동성에 대해 많은 것을 말할 수 있다. 그 주제는 다음 책의 주제가 될 수도 있다! 그러나 이 책에서의 주요 목적은 존재의 변형에 초점을 맞추는 것이다.

이제 우리는 내적 긴장과 하위유형의 반응이 나타나는 순간을 인식할 수 있는 특성을 강조하는 27 하위유형에 대한 설명으로 넘어갈 것이다. 더욱 이해하기 쉽도록 설명하기 위하여 우리는 동물을 이용하여 아홉 유형의 하위유형을 쉽게 식별할 수 있는 기호로 묘사할 것이다. 따라서 당신은 자기보존 하위유형은 그들의 목에 둘러져 있는 스카프로, 일대일 하위유형은 그들의 강렬함을 나타내는 그들 머리 주변의 대시 기호로, 그리고 사회적 하위유형은 그들의 나비 넥타이로 찾아낼 수 있을 것이다. 그러므로 도표는 아래에 제시된 바와 같다.

- 그림 15 - 스카프를 하고 있는 자기보존 하위유형
- 그림 16 - 강렬함을 표현하고 있는 일대일 하위유형
- 그림 17 - 나비 넥타이를 하고 있는 사회적 하위유형

그림 15 스카프를 하고 있는 자기보존 하위유형

그림 16 강렬함을 표현하고 있는 일대일 하위유형

그림 17 나비 넥타이를 하고 있는 사회적 하위유형

그림 18 각 유형의 세 가지 하위유형 = 27 프로파일

1장 참고 문헌

1. Noel Salathé (1995), *Psychotherapie Existentielle*, Institut de Psycho-therapie Gestalt Existentielle, Geneva.

2. Edmond Parc, Dominique Picard(2000), *The Palo Alto School*, Editions Retz에서 발췌.

3. 독일어로 초개인적 "ueberpersoenlich."

4. *Transpersonal Psychologies*, Haper and Row (1975)의 저자.

5. 현재 순간의 감정과 신체의 느낌에 초점을 맞춘 치료. 자세히 알아보려면 파리 게슈탈트 학교에 문의. + 331 43224041.

6. 이 프로그램은 프랑스에서 진행한다. 다음 웹사이트 참고
   - www.cee.ennegramme.eu.

7. Arthur Janov (1973), The Primal Scream, Abacus.

8. 앞의 책.

9. 앞의 책.

10. Eric Salmon, Lizbeth Robinson (1998), *L'Enneagramme, Lecture de la Personnalité*, Collection Essentialis, France.

11. 이 개념의 이름은 저자에 따라 다르다. 원래 스페인어 이름은 우리에게 전해지지 않았다. 그것은 저항, 두려움, 억제에 오염되지 않은 넓고 객관적인 의식을 설명하여 유연하면서 수용적인 사고 방식을 초래한다.

12. Peter Ohanrahan의 웹사이트를 보라. www.enneagramwork.com.

13. 이 책의 후반부에서 발췌.

14. 다음의 웹사이트를 보라. www.cee-enneagramme.eu.
    또는 +33 1 46430692.

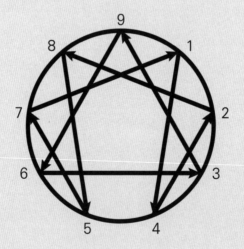

02

당신의 하위유형 알아보기

1유형의 세 가지 하위유형

상처

과거 어린 시절에 1유형은 처음으로 자유롭게 즐거움을 느끼려고 시도했을 때 혼나고 그로 인해 깊은 상처를 받았다. 그래서 그들은 자신의 "진정한 자아"를 포기하고 대신 삶에 대한 올바르고 예의 바르며 절제된 접근법을 수용했다. ― 그 대가로 사랑받기를 희망하며.

격정: 분노 Anger

1유형의 분노는 내적이다. ― 이것은 "나는 이를 악물고, 머리를 숙이고 최선을 다하며, 모범을 보이고, 뛰어난 성과에 집중한다"에 관한 것이다. 모든 것을 있는 그대로 받아들이지 않는다. 오스카 이차조는 "현실에 대항하기 위해 무장을 하다"라고 말한다. 세상을 개혁하고자 하는 열망이 너무나 강해서 1유형은 표출되지 않는 내재된 강한 분노를 항상 가지고 살아가는데, 이 분노는 "더 도덕적이어야만 하는" 세상에 대한 짜증과 연결되어 있다. 이 분노는 그들이 투입한 엄청난 노력에 대한 불공정함의 감정으로 나타난다. ― 그들은 다른 사람들보다 더 많이 일했으며 정당한 보상을 받지 못했다는 느낌을 가지고 있다. 따라서 그들은 일종의 독선적인 분노를 가지고 있다.

선호하는 방어기제: 반동 형성Reaction Formation

어린 시절, 1유형들은 그들의 자연스러운 충동을 허용받지 못했고, 그들은 모든 즉흥적인 행동이 외부 세계로부터 비판을 받을 것이라고 믿게 되었다. 그래서 그들은 스스로를 비판하는 법을 먼저 배우게 되었다; 그들은 욕망과 분노와 같은 모든 "나쁜" 행동에 주의하며 반응한다. 용납할 수 없는 충동이 발생하면 그것은 차단된다. ― 생각을 추구하는 것은 금지되지만 사용 가능한 에너지는 다른 방향으로 재설정 된다. 예를 들어 "나쁘다"로 딱지가 붙어 있는 모든 것은 다른 것으로 바뀌어야만 한다. 즐거움 혹은 휴식과 관련된 충동들은 1유형들이 어떤 식으로든 더 잘하기 위한 노력으로 전환되기 전에 긴장되는 기간을 겪게 된다. 이것을 반동 형성이라고 부른다. 성적인 욕구마저도 도덕적인 행동으로 바꿀 수 있는데, 심지어 식탁을 세팅하거나 식사를 준비하는 것에 더욱 집중하는 것이다. 또는 분노의 에너지가 친절로 변환될 수도 있다. "욕하고 싶다"가 "다른 사람을 돌보는 일에 주의를 집중하자"가 되는 것이다.

자기보존 1유형

> - 1유형의 몰입: 옳은 것을 하려 함
> - 자기보존 하위유형의 몰입: 집, 안전, 물질적 안전
>   = 불안

　자기보존 1유형들은 그들의 주요 욕구가 충족되는 것을 확인하는 것이 매우 중요해서 불안해진다. 1유형은 재미와 안전함을 동시에 느낄 수 없어서 그들은 다음의 격언을 따른다. "일하라, 일하라…" 여기에 악순환이 있다. 그들은 "더 나은 것을 위해 계속 노력하고, 더 열심히 노력하라…"는 공식을 매일 같은 도전이 반복되는 외부 세상에 적용한다. 그러나 매일 무엇인가 새로운 것이 있다. 계속 변화하는 세상에서 당신이 규칙과 기준의 수호자라고 느낄 때, 그 느낌은 바닥이 없는 구덩이와 같다. 만약 당신이 최고의 기준을 설정하더라도 그것이 예기치 않은 상황이 발생하는 것을 막아줄 수는 없다. 빨래를 더욱 흰색으로 하려고 해도 매일 아이들이 다시 옷을 더럽힐 것이다. 1유형은 그들이 스스로 끝없는 불만의 세계에 발을 들여놓게 하고 있다는 것을 보지 못하며, 그래서 전력을 다한다. 세밀한 부분까지 꼼꼼히 살피고, 모든 것을 통제하기를 원하며, 절제하며, 스스로를 채찍질한다. ― 그리고 그 모든 것이 그들의 걱정을 줄여주는 동시에 더 많은 걱정을 발생시킨다. "내가 내 파트를 완벽하게 연주할 수 있도록 몇 시간 동안 음계를 연습하면 안심이 되지만, 그러나 여전히 이것이 내가 콘서트에서 뛰어날 것을 보장하지는 않는다."

　자기보존 하위유형이 생존의 영역(집 관리, 교육, 음식 준비 등)에 몰입하는 것은 다른 욕구들보다 우선시된다. 아주 작은 실수(세제의 양을 잘못 사용하거나 또는 조리를 할 때 혹은 소금의 양을 잘못 넣는 것)에도 그들은 불안해지고 흔들리고 있는 자존감이 무너질 수 있다. 이 불안을 피하기 위해 그들은 점점

더 많이 통제해야 할 것들을 정하고, 사소한 부분까지 꼼꼼히 챙기고, 끊임없이 그들의 내면 비판자inner critic를 떠올리며 그들의 의무를 상기시킨다. 불안의 또 다른 원인은 시간의 문제이다. "내가 해야만 하는 모든 일들을 제대로 해낼 시간이 없을 것이다"라는 느낌이 그들의 스트레스와 불안을 증가시킨다. 문제는 너무 심한 자기 희생이 곧바로 긴장과 분노를 더 커지게 만든다. 그들은 그들의 욕구가 충족될 가치가 있을 만큼 충분히 좋다고 생각하지 않으며, 이러한 신념이 불안의 근원이 된다. 그들의 개인적인 열망과 무엇이 올바른 일인가 사이의 갈등은 걱정을 불러일으킨다. "나는 내가 원하는 것을 해야 하는가, 아니면 옳은 것을 해야 하는가?" — 이로 인해 불확실성, 불안, 미루기가 발생한다.

통제하려는 그들의 욕구는 그들의 환경과 외모 둘 다를 올바르게 하려는 욕구로 이어져 있다. — 식물들이 균일하게 줄 세워져 있고 나무는 잘 다듬어져 있는 고전적인 프랑스 정원과 같이 말이다.

역설

내가 아무리 집중을 하고 아무리 불안해해도 이 노력이 결코 나를 안심시키지 못할 것이다.

메타포 — 개척자Pioneer

이것은 서양 영화에서 본 개척자pioneer이다. 그들은 자연을 길들이고, 아이들이 잘 자랄 새롭고 더 나은 세상을 만들기 위해 나아간다. 끝없는 바람과 먼지에도 불구하고 그들은 말 위에 반듯이 앉아, 손에 성경을 들고, 깔끔하고 단정하게 정돈된 그들의 옷을 제대로 차려 입고 있다.

1유형의 경고신호

- 너무 많은 불안
- 턱, 등, 입술의 과도한 긴장
- 충분한 즐거움, 재미, 억제된 감정의 해방이 없음
- 너무 많은 자기희생

자기보존 하위유형의 경고신호

- 안전에 지나치게 신경 씀
- 일에 너무 많은 시간을 할애
- 물질적 안녕에 지나친 염려
- 집에서 너무 많은 저녁 일과

자기보존 1유형의 관점 — 에르베HERVÉ

나의 유형에 대해 내가 좋아하는 점

나는 내가 상황과 사람들을 재빨리 파악할 수 있다는 사실이 좋다. 나의 현재 직업은 경영 인적 자원 컨설턴트이다. 나는 회사의 교육훈련을 촉진하고, 팀과 개인을 코칭한다. 내가 장형이라는 사실은 나와 함께 일하는 사람들의 욕구와 의도를 파악하는 것을 가능하게 한다. 그것은 내가 그들의 감정과 즉각적인 상황의 요구 사항들에 맞춰주고 쉽게 적응할 수 있게 해준다. 요즘 나는 예전보다 이런 느낌과 직감에 대해 성찰하는 것이 쉽다는 것을 알았다. 내가 전보다 나의 본능 센터에 덜 매여 있는 것을 느꼈고 나의 본능적 직감을 활용하는 데 있어서 정신적 능력을 보다 분명하게 사용할 수 있게 되었다.

또한 나의 유형은 내가 충분히 고려하고 확신하는 방향으로 일을 성취하게 해준다. 나는 지구력이 있다. — 나는 장기 프로젝트를 좋아하고, 내가 장거리 달리기 선수 같다고 느낀다. 나는 내게 동기를 부여하는 프로젝트에 많은 에너지를 쏟을 수 있는데, 예를 들면, 나이 50세에 이루어낸 최근의 경력 변화와 같은 것들이다.

나의 하위유형에 대해 내가 좋아하는 점

나는 내가 있는 장소의 분위기에 매우 민감하다. 나는 내 주변에 있는 사람들이 편안한지 살핀다. 온기와 조명은 나에게 매우 중요하다. 나는 내 유형의 자동화된 행동을 다룰 수 있도록 해주는 나의 하위유형에게 고

맑게 생각한다. 나의 육체적 감각을 알아차리는 것을 통해, 내가 개발하고자 하는 내 유형의 미덕인 평온serenity에 더 닿게 하는 자연과의 규칙적인 접촉에서 나의 몸과 존재를 의식한다. 5년 전 나는 자연 속에 머물기 위해 이 지방으로 이사왔다. 자연 속에 머무는 것은 나에게 영양분을 주며 나에게 꼭 필요하다.

불안은 언제나 나의 개인적인 삶과 직업적인 삶 양쪽에서 중요하고 항상 존재해 왔다. 삶의 물질적 안락함이 자동으로 생기는 것이 아니기에 나는 불안하다. 나는 모든 객관성을 잃어버릴 때를 경험한다. 나의 아름다운 집, 어떤 나쁜 일이 생겨도 내가 살아남을 수 있게 하는 현재 통장 잔고에도 불구하고 나는 미래에 대한 지속적인 불안 상태에 있다. 나의 분노와 분개는 언제나 실용적인 것들에 대한 몰입을 통해 나타나는데, 예를 들면 연료 소비량이나 주유소의 휘발유 가격을 모니터링 하는 것이다.

나의 유형과 하위유형의 조합에 대해 내가 좋아하는 점

위에 말했듯이 나의 하위유형을 이해하는 것은 내 자신에게 작업을 하기 위해 필수적이다. 내게 정말로 필요하지만 내 삶에서 이루지 못했던 놓아 주기letting go 경험을 하도록 돕는 핵심 요소이다. 사람들은 종종 우리 내면의 관찰자inner observer가 우리를 우리의 반응과 분리될 수 있도록 돕는다고 말한다. ― 그러나 당신은 어디를 살펴야 할지 알아야 한다. 매우 정확한 자기보존과 관련한 영역에 초점을 맞춘 이 불안의 발견은 나에게 큰 깨달음을 주었다.

참고 영화(1) ― 벤허Ben Hur

AD 26년 예루살렘, 유다 벤허 왕자는 그의 어린 시절 친구이자 로마 수비대 대장으로 지명된 메살라를 만났다. 어느 날 그가 로마 수비대가 아래로 지나가는 것을 바라보고 있는데, 그의 정원 벽에서 기왓장이 떨어져 로마 장교의 머리에 떨어졌다. 이 사고가 벤허(찰턴 헤스턴, Charlton Heston)와 메살라의 불편한 접견으로 이어진 것이다. 벤허는 그의 옛 친구의 정치적 견해와는 아무 상관없길 바라며 자신의 입장에서의 진실을 고수했다. 메살라는 결국 이 사건을 암살시도로 해석하기로 결정했고, 이는 벤허의 재산 압류와 갤리선 이송으로 이어졌다.

그 후 벤허는 그의 몰입의 전형적인 예시가 되는 행동을 보이기 시작한다. 그는 영화 내내 불안해하며, 이것이 그의 입장을 옹호할 수 있는 유일한 자세라고 확신한다. 아주 조그마한 여유도 그가 힘써 왔던 모든 것을 잃게 할 수 있다는 것을 알기 때문에 이를 악물었다. 이 영화는 가문의 생존과 그의 어머니와 누이를 찾고 그들이 다시 집으로 돌아와 안전해지도록 하기 위해 벤허가 할 수 있는 모든 것을 한다는 점에서 자기보존에 관한 영화이다. 또한 이것은 피, 땀, 눈물에 대한 질문이다. 갤리선에서 노를 젓는 동안, 그는 이를 악물고 상상할 수도 없는 노력을 쏟아 붓는다. 이 영화는 복수에 대한 것이 아니다. 벤허는 많은 순간에서 살생을할 수 있었지만 절대 그러지 않았다. — 오히려 로마 장교의 목숨을 구하는 수준까지 이르렀다.

주인공은 올바르고 범접할 수 없으며 모범이 되기에 이것은 1유형의 프로파일이다. 그의 의지는 그의 도덕적 원칙으로부터 온다. 이 영화가 흥미로운 점은 흔히 정리하는 데에 집착하는 것으로 묘사되는 자기보존 1유형에 대한 편견에 대해 더 넓은 이해를 제공한다는 것이다. 이 영화는 또한 억제된 분노 표현의 다양한 집합을 보여 준다.

일대일 1유형

- 1유형의 몰입: 옳은 것을 하려 함
- 일대일 하위유형의 몰입: 파트너에게 집중함
  = 열의 또는 질투

여기에서 두 개의 모순적인 동인들이 발견된다. 탁월함을 위해 애쓰는 1유형이 있는 한편, 중요한 상대방과의 관계에 집중하는 일대일 하위유형도 있다. 자기보존 하위유형은 물질적인 것들을 통제하려는 반면에, 일대일 하위유형은 다른 사람과의 관계를 통제하려고 한다. 1유형의 에너지는 절대적이고, 온전한 헌신과 자기 희생에 관한 것이다. 일대일 하위유형의 에너지는 매력과 통제당하고자 하는 의지, 적응하려는 열망에 추가된다. 나는 많은 일대일 1유형을 만나 봤는데 그들은 스스로가 사람들을 매료시키려고 하는 것을 알고 있어서 스스로가 3유형이라고 생각하고 있었다. 사실 그들의 이미지에 대한 관심은 단순히 그들이 일대일 하위유형이기 때문이다. 1유형들에게 분노는 으레 표면 아래에 잠겨 있으며 비판적 마음가짐의 형태로 나타난다. "**아주 조금** 늦었네, 자기!" 클라우디오 나란호는 이것을 이렇게 설명한다[2]. "비판은 잘못을 찾아내는 형태로만 나타나는 것이 아니며, 다른 사람에게 죄책감을 느끼게 하는 엘리트주의의 형태로도 나타난다. 여기에는 자주 인정되지 않은 권위주의가 있다. "나는 원한다……"가 "너는 해야만 해……"로 변형된 것이다". 이 은밀한 비난은 다른 사람이 내가 열망하는 방향으로 그들의 행동을 바꾸길 바라는 소망을 담고 있다.

그의 책 『에니어그램 구조Enneagram Structures』에서 클라우디오 나란호는 다른 예시를 든다. "그들은 다른 사람을 불안한 과도한 열정anxious over-enthusiasm으로 지켜본다. 종종 그들은 화가 나서 다른 사람들을 꾸짖으며 스스로의 욕구를 "상대방보다 경건하다"에 두는 접근법을 채택하여 실천한다."

이 하위유형의 장점은 그들의 집중력이다. 여기에는 두 가지 동인들이 결합된다. 1유형의 꼼꼼한 집중력과 일대일 하위유형의 엄청나게 초점을 맞추는 능력이 그것들이다. 일대일 관계에서 그들은 할 수 있는 최선을 다해서 그들의 배우자에게 집중하기 때문에 상대방이 이렇게 노력하지 않는다는 사실에 "질투"할 것이다. 그들은 또한 그들의 배우자가 스스로에게 허락하는 "휴식 시간"에 대해서도 질투를 느낄 것이다. "그는 스스로에게 친구와의 시간, 직장 동료와의 시간, 테니스 파트너와의 시간을 허락한다……언제나 나만 우리의 관계를 위해서 너무 많이 희생하고 나 자신을 충분히 생각하지 않는다. 이것은 내가 오직 남편에게 집중하며 그가 부를 때 응할 수 있도록 그의 곁에 있는 동안, 텔레비전으로 축구 경기를 보며 즐거워하는 남편을 질투하는 것에 관한 요인이 될 수 있다. 나는 축구를 경쟁자로 느끼는 경험을 하며, 이 질투는 곧바로 훨씬 더 좋은 배우자가 되려는 나의 결심을 크게 만든다."

어딘가에는 부족함을 느끼는 곳이 있다. 그들은 누구든지 그들보다 더 지적이거나 섹시하거나 더 즐거운 사람들에 대한 질투와 두려움이 있는데, 그들의 모든 노력에도 불구하고 언젠가 결국 그들의 배우자가 더 나은 상대를 찾아 떠나갈 수 있다고 생각하기 때문이다. 오스카 이차조는 이렇게 설명한다[3]. "관계는 언제나 훨씬 더 완벽한 누군가에게 위협받는다." 데이트 커플인 경우에 이것은 사랑하는 상대의 눈 속에 언제나 그들보다 더 나은 누군가가 있을 것이라는 신념이다.

직장에서 그들은 그들이 해내야 하는 업무에 강박적으로 몰입할 수 있다. 그들이 할 수 있는 한 최선을 다하여 맡은 업무를 완수하는 것이다. 만약 그들의 덜 근면하지만 더 정치적인 라이벌이 승진을 한다면 그들은 엄청난 질투를 느낄 것이다. 그들은 일한 시간에 걸맞게 인정받지 못하는 것을 견디지 못한다. 만약 그들이 승진하지 못한다면 그들은 충분히 노력하지 않았기 때문이라고 생각한다. 그리고 이것은 그들을 보다 나아지고자 하는 결심으로 되돌린다.

역설

완벽한 배우자가 되기 위한 세상의 모든 노력을 하는 것은 나의 배우자가 스트레스를 받고 떠나버리고 싶게 할 위험이 있다.

메타포(4) — 설교자Preacher

이것은 높은 도덕적 원칙을 널리 알리며 이러한 원칙의 적용에 모범이 되는 전도사 혹은 설교자의 모습이다. 이들은 더 자유롭게 행동하는 사람들에게 질투하고 분노한다.

1유형의 경고신호

- 너무 많은 불안
- 턱, 등, 입술의 과도한 긴장
- 충분한 즐거움, 재미, 억제된 감정의 해방이 없음
- 너무 많은 자기희생

일대일 하위유형의 경고신호

- 본인이 강렬하고 열정적인 사람이라는 것을 증명하는 것에 초점을 맞춤
- 파트너에게 과도하게 집중함: 그들이 무엇을 하는지, 어디에 있는지, 누구를 만나는지
- 본인의 행동에 과도하게 집중함 — 넓은 시각의 부족
- 자신의 목표와 파트너의 다른 관심사 간의 경쟁

일대일 하위유형의 관점 — 오로레AURORE

내가 나의 유형에 대해 좋아하는 점

첫째, 나는 내 에너지를 사랑한다. 매우 피곤한 나의 머리가 베개에 닿을 때 나는 내일 해야 할 어떤 일이든지 할 수 있는 에너지와 함께 깨어날 것을 알면서 잠자리에 드는 것이 좋다. 나는 4명의 아이들을 길렀고, 남편이 하루 14시간 일하는 동안 심리학을 공부했고 지금도 막내 아이가 집에 있음에도 불구하고 심리치료사로 일하며 남편을 뒷바라지한다. 나는 태어날 때 가지고 있었던 이 원동력에 대해 감사한다. 이 원동력이 없었다

면 이 모든 것들을 이렇게 높은 기준으로 성취해내지 못했을 게 분명하다.

또한 나는 내 인내력이 좋다. 나는 시작한 건 꼭 끝낸다. 얼마나 오래 걸리는지는 중요하지 않다. 남편이 떠나 있는 20년 동안, 낮에는 옷을 짜고 저녁에는 그걸 풀며 그녀가 내린 선택을 고수하던 율리시스의 아내 페넬로페에 대해 자주 생각했다. 내게도 똑같다. 나는 선택을 내리는 데에 어려움을 겪을 수는 있지만, 한번 결정을 내리고 그 결정이 내게 옳은 것으로 여겨지면 나는 끝까지 그걸 지킨다. 그러나 내 남편은 다르게 말한다. 내가 고집쟁이라고 한다.

내가 좋아하는 세 번째 자질은 나의 정직이다. 나는 거짓말을 못한다. 귀 끝까지 빨개진다. 그리고 항상 정직한 것이 쉽지는 않지만 어쨌거나 언제나 진실만을 말하는 것이 내게 편하다. 가끔 그 대가를 치러야 할 때도 있다. 감히 누군가에게 "나는 당신이 그렇게 행동하는 게 싫다"라고 했을 때는 언제나 대가가 있다.

내가 나의 하위유형에 대해 좋아하는 점

나는 나의 일대일 만남의 강렬함을 사랑한다. 나의 하루는 이 에너지가 상승하는 순간들을 통한 리듬으로 유지된다. 이것은 마치 나의 내적인 지표가 "괜찮음"에서 "좋음"을 넘어 "매우 좋음"으로 가는 것과 같다. 그것은 찰나의 순간일 수도 있다. 오늘 아침 나와 참새 사이에 있었던 그 순간이다. 우리의 눈이 10분의 1초 정도 눈이 마주쳤다고 하자. 참새가 무엇을 느꼈는지는 모르지만, 나는 짧지만 강한 유대감을 느꼈고 내 몸은 햇살로 채워져 나의 건전지를 충전하는 것 같았다. 그것은 음악과도 똑같다. 한 음절이 좋으면 나는 선율을 따라간다. 몇 초 동안 세상에는 어떤 것도 존재하지 않고 나와 이 음악만이 남게 된다. 이건 마치 누군가와 춤추고 있는 것과 같다. 대개의 경우 사람 대 사람 사이에서 일어나지만, 내가 이런 예시들을 들은 것은 이것이 단지 사람에 한해서 일어나는 것은 아님을 보여주기 위함이다.

내가 나의 유형과 하위유형의 조합에 대해 좋아하는 점

글쎄, 나는 동일한 자질들의 좋은 면과 나쁜 면을 경험하는 것 같다. 만약 당신이 인내심과 정직을 한편에 두고, 강한 일대일 유대감들을 경험하고자 하는 욕구를 다른 쪽에 둔다면, 물론 그것은 내가 가장 사랑하는 사람들과 함께일 것이므로 나는 이것을 경험하기를 원할 것이다. 남편과의 특별한 순간은 강렬함의 단계를 한층 더 끌어올릴 것이고, 그래서 나는 이런 순간들이 더 자주 생길 수 있도록 그가 나와 더 자주 함께 하길 바란다. 그리고 인정한다. 나에게서 그를 멀어지게 하는 그의 일이나 직업적인 헌신에 대해서 내가 질투하는 경향이 있다. 다시 질문으로 돌아가면, 내 생각에 내 유형의 좋은 면은 충실하다는 것과 작은 것에서 즐거움을 찾을 수 있는 능력인 것 같다.

참고 영화 — 사랑의 레시피No Reservations

케이트는 일만하는 주방장이다. 언니의 죽음으로 그녀는 10살이 된 그녀의 조카 조를 맡아서 기르게 되었다. 그녀의 인생에 찾아온 새로운 부주방장인 아이는 그녀의 정돈된 일상을 뒤집고 그녀의 조직화된 1유형의 확실성을 뒤흔든다.

우리는 케이트의 1유형 프로파일을 여러 단계로 볼 수 있다. 그녀의 뻣뻣하고 엄격하며 깐깐하게 철저한 부분, 냉혹하며 때로는 상처가 되는 그녀의 말투, 그녀만큼 잘할 사람이 없기에 일을 맡기기를 몹시도 싫어하는 태도 말이다. 또한 그녀의 원칙은 다음과 같다. "나는 같은 (공동주택의) 동에 사람들과는 사귀지 않아. 이건 규칙이야. 이런 규칙을 갖는 것이 뭐가 나빠? 내가 모든 것을 통제하려는 게 전혀 아니야. 나는 그저 문제가 생기지 않는 것을 좋아할 뿐이야. 그래서 나는 모든 것을 스스로 처리하지." 우리는 또한 그녀가 누군가 그녀의 업무의 질에 의문을 품는 것에 과민하게 반응하는 것을 볼 수 있다. "손님이 스테이크 다시 구워 달라고 했다고? 내가 지금 제대로 구웠다고 말했잖아요!" 케이트는 그녀가 터득

할 기회가 없었던 이 새로운 입양 부모 역할에 무능력함을 느낀다. "나는 내가 잘 하고 있지 않다는 걸 알고 있지만, 너에게 최선을 다하고 있다고 약속할 수 있어."

그녀의 일대일 하위유형은 영화 후반부에 더욱 분명하게 보이는데, 그녀의 열정과 강렬한 표정, 그리고 자신도 모르는 유혹적인 일면이다. 일대일 하위유형과 그들의 경험의 혼합 및 연합은 케이트가 그녀의 치료사에게 메추라기를 송로버섯과 조리하는 방법을 알려줄 때 나타나는데 그녀는 자신의 말에 너무 몰두해서 그 조리법과 거의 하나가 되어 버렸다.

이 영화는 7유형과 4유형의 에너지로 이어짐으로써 성장하는 1유형의 이야기로 볼 수 있다. 언니의 갑작스러운 사망의 충격과 함께 그녀의 삶에 조카가 들어옴으로써, 케이트는 그녀가 받아들일 수밖에 없으며 무슨 수를 써서라도 통제하려는 1유형의 욕구를 무력화시키는 4유형의 감정을 경험한다. 그녀의 7유형적인 측면도 느리게 나타나기 시작한다. 그녀는 모노폴리와 같은 보드 게임에 즐거움을 느끼기 시작한다. 케이트는 차근차근 어떻게 즐거움을 느끼고, 웃으며 인생을 가볍게 받아들일 수 있는지를 다시 배우기 시작한다. 여기서 우리는 일대일 1유형의 역설을 볼 수 있다. 한편에는 옳은 것을 반복하고 싶어하는 1유형이 있는데: "만약 우리가 인생에 대한 요리 책을 쓸 수 있다면 우리가 해야 할 일은 그걸 적용하는 것뿐이다." 다른 한편에는 보다 즉흥적이고, 예측 불가하며 열정적인 일대일 하위유형이 있는 것이다.

영화는 일대일 1유형의 이러한 면들을 순차적으로 보여주지만, 사실 이 유형에서 각각의 면들은 동시에 일어난다. 이 유형은 일대일 하위유형이 사람들을 향해 가고 싶어하는 것과 1유형이 충동과 즉흥성을 억제하려 하는 역설을 감지하고 있다.

사회적 1유형

- 1유형의 몰입: 옳은 것을 하려 함
- 사회적 하위유형의 몰입: 친구, 단체, 그룹에 집중함
  = 사회 부적응

이 하위유형은 이렇게 되어서는 안 되는 세상을 향한 분노에 대한 것이다. — 세상은 만족스럽지 않고, 우리는 이것을 올바르게 돌려놓아야 한다! 정치, 종교 또는 다른 요인이 개혁의 기회를 제공할 것이다. 장 자크 루소Jean-Jacques Rousseau가 아주 좋은 예시이다. 백과사전에 따르면 그는 부패한 사회 기반을 비판하며 윤리적 공공생활의 원칙을 제시한다. 여기에서도 의무는 훈육과 즉흥성의 억제, 열심히 일할 책임과 모든 것에서의 탁월성에 집중하도록 한다. 그들은 가르치고 설교하려는 경향이 있으며, 자신의 존엄성과 귀족적이며 우월한 자아개념을 의식한다. 사회적 1유형들은 교양이 있고 자기규제적이며, 즉흥적인 존재가 아니다. 종종 그들의 분노가 짜증과 비판으로 드러나지만, 진정한 분노는 거의 표출하지 않는데 이것은 용납되는 일이 아니기 때문이다. 따라서 이 분노는 비판적 사고방식으로 변질되어 때로는 다르게 행동하는 누구든지 개혁을 하기 위한 거의 종교재판적 소망이 있다. 이것이 부적응에 대한 것이다.

산드라 마이트리Sandra Maitri는 이것을 이렇게 설명한다(5). "사회적 1유형은 사회적 어색함과 불안을 완고함으로 드러낸다. 그들은 그들과 다른 사람들이 사회적으로 어떻게 행동해야 되는지에 대한 엄격한 생각이 있으며, 다른 사람들이 이상적인 기준에 따르지 않을 때 분노의 격정이 올라온다. 그들은 비판적이게 되며 다른 사람들이 그들의 사회적 기준을 따르지 않는 것이 잘못되었다고 한다. 이것은 그들이 소속되기엔 만족스럽지 않다는 기본적인 감각에 대한 반동 형성이다." 그들은 자신들의 이상을 밀고 나가기

위해 피땀을 흘리는데 그것이 옳다고 믿고 그 이상만을 통해 세상을 볼 수 있기 때문이다. 이것이 그들의 시야를 좁게 만든다. 만일 프랑스 팀의 팬이 되면 다른 상대방에게 있을 수 있는 자질들을 볼 수 없게 되는 것처럼! 그들은 성공적으로 일하기 위해서 규칙을 알고 논리적이고 체계적으로 사고하지만, 이 때문에 즉흥성이 부족하고 비구조화된 조직에서 일하는 것이 어려워진다. 그들은 옳은 방식을 고수하고 싶어하기 때문에 재미를 감수하고 스스로 더 잘하도록 강요한다. 이것의 결과 중의 하나로 그들은 자신들의 감정적 경험과 분리될 수가 있다.

1유형은 훈육된 사람들이다. 그들은 질서와 법 또는 관습에 복종하는 것을 좋아한다. 그들은 실제적인 삶에서 인간의 권위에 복종하는 것 보다 원칙과 관습 또는 경기 규칙에 더 복종한다. 그들은 법과 사회적 관습을 지키는 것뿐만 아니라 이것들을 엄격하게 존중하는데, 이것은 그들이 원칙과 도덕률, 이상에 관심이 크기 때문이다. 무의식적으로 그들은 다른 사람들에게 이러한 규범을 단호하고도 열성적으로 강요한다. 그들은 십자군과도 같다. 그들의 명분은 훌륭하고 포부는 고귀하기 때문에 그들은 두들겨 부숴도 되는 권리를 가지고 있다. 사회적 엄격함은 오류가 섞여 들어갈 수 있는 약점, 회색 영역 또는 감정이 들어갈 수 있는 곳이 아니다.

역설

이상에 너무 큰 열정을 쏟는 것은 결국에는 이상 그 자체를 손상시킬 수도 있다.

메타포 — 개혁가 Reformer

이 사람은 규칙을 읽으며, 그것을 완전히 이해하고, 개선하고 싶어하는 사람이며 누구든지 이 규칙을 가볍게 여기는 사람들에게 분개한다.

1유형의 경고신호

- 너무 많은 불안
- 턱, 등, 입술의 과도한 긴장
- 충분한 즐거움, 재미, 억제된 감정의 해방이 없음
- 너무 많은 자기희생

사회적 하위유형의 경고신호

- 인정받기에 너무 신경 쓰기
- 사회적 관계 유지에 너무 많은 시간 소비
- 너무 많은 단체, 협회, 클럽에 소속되기
- 지지하는 대의에 지나치게 헌신

사회적 1유형의 관점 – 찰스CHARLES

내가 나의 유형에 대해 좋아하는 점

내 안에 있는 힘 – 이 엄청난 에너지 덕분에 내 주변의 사람들은 나에게 의지할 수 있다. 언제든지 누군가가 나를 필요로 할 때 나는 준비되어 있다. 이 에너지 덕분에 나는 내 가치와 내가 하는 일에 열정적으로 참여할 수 있다. 나는 나의 결단력 또한 사랑한다. 상무 이사로서의 나의 직업적인 삶에서, 나는 내가 요구하는 품질의 유지 혹은 일관성에 있어서 끝없는 인내와 집요한 끈기가 있다. 내가 까다로운 걸 알고 있지만, 일이 나쁘게 마무리됐는데 만족하는 건 상상할 수 없다. 따라서 나의 비판적인 눈은 무엇이 끝났고 어떻게 끝났는지를 탐색하며, 현실적으로 어떤 방법이 더 나을지를 선택한다. 나의 비판이 일을 한 사람에게 향하는 경우는 드물다. 나는 사람보다는 결과를 향한다. 또한 나는 무질서를 정돈하는 데 재능이 있고, 실제로 재앙적인 상황에서 나의 강점은 보다 자연스럽게 작동한다. 나는 내 안에 차분한 힘이 있다는 것을 알아냈고, 이 힘은 일어나고 있는 상황을 구조화하고 사람들이 안심할 수 있는 질서를 정립하게 해준다.

내가 나의 하위 유형에 대해 좋아하는 점

나는 집단 내에서 무슨 일이 일어나는지를 잘 감지할 수 있다. 나는 명령하는 방식이 아니라 집단을 구성하는 여러 다른 요소들을 세세히 살핀다. 나는 집단 내에서 다양한 사람들이 어떻게 협력하여 하나의 전체를 구성하고 있는지 본다. 또한 나는 위계를 매우 존중한다. 나는 조직에서 특정 수준에 도달한 사람은 능력이 있다고 생각하는 사람 중 한 명이다. 따라서 나의 기본 자세는 조직의 고위 관리자들과 고위직이 아니더라도 조직에 오래 몸담은 사람들을 존중하는 것이다. 그들은 조직 역사의 일부이다. 나는 또한 사업의 발전을 돕기 위하여 무수한 어려움을 겪어낸 사람들을 존경한다. 나는 사람들을 적절하게 형식적 절차에 따라 서로 소개하는 것을 좋아하는데, 때로는 사람들이 내 보수적인 스타일을 가끔 놀리기도 한다.

내가 나의 유형과 하위유형의 조합에 대해 좋아하는 점

나는 이 1유형의 책임감 있고 올곧으며 정직한 강점과 협업의 중요성에 대한 사회적 관념의 결합을 좋아한다. 나는 무엇이 옳은지에 대한 감각을 회사에 불어넣는 것으로 회사를 경영한다. 나의 연설에서, 내가 옷을 입는 방식에서, 내가 근무 시간과 휴일 근무를 존중하는 방식에서 모범이 되고 비난의 여지가 없도록 노력한다. 내가 절대로 부정을 저지르지 않기 때문에 내가 다른 사람들 또한 부정을 저지르지 않도록 격려하고 있다고 믿는다. 이런 방식으로 나는 내가 조직에 일관성을 부여한다고 믿는다. 옳고 그름을 판단하는 나의 감각이 다른 사람들에게도 전염될 수 있기를 바란다. 에니어그램을 배우기 전에 나는 내가 스스로와 다른 사람들에게 얼마나 까다로운 사람인지 인식하지 못했다. 이 엄격함은 시간을 많이 소요하며, 일과 여가를 균형있게 조절하기가 매우 힘들다는 단점이 있다.

참고 영화 — 남아있는 나날The Remains of The Day

영화의 배경은 1936년 영국 달링턴이다. 스티븐스(안소니 홉킨스Anthony Hopkins)는 영국의 위엄 있고 호화로운 집안인 달링턴 홀의 집사인데, 이곳에서 그는 상주 하인들을 엄격하게 관리하고 있다. 품위, 정확성, 복종 및 신중함은 그의 모토이다. 그는 1930년대 영국 귀족계의 명망 있는 인사인 달링턴 경에게 온전히 헌신적이다. 그가 받들어 모시는 두 번째 주인은 충동적이고 장난기 넘치며 활기찬 켄튼(엠마 톰슨Emma Thompson) 양이다. 그녀는 그를 짜증나게 하는 동시에 매료시킨다. 그들의 드러나지 않은 상호 간의 끌림은 이 영화의 주요 주제 중 하나이다. (나는 1930년대 유럽 강대국들 간의 협상을 다루는 이 영화의 역사적인 측면에 대해서는 언급하지 않을 것이다.)

스티븐스의 사회적 1유형은 매우 분명하게 드러난다. 그의 행동과 목소리 톤에서 당신은 그의 엄격함과 관습적이고 형식적인 면을 감지할 수 있을 것이다. 그의 연설은 정치적으로도 문법적으로도 맞고, 딱딱하며 조금 차갑다. 그의 삶은 일을 중심으로 돌아간다. 그는 집안의 위계질서에 헌신적이며, 이를 까다롭게 적용한다. 손님이 저녁 식사에 초대되었다면, 그의 표어는 "모두 자신의 일을 하도록. 우리는 이 외국인 방문객에게 질서와 전통을 여전히 잘 준수하고 있는 영국에 와 있다는 것을 보여줄 것이다"이다. "질서"라는 단어는 사회적 1유형에게 주요 단어가 될 수 있는데, 가끔 이것은 극단으로 치달을 수 있다. 그의 아버지 또한 함께 일하는데, 그들은 대화할 때 서로를 "스티븐스 씨"라고 불렀다. 켄튼 양이 그녀의 아버지와 자신이 위계에서 동등한 위치에 있다고 생각해서 아버지를 이름으로 부르려고 했을 때, 그녀는 "나이 많은 사람을 이름으로 부르는 것은 부적절하다"며 지적 받았다.

간단하게 말하자면 1유형은 게임의 규칙을 알며 이것들을 적용한다. 이러한 맥락에서 규칙은 예의와 사회적 질서를 말하는 것이다. "옳은 일"은 마치 대리석에 새겨진 것처럼 반드시 지켜져야 한다. 나이프는 접시의 오른쪽에 포크는 왼쪽에 두는 것 — 원래 그런 규칙이므로. 심지어는 스티븐스가 주머니에서 줄자를 꺼내 유리잔이 테이블의 가장자리에서 정확히 올바른 거리로 떨어져 있는지 확인하는 초현실적인 장면도 있다!

이 캐릭터는 이 유형의 전형적인 여러 측면들을 보여준다. 그는 개혁가라기보다는 현재 상태를 지키는 수호자라는 의미에서 보수적이다. 또한 그는 자신의 감정을 표현하는 것을 두 배로 어려워한다. 1유형으로서 마무리 지어야 하는 일의 정확성을 위태롭게 할 수 있기 때문이다. 사회적 하위유형에게는 감정을 표현하는 것은 용납되는 일이 아니었다. 켄튼 양이 도착해서 그의 억눌린 감정을 자극하기 전에는 말이다. 그녀는 여성스러우며 사람들 간의 끌림을 섬세하게 감지한다. 어느 날 그녀가 그의 사무실로 꽃을 가져올 때 그는 충격에 빠진다. "꽃은 안됩니다. 저는 어떠한 방해도 받지 않고 깔끔함을 유지하는 것을 선호합니다." 두 명의 직원이 유대인이라는 이유로 해고되는 잔인한 장면이 있다. 스티븐스는 주인의 지시를 따를 것을 고심하고 켄튼 양은 인간적인 면을 존중하지 않는 명령을 받아들이지 못한다. 유형의 대조 없이도 우리는 하위유형 간의 대조를 볼 수 있다. 그는 분명히 사회적이다. 그녀는 보다 일대일이다. 이 영화는 한 사람이 하위유형에 갇혀 있으면 관계가 얼마나 어려워질 수 있는지 보여준다. 이 감성적이고 매력적이며 섬세한 영화는 1994년에 8개의 오스카상 후보에 올랐다.

2유형의 세 가지 하위유형

상처

절박하게 애정이 필요한 순간에 2유형 아이들은 자연스럽게 다른 사람들로부터 애정을 받을 만한 특별한 자격이 없다고 결론을 내렸다. 다시 말해 그들은 자신의 가치에 대한 지지를 느끼지 못한 경험을 했다. 그래서 그들은 "진정한 자아"를 포기하고, 다른 사람들의 욕구를 찾아내어 충족시키면 일종의 대체적인 애정을 받을 수 있다는 것을 깨달았다.

격정: 교만 Pride

교만은 2유형들이 자신이 제공하는 서비스에 너무 만족해서 자신의 욕구를 부정할 때 나타난다. 그들은 다른 사람들이 자신을 수혜자가 아닌 기부자로 마음에 그리기를 원한다. 다시 말해 매우 바쁘지만 도움을 제공하는 것은 그들이 몹시도 친절하다고 주장하는 것이다. 그것은 다른 사람들을 매료시키고 자신의 인식된 가치를 더하기 위하여 베푸는 전략이며, 친절과 싸우기 위한 준비 간의 특이한 연합이다. 2유형에게는 사랑을 향한 엄청난 욕구가 있는데 이것은 때로 그들의 독립성 아래 감춰져 있다. 일종의 자존감을 지키려는 그들의 욕구는 그들이 관계를 형성해야 한다는 필요성으로 이어지며, 이를 성취하기 위해서 성적인 매력과 애교는 그들의 두 가지 핵심 전략들이다.

2유형들은 충동적이고, 사려 깊으며, 매력적이고, 따뜻하고, 자기 중심적이다. ― 이 모든 것이 동시에 나타난다. 그들은 섬세하며 제한을 받는 것을 좋아하지 않으며 당신의 공간을 침범하는 경향이 있다. 그들은 소유욕이 강할 수 있으며 관계에 스스로를 너무 쏟아 붓는다. 클라우디오 나란호[1]는 "교만과 관련된 욕구의 억제는 기쁨과 모험을 추구하는 것처럼 보이지만, 그들의 강박적인 욕구를 만족시키고자 하는 고통을 깨닫지 못하고, 어떤 경우에도 너무 교만해 이 욕구를 드러내지 못하는 사람을 낳는다"라고 말한다. 그들은 좌절감을 느끼는 경향, 정해진 틀에 반항하는 경향, 삶을 게임과 같이 취급하는 것을 못하게 훈육하는 자연스러운 경향이 있다. 그들은 아첨하는 경향이 있는데, 이것은 그들이 자신을 위해 행동하려는 의지 그리고 자신의 편에 서려는 의지를 포기하고 ― 자신을 위한 욕구를 보는 시각을 잃어버릴 위험을 감수할 정도로 다른 사람들에게 집중하는 것을 의미한다.

선호하는 방어기제: 욕구 억압Repressing needs

억압이란 우리의 의식에서 우리의 욕구와 원하는 것, 감정을 지우는 것을 의미한다. 그것들이 사라지는 것이다. 이것은 당신이 다른 사람들과 관계를 맺는 데에 도움이 된다. 당신의 욕구는 다른 사람의 욕구를 짐작하고 그것을 만족시키기 위한 모든 것을 하는 전략을 통해 충족되는 것이다. 그 대가로 당신의 진정한 욕구들은 잊히거나 배경으로 밀려나는데 이것은 당신이 더 이상 그 욕구를 다룰 시간이 없을 것임을 알기 때문이다.

피터 오한라한[2]은 이렇게 말한다. "2유형들은 스스로에 대한 특정한 이미지를 구축했다. 그들은 자신을 다른 사람들로부터 얻는 호감에 따라 가치가 달라지는 사려 깊고 친절한 사람으로 본다. 그들은 잘못, 특히 자신의 잘못을 제대로 인지하는 것이 어려울 정도로 긍정적인 것에 집중한다. 그들이 자신들도 질투, 분노 또는 두려움과 같은 결점이 있다는 것을 인정하기 위해서는 많은 개인적인 작업이 필요하다. 그들은 결점이 보이면 버려질까 봐 두려워하기 때문에 어떤 일이 잘못되었을 때 다른 사람에게 비난을 돌리려는 경향이 있는데, 이것은 자신의 실수에 대한 책임을 지는 것이 너무나 어렵기 때문이다. 또한 관계가 잘 되지 않는 상황에서 책임을 지는 것을 인정하게 되면 2유형은 억압된 분노를 표출하여 상대방에게 죄책감을 느끼게 한다. 그래서 상대방은 2유형의 불행에 책임을 지게 된다."

자기보존 2유형

- 2유형의 몰입: 다른 사람의 욕구를 찾아내고 스스로의 욕구를 억압함
- 자기보존 하위유형의 몰입: 가정, 안전 및 물질적 안정
  = 특권

이 에너지는 "나 먼저me first"에 관한 것이다. 그들은 모든 에너지를 쏟아 부어 자신의 물질적 안녕을 관리한다. 이로 인해 그들은 특권을 요구한다. "내가 가족, 그들의 안녕과 건강을 돌보는 모든 시간을 감안할 때, 나는 식탁에서 가장 좋은 자리에 앉고, 먼저 밥상을 받고, 이 집안에서 없어서는 안 되는 사람으로 인정받을 자격이 있다. 다른 사람들은 나의 중요성에 값을 지불하고 나의 헌신을 소중하게 생각해야 한다." 이것은 특혜에 대한

개념이며 권리를 갖는다는 생각이다. "나는 베풀고, 베풀며, 베푼다. 나는 다른 사람을 위해 너무나 많은 것들을 하기에 특혜를 받을 자격이 있다. 나는 내가 베푼 선행에 대한 이자를 받아야 한다."

직장에서 그들은 노골적이기 보다는 "숨은 실력자éminence grise"같이 간접적인 권력을 행사한다. 이를 프랑수아즈Francoise는 다음과 같이 설명한다. "나는 많은 시간과 에너지를 들임으로써 나의 상사가 실제적인 문제를 겪지 않을 때 큰 기쁨을 얻는다. 내 생각에 나는 그의 입장에서 그의 필요에 공감하는 천부적인 재능이 있는 것 같다. 그가 일하는 제약 조건을 감안할 때, 나는 비행기 표 예매나 자동차 렌트, 호텔 예약과 같이 그가 무엇을 원하는지 내심 알고 있다. 나는 그가 꼭 이 자리에 있는 것처럼, 그의 다이어리와 휴식 기간을 관리하는 방법을 안다. 만약 필요하다면, 난 그의 특별한 식단 요구 사항과 함께 가장 이상적인 시간에 맞춰서 식사가 따뜻하게 도착할 수 있도록 준비할 수 있다. 같은 방식으로 그에게 오는 전화를 받고, 우선순위를 정하고, 무엇이 중요한지 내가 스스로 결정하고, 그의 개인 연락처를 알아내서 그가 그의 아내와 아이들과의 관계를 위해 시간을 절약할 수 있도록 돕는 일이 내게는 완전히 자연스러운 일이다. 그러나 이 일에 많은 시간과 에너지를 사용하기 때문에, 나는 그의 인정을 정말 중요하게 생각한다. 미소나 눈길, 주간 부서 회의에서 나를 인정해주는 것, 연간 단체 회식에서의 친근한 대화, 이 작은 모든 감사의 신호들이 내게는 절대적으로 필요하다. 이것들을 노골적으로 요구하기에는 나는 자존심이 강한데, 그러나 이것들을 받지 못한다면 나는 매우 신경질적이고 공격적이게 될 것이다."

역설

다른 사람의 필요를 살피며 그것을 인정받는 것은 나 스스로의 필요가 무엇인지에 대해서는 의문을 제기하지 않는다는 것을 의미한다.

메타포 ─ 유모Nursemaid

유모는 천성적으로 어머니같고 위로와 격려에 재능이 있다. 그녀는 따뜻함과 보살핌을 발산한다. 이것의 다른 이미지는 직접 나서지 않으면서 가정의 실질적 대장인 이탈리아인 어머니이다. 여성이든 남성이든 그들은 "유모나 유모 같은 아버지"처럼 행동한다.

2유형의 경고신호

- 다른 사람들을 너무 걱정하기
- 과도한 신체적 동요
- 과도한 인정의 욕구
- 과도한 자기희생

자기보존 하위유형의 경고신호

- 안정에 대한 과도한 주의집중
- 일에 너무 많은 시간을 소비하기
- 물질적 안녕에 지나치게 몰두
- 저녁에 집에서의 너무 많은 일과

자기보존 2유형의 관점 ─ 파스칼PASCALE

나의 유형에 대해 내가 좋아하는 점

마음에 떠오르는 단어는 "직관"이다. 2유형에 대한 오래된 믿음과 다르게, 이건 단지 "다른 사람에게 무엇이 좋을지에 대한 직관"이 아니다. 더 넓은 의미로 그것은 물질적인 것일 수 있다. 예를 들면, 저녁 10시에 나는 현관문을 잠그지 않을 것이라고 직감적으로 생각할 수 있다. 왜냐하면 알지 못하는 어떤 이유로 문을 열어야 할 것 같아서이다. 그리고 대부분의 경우 내 직관은 맞다. 내가 나의 하위유형을 인식한 이래로 난 그 하위유형의 핵심 특성들을 잘 관리할 수 있었다. 난 나의 직관이 언제나 의미가 있으며, 나의 자기개발 과제가 그것들을 즉각적으로 말하려 하거나 무엇인가 행동하려는 충동을 억누르는 것임을 받아들이게 되었다. 예를 들어, 내가 대화하고 있는 사람에게 무엇이 좋을지 직감적으로 느낄 때, 요즘에는 그것들을 바로 말하려는 내 충동을 억제할 수 있다. 나는 현재에 머무르는 것에 만족하며 마음 한구석에 그 정보를 저장해 두려고 노력하고 있다. 시간이 지남에 따라 나는 내가 얻는 정보가 몇 시간이나 며칠, 심지어는 몇 주 뒤에 더욱 유용해진다는 것을 깨닫게 되었다. 마치 나의 맨 처음 충동을 억제하는 것이 나의 정서적 균형뿐만 아니라 나와 다른 사람과의 관계와 그들이 나의 충고의 쓰임새를 향상시키는 것 같다.

나의 하위유형에 대해 내가 좋아하는 점

나는 내가 자기보존 하위유형이라는 것을 받아들이기 힘들었다. 이 유형은 너무 "작고" 넓이가 부족한데, 특히 관계에 대해서 그렇다는 것을 알았다. 나중에 나는 이것을 일종의 베이스 캠프로 받아들이게 되었다. 다른 하위유형들의 상황 탐색을 위해 나아갈 수 있게 하는 안심이 되는 집인 것이다. 요즘 나는 내가 나인 것이 행복하고 나의 자기보존 하위유형과 잘 조화되어 있다. 결과적으로 내가 균형을 잃었을 때는 나의 자기보존 측면으로 가거나 8유형으로 갔을 때 정도가 덜 지나친다고 생각한다.

나의 유형과 하위유형의 조합에 대해 내가 좋아하는 점

2유형과 자기보존 하위유형의 조합을 발견함으로써 나는 나의 영적인 세계관을 더 잘 이해할 수 있게 되었다. 그것은 내가 나보다 큰 우주에 대한 생각과 우주와 나의 관계를 바라보는 방식을 더 잘 이해하도록 도와줬다. 현실적으로 말하자면, 나는 여전히 다른 사람들의 고통에 연민을 느끼지만 지금 당장 무엇을 해야 한다는 의무감, 심지어 도움을 요청하지도 않은 사람의 욕구를 충족시키기 위해 내 자신을 던져야 하는 의무감을 덜 느낀다. 마치 2유형의 물질적인 가로축과 내게 주어진 하위유형을 알아가는 깨달음의 세로축 사이에 균형이 생긴 것 같다. 요즘 나는 내 성격에 대한 심리적 작업이 나의 영적인 발달과 조화를 이루고 있는 것처럼 느낀다.

참고 영화 — 프라이드 그린 토마토Fried Green Tomatoes At The Whistle Stop Cafe

1980년 미국 앨라배마Alabama 주의 한 장면이다. 남편에게 버림받은 40대 에블린Evelyn은 주부의 단조로운 일상에서 안달복달하고 있다. 그녀의 삶은 양로원에 있는 한 친척을 매주 방문하는 것을 중심으로 전개된다. 그곳에서 그녀는 삶의 기쁨으로 가득한 노파 니니를 만나는데 그녀는 1920년대에 녹색 토마토 튀김을 전문으로 하는 카페를 연 서로 떼어놓을 수 없는 동성 친구인 루스Ruth와 잇지Idgie의 감동적인 이야기를 들려준다. 이야기가 전개되면서, 니니의 평온함과 그녀가 들려주는 감동적인 이야기는 에블린에게 삶에 대한 에너지와 열정을 되찾아준다.

에블린의 2유형은 우리에게 즉각적으로 와 닿지 않지만 우리는 성실한 돌봄의 행동들을 보게 된다. 초콜릿과 꽃들, 이것은 그녀가 니니를 보는 방식이다. 에블린의 공감은 점점 더 눈에 띄게 된다. 그녀는 가슴 센터를 중심으로 움직이며, 어느 날 에블린이 친구의 방이 비었다는 것을 알게 되었을 때, 우리는 두 개의 히스테리 장면을 보게 되는데, 하나는 슬픔이고 또 다른 하나는 기쁨이다. 얼마나 강한 감정들이 이런 유형을 압도할 수 있는지 알 수 있다. 마지막에 다다르면 에블린의 이타심은 그녀의 집이 비좁아도 노파에게 함께 와서 살자고 물어보게 만든다.

이 영화에서는 1920년대와 현재의 두 이야기가 서로 겹쳐진다. 우리는 삶과 죽음, 함께 뭉치는 작은 친구 무리, 기본적인 위생과 음식에 대한 염려 등 두 이야기 모두에서 생존을 본다. 이 변두리 카페는 튀긴 녹색 토마토 냄새로 시작해서 우리의 후각을 공격하는 것처럼 보인다. 인간관계는 2유형 프로필의 중심이며, 이것은 확실히 2유형의 영역이다. 이 영화가 감동적인 이유는 주요 인물 간에 형성되는 유대감 때문이다. 가족 간의 유대뿐만 아니라 친구와 세대 간의 우정, 흑인과 백인 간의 유대, 경찰 국장과 용의자 사이의 권력의 유대, 심문을 받고 있는 용의자와 판사 간의 유대 말이다. 주요 인물들 이외에도 부드러움은 이 영화의 핵심이다. 일종의 간단한 공감이 당신을 휘감고, 당신은 서로 영향을 주는 캐릭터들의 감정을 연이어 체험하게 된다. 2유형의 세계에 온 것을 환영한다.

일대일 2유형

- 2유형의 몰입: 다른 사람의 욕구를 찾아내고 스스로의 욕구를 억제함
- 일대일 하위유형의 몰입: 파트너에게 집중함
  = 유혹/공격

에너지의 두 라인이 여기서 합쳐진다. 연결을 하고 인정받고자 하는 욕구는 모든 2유형에게 존재한다. 이에 더해 일종의 강렬한 존재감이 있으며, 이는 일대일 하위유형의 특별한 영역이다. 그래서 이 유형의 경우에 그들의 유형과 하위유형 모두 유혹을 해야 하고 주목받아야 가치가 있다. 이것은 관계를 맺기 위한 것뿐만 아니라 매력과 유혹을 이용하여 호감을 얻는 경우에도 해당된다. 그러면 다른 사람에게 공감하는 것에 초점을 맞추면서 교만이 혼합된다. "당신을 더 기쁘게 하기 위하여 너의 흥미와 취향에 맞추는 것이다." 여기에는 가장 사랑받고, 신뢰받으며, 어떤 일이 잘못되었을 때 기대어 올 수 있는 어깨가 되어 주는 것에 대한 특정한 교만이 있다.

무의식적으로 일대일 2유형들이 바디 랭귀지를 사용하는 방식과 그들의 걱정스러운 목소리는 유혹하려는 시도를 강화한다. "어쩔 수 없다. 나는 주목받고, 흠모 받는 것이 좋고, 사람들이 내게 말을 거는 게 좋다. 그래서 가끔 내가 성적 매력을 이용하는 것과 사랑받고 싶은 욕구가 섞이는 것을 인정한다. 나의 일대일 관계에 반드시 성적인 측면이 있는 것은 아니지만 내가 사람들을 바라보는 시선과 사려 깊은 마음가짐으로 인해 몇 번

의 오해로 이어지긴 했다. 일대일 2유형에게 이런 혼란이 일반적이라는 것을 알게 됐을 때는 크게 안심이 됐다. 만약 나의 외모가 관계를 만들어내는 데 충분하지 않다면, 내가 "공격적 유혹" 상태로 돌입하는 건 사실이다. 이건 마치 그들을 사냥하는 것과 같다. 나는 상대방을 설득하고, 관계를 맺는 데 방해가 되는 모든 장애물을 파괴한다. 나는 상대방이 각광을 받고 있으며, 멋있다고 확신이 들도록 행동한다. 나는 나와 대화하는 사람들을 대할 때마다 나의 유형을 바꾸고, 그들이 내게 기대하는 것을 구현하기 위해 나의 접근 방식을 바꿀 수 있는 것처럼 느낀다. 나는 상대방이 좋게 보이도록 만드는 갖가지 다양한 전술들을 가지고 있다. 나는 스스로가 지성의 세계보다는 감수성과 관능의 세계에 살고 있다고 생각한다. 내게 흥미로운 건 지금 일어나는 감정, 마음과 마음의 접촉, 우리가 서로를 바라보는 시선의 강렬함, 우리가 동시에 같은 것을 공유하고 있다는 사실이다. 이것은 내게 비교적 쉽게 와 닿는다. 나는 상대방에게 떠오르는 웃음을 느끼고 따라서 우리는 당연하게도 동시에 웃기 시작한다. 이 공유된 순간은 상대방을 인정하는 것뿐만 아니라 큰 기쁨이기 때문이다."

역설

유혹할 수 있는 내 힘이 성공적으로 작용했더라도 나를 완전하다고 느끼게 하기에 충분하지 않다. 이 직관적인 능력과 상대방에 대한 공감은 결국 나 자신의 진정한 욕구가 무엇인지 알아내는 데 장애물이 된다.

메타포 — 연인Lover

이들은 사랑받기 위해서 무엇이든 할 것이다. 그들은 인내심을 가질 수 있지만 관계를 강화하기 위해 산도 옮길 것이다.

2유형의 경고신호

- 다른 사람들을 너무 걱정하기
- 과도한 신체적 동요

- 과도한 인정의 욕구
- 과도한 자기희생

일대일 하위유형의 경고신호
- 자신이 강렬하고 열정적인 사람이라는 것을 증명하고 싶어하는 것에 몰입함
- 파트너에게 과도하게 집중: 그들이 무엇을 하는지, 어디에 있는지, 누구를 만나는지
- 자신의 행동에 과하게 집중함 ─ 넓은 시야가 부족
- 자신의 목표와 파트너가 관심을 갖는 다른 것들 사이에서 경쟁함

일대일 하위유형의 관점 ─ 파멜라PAMELA

내가 나의 유형에 대해 좋아하는 점

나는 새로운 사람들을 만나고, 그들과 관계를 맺고, 그들과 함께 있으면 기분이 좋고, 그들과 함께 있으면 멋진 만남을 가질 수 있다고 느끼는 것을 좋아한다. 새로운 만남은 내게 매번 새로운 경험, 삶에 대해 배울 수 있는 새로운 기회를 제공한다. 또한 나는 내가 가지고 있는 삶에 대한 긍정적인 태도, 다른 사람들의 요구를 수용하는 능력, 문제를 해결하기 위해 생각해 낼 수 있는 해결책의 범위, 거의 모든 상황에 적응할 수 있는 나의 방식을 사랑한다. 마찬가지로 나는 다른 사람들이 긴장하고, 자신에 대해 확신이 없거나, 그들이 하고 싶은 일을 완수하기 위한 에너지가 바닥났을 때 그들을 안심시키고, 어떻게 일으켜 세울 수 있는지 알고 있는 것이 좋다. 나는 사람들의 결점을 보기 전에 그 사람의 장점 혹은 상황의 장점을 보며, 다른 사람들에게 돌려받는 것이 있기 때문에 내가 세상을 그렇게 볼 수 있어서 행복하다.

내가 나의 하위유형에 대해 좋아하는 점

일대일 유형의 초점은 내가 이미 언급했던 대부분의 것들을 바탕으로 맞춰진다. 누군가와 관계를 맺고, 대부분의 상황에서 여러 사람들과 소통의 라인을 유지하는 방법을 아는 것이다. 일대일 하위유형의 특징은 특히 내게 해당된다. 첫째로 내가 접촉을 하는 속도이다. 만약 당신이 나의 2유형과 일대일 하위유형을 결합해서 보면 누군가와 강력한 관계를 빠르게 맺는 데에 엄청나게 재능이 있다고 볼 것이다. 이건 우리 사이의 주고받는 눈길에 있다. 그와 동시에 우리 사이에 무엇인가가 감정적인 단계에서 발생한다. 또 다른 장점은 사람들과 유별나게 강렬한 관계를 맺는 나의 능력이다. 인적 자원 코치이자 트레이너로서의 나의 직장 생활 관계에서 강력하게 영향을 미칠 수 있고 신뢰의 분위기를 만들어 낼 수 있다는 건 진정한 장점이다.

내가 나의 유형과 하위유형의 조합에 대해 좋아하는 점

상황이 어떻게 달라질 수 있는지 상상하는 것은 어렵다. 나는 독립적이면서도 타인 지향적인 사람이다. 나는 나에 대한 다른 사람들의 반응을 알아내기 위해 주변을 탐색하는 데에 시간을 할애한다. 대부분의 경우에 나는 나를 향한 그들의 반응을 긍정적이고 열성적으로 만들기 위해 미소를 짓고 내가 할 수 있는 모든 것을 할 수 있다. 나는 단순히 사람들과 그들이 세상에 제공하는 모든 것을 좋아한다. 그게 개인적인 대화이든, 외출이든, 함께하는 식사이거나 업무상의 관계이든 말이다. 나는 사람들 그 자체를 좋아한다. 나는 모든 사람들이 잘할 때 어떻게 돌아가는지 보는 것을 좋아하지만 또한 그들이 꼼짝 못할 때를 보는 것도 좋아한다. 나는 사람들 가운데서 무엇이 빠졌는지를 볼 수 있고, 그 사람들이 다시 정신 차릴 수 있도록 어떤 균열이 수리되어야 하는지를 볼 수 있다.

한 마디로 나는 누군가에게 어떤 점이 개선되어야 하는지 볼 수 있다. 게다가 나는 그들에게 말할 수 있는 올바른 방법을 찾는 것을 잘하고, 이와 같은 방식으로 그들은 자기발전의 아이디어를 쉽게 받아들인다. 이것이 **유혹/공격** 또는 공격적인 유혹의 좋은 면임에 틀림없다. 나는 다른 사람들이 더 잘할 수 있고, 더 나아질 수 있도록 만든다. 나는 나의 2유형과 일대일 하위유형의 결합이 나의 격려의 에너지를 강화하는 것을 잘 알고 있다. 때때로 세션이 끝난 후에 약간의 교만이 들 때면 나는 스스로에게 묻는다. "그들이 어떻게 스스로를 꾸려 나갈 수 있을까? 내가 없으면 그들이 어디서 힘을 얻을까?"

참고 영화 — 아기 인형 Baby Doll

우리는 1930년대 미국 남부에 있다. 파산한 사업가가 그들의 거대한 집의 잔해에서 그의 아주 어린 아내와 살고 있다. 혼인은 합법적이었지만 첫날밤은 이틀 뒤 어린 아내의 20번째 생일에 치르기로 되어 있었다.

약간의 자기보존 에너지를 보여주는 1930년대의 가난, 남부의 주에 여전히 존재하는 인종차별에 대한 묘사는 약간의 사회적 에너지를 보여주고 있다. 그러나 이 영화의 주제는 일대일 관계이다. 세 주인공들의 삼각관계가 "질투", "경쟁/증오" 그리고 "소유/굴복"과 관련한 기억에 남는 장면들을 만들어 낸다. 에니어그램 책에서 우리는 2유형의 이타적인 면에 대해 많이 듣게 된다. 우리는 그들의 유혹적인 측면에 대해 덜 듣게 된다. 중요한 것은 당신이 다른 사람에게 도움이 되기 전에, 먼저 그들의 관심을 얻어야 한다는 것이다.

아기 인형, 이 20살의 어린 여성은 긴밀한 관계를 맺는 데에 필요한 2유형의 유혹하는 능력과 상대방의 관심을 자신에게 끌고 오는 일대일 하위유형의 능력을 둘 다 가지고 있다. 이 두 가지 능력들은 "유혹/공격"으로 배가된다. 이 과정에는 여러 단계가 있다. 만약 유혹의 첫 단계만으로 충분하다면 거기서 멈추는 것이다. 그렇지 않다면 다음 단계로 넘어간다. 원하는 강렬한 접촉을 얻을 때까지 가까이 다가가서 벨벳 같은 시선으로 에로틱한 말들을 건네는 것이다. 가끔은 기대했던 것보다 더 얻기도 한다!

엄청난 열기가 지나간 뒤 강제로 차갑게 식히기 위해, 아기 인형은 한 극단에서 정반대로 나아간다. "내게 손대지 마세요. 저는 손길을 좋아하지 않아요……" 그녀의 목소리와 몸은 정반대로 반응하는데 말이다. 일대일 2유형의 딜레마는 자신의 유혹하는 능력에 확신이 있으면서도 그와 동시에 이게 여전히 통한다고 스스로를 끊임없이 안심시켜야 한다는 것이다. 이것은 권력과 자신감의 부족, 높아지는 유혹의 수위, 그녀의 남편을 미치게 만드는 뜨거운 눈초리에 대한 것이다. "이건 춤과 같아요. 한 발자국 앞으로, 두 발자국 뒤로……그러나 내 기분에 맞춰서 춤을 이끄는 건 나에요!"

종종 문헌에서는 2유형의 실패를 "조종manipulation"이라고 묘사한다. 어떤 의미에서 이것은 사실이다. 사전은 조종을 이렇게 정의한다. ― 사람을 자신이 원하는 곳으로 이끄는 것. 즉, 자신이 원하는 것을 그들이 하도록 만드는 것이다. 그녀가 사람을 조종하는가? 아마도 그렇다. 현실의 모든 2유형들과 같이 그녀는 엄청난 감정적 욕구를 가지고 있고, 이 구멍난 항아리를 메우기 위해서 그녀는 가장 좋아하는 그녀의 무기를 사용한다. 그것이 유혹이다. 영화가 진행되는 동안 그녀는 버릇없는 로리타에서 결단력 있고 매력적인 젊은 여성으로 성장한다.

사회적 2유형

- 2유형의 몰입: 타인의 욕구를 찾아내고 자신의 욕구를 억제
- 사회적 하위유형의 몰입: 친구, 사회적 인맥/연합, 집단에 집중
  =사회적 야망

여기에는 두 종류의 에너지가 함께 모인다. 2유형의 연결을 이루어 내는 방법을 아는 천부적 재능은 영향력 있는 네트워크의 중심에 서는 사회적 하위유형의 재능에 의해 배가된다. 사회적 2유형은 다른 사람들의 인정을 통해 자존감을 얻는다. 교만은 신분을 얻는 것으로 구성된다. 그들이 아는 사람들의 명망, 그들이 속한 그룹이 성공했기 때문에 인정을 받는 것이다. 그들은 대리로 야망을 품고 있다. 재계 총수나 유명인과 친해지는 것이다. "어 맞아, 나 그 사람들 알고 있어. 요전 날 저녁에 친구네 집에서 그들과 한잔했어." 이에 더해서 이들은 잠재력이 있는 제자를 찾아내고 싶어한다. 그들은 이 제자들을 위한 야심이 있으며 그들의 대부가 되고 싶어하며 제자들의 성공에 자랑스러워 한다. "나는 (유명한 아무개)의 선생이야. 얘네가 성공의 사다리를 향한 첫 발을 내디딜 수 있게 해준 게 나야."

이것의 또 다른 형태는 강력하거나 영향력 있는 사람의 오른팔이 되는 것이다. 그것은 그들이 싱크탱크에 속해 있으며 결정을 내리는 위원회에 속해 있다는 확신을 얻는 일이다. 타인의 요구에 자신을 투자하는 능력은 조직의 핵심에서 스스로를 위한 대체 불가한 자리를 만들어 내는 데에 사용된다. 여기서 가장 중요한 것은 그들 자신의 성공이 아니다. 조직의 성공 또는 그들이 모시는 사람의 성공이다. 그들에게는 리더가 되는 것보다 권력자들과 제휴하는 것이 더 중요하다. 조직에서 그들은 정보의 광산이 될 것이다. 누가 무엇을 하고, 누가 누구와 바람을 피우고, 생일, 파벌, 중요한 관계들 말이다. 그들은 심지어 경쟁사의 조직에서 일어나는 모든 일까지도 알고 있기도 한다.

이것의 단점은 더 큰 인정의 욕구로 이어진다는 것이다. 그들은 2유형으로서 또한 사회적 하위유형이기에 인정이 필요하며, 따라서 무시당하는 것은 그들에게 가능한 최악의 운명이다. 이 끔찍한 악몽을 피하기 위하여 사회적 2유형은 방대한 관계의 네트워크를 만들고 유지하기 위하여 엄청난 양의 에너지를 쏟을 수 있다.

역설

나의 사회적 인정이 커질수록 스스로의 욕구에 집중하려는 노력을 줄이게 된다.

메타포 — 대사Ambassador

그것은 돌아가는 모든 상황을 아는 것이다. 좋은 관계를 갖는 것이다. 일을 그들의 방향으로 돌릴 수 있는 가능한 기회에 대해 "빚debts"을 창출하는 것이다. 중요한 것은 느긋한 단순 명쾌함과 새로 들어온 사람들을 돌보고, 사람들의 화를 달래며, 그들이 만나는 사람 하나하나를 멋지게 보이게 하는 것 등이다. 무엇보다도 그들의 이익보다도 그들의 나라 또는 명분을 언제나 앞에 두는 것이다.

2유형의 경고신호
- 다른 사람들을 너무 걱정하기
- 과도한 신체적 동요
- 과도한 인정의 욕구
- 과도한 자기희생

사회적 하위유형의 경고신호
- 인정받는 것에 과하게 신경을 쓰는 것
- 사회적 관계를 유지하는 데 너무 많은 시간을 소비함
- 너무 많은 모임, 협회, 클럽에 속해 있음
- 스스로 지지하는 명분에 과도하게 헌신함

사회적 2유형의 관점 — 버나드BERNARD

내가 나의 유형에 대해 좋아하는 점

나는 다른 사람을 돕는 내 능력을 사랑한다. 내 생각에 나는 언제나 그래왔던 것 같다. 나는 이런 행동이 보상받고 싶은 어린 시절의 상처와 연

관되어 있다는 것을 깨달았음에도 불구하고 항상 그래왔다. 어떤 경우에도 나는 도움이 되고 싶다. 내게는 다른 어떤 것보다도 이것이 중요하다. 나는 다른 사람을 도와줘야 한다. 그것이 나를 행복하게 한다. 이것은 타고난 것이고 분명하고 즐겁고 강박적이다. 도움이 필요하거나 문제에 처한 사람을 모른 척하는 건 내게는 절대로 불가능하다. 내가 그들에게 도움이 되면, 왠지 나는 마음이 놓인다. 그들이 나아지면 기분이 좋다. 나는 이것이 또한 나의 자부심이나 자존심도 안심시킨다고 생각한다.

이것의 또 다른 측면은 내가 그들에게서 무언가를 얻는 것이 중요하다는 것이다. 나는 보상을 받기 위해 나서지는 않지만, 만약 내가 받지 못한다면 나는 모욕감과 실망감을 느낀다. 더 심한 건, 만약 내가 한 일에 대해 감사하는 기색이 전혀 없다면 나는 내가 제대로 하고 있는지 여부를 말해줄 기준점을 갖지 못한다. 나는 마치 그들이 내가 그들을 위해 한 일을 당연하게 여겼다고 느낀다. 그리고 내가 한계점에 도달하면 관계는 틀어지고 분노가 올라오는 것을 느낀다. 내가 살아가기 위해서는 다른 사람들이 필요하고, 나의 발전이 다른 사람과의 관계를 통해 이루어지는 방식을 좋아한다. 내가 다른 사람들과 매 순간 함께여야 한다는 것이 아니다. 나도 배터리를 충전하기 위해 독서를 하고 성찰하기 위한 평온한 시간들을 추구하지만, 나의 세계관은 나 자신이 다른 사람들과의 관계 덕분에 나 자신이 되는 것이다. 나는 그들을 통해 나의 자아감을 형성하며 그 반대도 마찬가지이다.

내가 나의 하위 유형에 대해 좋아하는 점

사교계에 있다는 것은 내 날개를 펼칠 수 있게 해준다. 내 삶의 목표는 이 지구상에서 인류의 더 나은 안녕을 위하여 도움을 주는 것이다. 나는 큰 그림을 본다. 나는 인류의 미래에 대한 야심ambition이 있다. 나는 항상 나보다는 다른 사람들에 대한 야망을 가진다. 나의 아이들은 종종 그걸로 내게 핀잔을 준다. 나는 그들이 좋은 성적을 받도록 이끌고, 신나는 프로젝트를 수행하며 대학을 가기 좋은 곳을 선택하게 한다. 어쩌면 너무 심했는지도 모르겠다. 되돌아보면 그들은 아마 내가 좀 더 느긋하고 그들이 알아서 하도록 내버려 두며, 자신의 운명을 자유롭게 선택하도록 내버려 두는 것을 더 바랐을지도 모르겠다. 또한 사교계에 있다는 건 모임을 즐긴다는 뜻이다. 나는 생일이나 크리스마스, 새해 전날 벌어지는 큰 모임들을 좋아한다. 나는 다른 사람들이 교류하고, 함께 웃으며, 논쟁하고 이야기를 나누는 모습들을 보는 게 좋다. 그리고 나는 세대 간의 어울림 또한 좋아한다. 나에게는 조부모님과 손자손녀 간의 관계가 매우 자연스러우며 중요하다.

내가 나의 유형과 하위유형의 조합에 대해 좋아하는 점

나의 유형과 하위유형의 조합은 나를 영향력 있고 역동적이게 만든다. 직업적으로 나는 변호사 개업으로 경력을 시작했고, 당연히 강자에 대항하여 약자를 변호하는 일에 뛰어들었다. 나는 꽤 빠르게 많은 전문 협회들이 선호하는 변호사가 되었다. 일을 찾는 공무원들, 환경보호 단체, 심한 화상으로 고통받는 사람들을 위한 협회 말이다. 요즘 나는 매우 독립적이며 내가 사회적 하위유형일지라도 어떤 기관이 운영되는 방식이나 큰 모임들의 우여곡절은 피할 수 없다. 다른 사람의 방식대로 일하거나 그 사람들에게 책임을 지우지 않고 내가 원하는 것을 자유롭게 할 수 있다는 것은 언제나 내게 중요했다. 한편 좋은 명분을 지켜낼 수 있을 때마다 지키고 이기는 것은 항상 마음에 맞는 일이었다. 나는 상당히 균형 잡혀 있다. 나는 독립성과 도전을 사랑하는 반면에 아니라고 말하기가 어렵다. 이후의 내 경력은 중재자였다. 이건 다른 사람들에게 좋은 일인데 나는 보통 두 파벌이 서로를 향해 한 발짝 내디딜 수 있도록 한다. 서로가 분노에서 벗어나 서로에게 귀 기울일 수 있도록 하는 것이다. 이건 내게도 좋았다. 이것은 가끔 내가 강압적으로 말해야 한다는 걸 의미하며, 내가 좋은 명분으로 잘난 척할 수 있기 때문이다!

참고 영화 — 가장 위험한 해 The Year of Living Dangerously

이 영화의 배경은 1967년 인도 자카르타이며, 사회적 2유형의 좋은 면과 좋지 않은 면을 그리고 있다. 이 영화는 수카르노 대통령 집권 말기와 야당이 권력에 오른 이야기를 담고 있다. 여기에는 호주인 기자와 젊은 영국 외교관, 그리고 사진기자 빌리 콴 등 세 명의 주요 인물이 등장한다. 빌리는 현지인이며 인도네시아인과 외국인 모두를 알고 있다. 그는 모든 행사와 외교 칵테일 파티에 참석하며 그가 생각하기에 가능성이 있는 사람들에게 명함을 남긴다. 그는 다른 사람들을 위해 전문적인 프로젝트를 도맡으며, 길거리의 이야기들, 많은 양의 정보들을 다루며 그의 목적에 맞추어 이것들을 전략적인 순간에 꺼내 놓는다.

이야기는 빌리가 야당 지도자와 기자를 위한 단독 인터뷰를 어떻게 준비하는지 보여주는데, 이것은 특히 그가 인도네시아 사람들의 끔찍한 생활상을 외부에 알리는 사람으로 인정받기 원하기 때문이다. 그에게 이것은 그의 국민들의 삶을 개선하는 데 기여할 수 있는 방법이었다. 난쟁이로 태어난 그는 자신을 위한 감정적 행복의 가능성에 선을 그었고 그래서 그는 대리 생활을 한다. 이 이야기에서 그는 기자를 외교관의 품으로 보내기 위해 그가 할 수 있는 모든 것을 한다. 영화가 끝날 무렵에 그는 힘든 사별의 아픔을 겪고 있었고, 그는 기자의 행동에 실망하고 무너진다. "너는 내 거야. 내가 너를 만들었고 너는 나에게 속해 있어. 그리고 이건 사실이기 때문에 내가 너에게 준 이 여자를 나는 되돌려 받을 거야!" 이 영화는 우리가 2유형의 내적 딜레마를 경험할 수 있도록 도와준다. 음악, 빛과 그림자, 기후와 분위기가 우리 안으로 스며든다. 그 줄거리는 느낌과 감정 위주로 돌아간다. 결정들은 주관적이며, 논리보다는 감정에 의해 좌우된다. 주의하라. 영화가 끝날 때쯤 당신은 진정한 이타주의의 세계에 있는 자신을 발견할 것이다.

3유형의 세 가지 하위유형

상처

어느 날 3유형 아이가 감정을 표현했을 때, 그것들은 어른들에게 들리지 않았다. 그들에게 요구되었던 것은 그들이 느꼈던 것을 결코 느끼지 말아야 할 것, 즉 자신이 사랑을 받지 못할 것이라는 결론이다. 그래서 그들은 "진정한 자아"를 포기하고, 대신 그들이 성취한 결과와 업적으로 사랑받기를 희망한다.

격정: 사기, 기만과 허영심 Trickery, Deception, Vanity

사기는 성공 여부에 의해서만 세상에서 당신의 가치를 판단하는 것인데, 가능한 가장 좋은 이미지를 주기 위해 진실을 조작하는 것도 포함된다. "모레 지리학 시험이 있어. 나는 이미 미래에 있고 10점 만점에 9점을 받았지. 이해가 되니? 나는 복습을 너무 잘해서 이미 이런 결과를 받은 것과 같아." 이것은 n번째까지의 자기 암시이다. 당신은 실용적이며 영향력이 있으며 당신이 그렇게 인정받아야 하기 때문에 이런 결과를 받게 될 것이다. ― 그리고 의심을 피하기 위해 이미 가지고 있다고 주장한다. 허영심이란 자신의 자아상에 매료되는 것이다. 다른 사람들이 당신을 바라보는 인생을 사는 것은 신나는 일이다. 따라서 당신은 당신이 보여주는 페르소나의 실체를 위해 보기 좋은 이미지를 지켜야만 한다. 3유형들은 온갖 종류의 성취들을 통하여 자신의 가치에 객관적인 증거를 제시해야만 한다. 그러나 중요한 것은 성취 그 자체가 아니다. 무엇보다 중요한 것은 다른 사람들이 그것에 대해 어떻게 생각하느냐이다. "텔레비전 직원들이 파업하던 날 올림픽 100m에서 우승하는 것보다 더 나쁜 것은 상상할 수 없다."

"사실 마치 내가 항상 무대 위에 있는 것 같다. 나는 이 역동적이며 영향력 있는 사람을 연기하며 이 모습을 다른 사람에게 판매한다. 그러나 이 역할을 정말 맡기 위해서 나는 내면의 나를 잊어야 한다. 그래서 내 진정한 감정은 대부분의 경우에 나에게 감정이 있다는 것조차 잊을 정도로 숨겨져 있다." 다른 사람을 속이려고 한 것이 아니라, 누군가 나에게 물어본다면 내 자신의 감정을 표현할 줄도 모르겠다는 것이다. 사람들이 '내가 진짜 어떤 사람인지 모르겠어'라고 말할 때, 나는 '내가 아는 유일한 건 내가 연기하는 역할이야. 다른 게 있어?'인 것이다."[1] 2유형과 3유형은 동일한 방식으로 비위를 맞추고 유혹하고 싶은 일반적인 열망이 있지만 3유형이 이러는 이유는 성공을 바라기 때문이다. 예를 들어 그들은 자신의 부를 만들고 그들의 친구들로부터 돋보이고 싶어한다. 그것을 이루기 위해 그들은 다음과 같은 온갖 종류의 재능을 개발한다.

- 효과적이고 실용적으로 일을 마무리하는 능력.
- 그들이 "감정 없이" 결과를 위해 나아갈 수 있도록 자신의 진짜 감정을 억제한다. 그래서 3유형들은 대개 자신들의 감정에 접근하는 것을 어려워한다.

- 주변의 일들을 정리하는 것
- 관계를 구축하는 법을 아는 것
- 대화 상대에게 빠르게 적응하는 것
- 프로젝트를 명확하게 제시하기
- 패션과 최신 트렌드 따라잡기
- 역동성(오스카 이차조는 이를 "에고-전진ego-go"이라고 하며 시작점부터 돌진하는 자아라고 말했다.)
- 불행에서 행복으로 회복하는 것

선호하는 방어기제: 동일시|Identification

"동일시"의 한 가지 의미는 성공을 위해 필요한 모든 이미지를 받아들이고 그 역할을 수행하는 것이다. 이것을 이해할 수 있는 두 번째 방법은 다음과 같다. "나는 당신과 같다. 나는 당신과 비교해서 나의 가치를 가늠할 것이다. 내가 할 수 있는 한, 당신이 원하는 영웅의 역할을 할 것이다."

동일시를 이해할 수 있는 세 번째 방법은 사회적 규범에 맞추는 것이다. "나는 내 명함에 적힌 역할을 하고 있는데, 예를 들면 마케팅 이사이다. 만약 당신이 내 안부를 물어보면 나는 오늘 마케팅 이사의 안부를 말할 것이다. 그러나 나는 이 꼬리표 이면의 내 안부는 말해주지는 못할 것이다." 피터 오한라한은[2] "3유형들은 인생에서 성공하려고 단단히 작정하는 접근법을 채택했다. 그들은 이기길 원하며, 성공하기 위해 열심히 일할 준비가 되어있는 것을 성취하기 원한다. 그러나 다른 사람들의 기대에 따라 좋은 이미지를 지키기 위해서 그들의 진정한 자신을 희생한다. 일반적으로 3유형은 연기를 하고 있는 것과 같이 인생을 살아간다. 중요한 측면은 그들이 많은 역할에 너무나 동일시해서 그 역할에서 벗어나는 법을 모른다는 것이다. 이것의 또 다른 측면은 동일시는 매우 유연한 방어기제라는 점이다. 이것은 필수적으로 특정한 역할이나 직업, 관계의 종류에 결합된 것이 아니다. 이것은 하루에도 여러 번 바뀔 수 있다. 예를 들어 3유형 남성은 좋은 아버지의 역할에서 좋은 남편의 역할, 그리고 잘나가는 사업가의 역할로 바뀔 수 있다. 그들이 사용하고 있는 본질적인 요소는 감정 센터에 있는 매우 강력한 공감인데, 이것은 그들이 받는 기대가 무엇인지 알아내는 데 사용된다. 여기에서 당신은 3유형의 마음 속에 사는 카멜레온을 보게 된다. 새로운 환경 또는 관계적 상황에 적응하기 위해 그들이 처한 환경에 녹아드는 이러한 능력은 그들이 어디를 가든 성공의 이미지를 구축하는 능력과 결부된다"라고 말한다.

자기보존 3유형

- 3유형의 몰입: 행위, 성공, 이미지
- 자기보존 하위유형의 몰입: 가정, 안전 및 물질적 안락에 집중
  = 안정

우리가 발견한 것은 서로 상반된 두 개의 에너지 선이다. 한쪽에는 3유형의 역동성이 있고 다른 한쪽에는 그들의 땅과 재산을 확보하는 것에 대한 하위유형의 불안이 있는 것이다. 자기보존 3유형은 자신의 재산이 계속 그곳에 있을지에 대해 불안감을 느낄수록 돈을 더욱 효과적으로 잘 벌어들인다. 물질적인 소유물을 획득하는 것은 그들을 안심시키는 것이다. 그들은 돈이 미래를 보장한다고 느낀다. 그들은 좋은 직장이 제공하는 안정성을 얻기 위해 엄청난 희생을 할 준비가 되어 있다. 직업적 혹은 재정적 실패는 어떤 대가를 치르더라도 피해야 한다. 그들은 돈으로 안정을 살 수 있다고 생각한다. 그들의 궁극적인 악몽은 실업자가 되는 것이다. 그들의 한 사람으로서의 가치는 경제적 안녕과 물질적 소유와 연결되어 있다.

자기보존 3유형은 경제적으로 부유한 것과 정서적 기쁨을 혼동하는

경향이 있다. "나는 다음 계약, 다음 승진, 다음 월급 인상을 마무리 짓고 나면 휴식할 시간을 가질 거야······" 그들의 무의식 깊은 곳 어딘가에 질문이 있다. "내가 나의 직업적인 성공과 돈, 추진력을 빼 놓고 나 자신으로 사랑받을 수 있을까?" 영화 풀 몬티The Full Monty는 몇 달 동안 실직한 채 감히 아내에게 고백하지도 못한 자기보존 3유형의 모습을 보여준다. 매일 아침 그는 정장과 넥타이로 양복을 입고 서류가방을 챙겨 출근하는 척 한다. 그는 자신의 직업이 여전히 존재하는 것처럼 행동하는데, 그렇지 않으면 그가 존재하지 않는다고 느낄 것이기 때문이다.

역설

성공만으로는 나의 불안을 달래기에 절대 충분하지 않을 것이다. 내가 수백만 달러를 벌더라도 파산하거나 모든 것을 잃을 수 있다는 두려움은 여전히 존재한다. 이것은 마치 아무리 많은 재산도 나를 안심시키고 행복하게 하기에는 충분하지 않을 것만 같은 느낌이다.

메타포 — 사업가Entrepreneur

그들이 열심히 일하고 효율적이며 좋은 이미지를 유지하는 능력은 물질적인 성공을 얻기 위해 동원된다. 엄청난 에너지의 축복을 받은 3유형들은 그들 스스로 설정한 목표를 달성하는 데 탁월하다.

3유형의 경고신호

- 일에 과도하게 몰두함
- 과도한 스트레스와 부담감
- 과도한 인정의 욕구
- 과하게 미친 듯이 뛰어다님

자기보존 하위유형의 경고신호

- 안전에 너무 신경을 쓰는 것
- 직장에서 너무 많은 시간을 보냄

- 물질적 안녕에 너무 몰두하는 것
- 저녁에 집에서 하는 일이 너무 많음

자기보존 3유형의 관점 — 마틴MARTIN

나의 유형에 대해 내가 좋아하는 점

나의 효율성: 나는 원하는 목표를 가장 좋은 방법으로 달성하기 위해 주어진 상황을 어떻게 조직해야 하는지 알고 있다고 느낀다. 이것은 쇼핑을 하는 것과 같은 단순한 상황뿐만 아니라 복잡한 상황에도 적용된다. 갑자기 나타나는 친구들을 위해 즉흥적으로 저녁을 준비하는 것은 신나는 일이다. 만약 내가 한 가게에서 모든 것을 구할 수 없다면, 나는 몇 통의 전화를 걸 수 있고, 내가 주문한 것을 가지러 가고 싶은 시간을 정할 수 있고, 한 가게에서 다음 가게로 이동하는 가장 효율적인 방식을 계획할 수 있다. 물론 시간 절약을 위해 스쿠터를 타고 간다. 또한 나는 사람들을 설득하는 것을 좋아한다. 내가 가족들과 해변가에서 시간을 보내고 싶을 때, 나는 내 아내에게 차 안에서 보내는 두 시간은 그렇게 피곤하지 않을 것이며, 다음날 저녁에 잘 돌아올 것이라고 설득하는 방법을 잘 알고 있다.

나의 하위유형에 대해 내가 좋아하는 점

나는 열심히 일하는 능력이 있다. 나는 일하는 것을 사랑한다. 나는 우리 회사를 발전시키는 것을 좋아한다. 나는 IT회사의 영업 이사이다. 매일 아침 나는 즐거운 마음으로 출근하고 하루 종일 일을 진행하며 만족감을 얻는다. — 그리고 일이 진행된다! 만약 어떤 일련의 행동이 막다른 길에 도달하면 나는 다른 방법을 찾는다. 만약 먼저 수행된 어떤 일이 아무런 결과물이 없었다면 나는 다른 것들에 더 시간을 쏟아 붙는다. 또한 나는 내 몸으로 일하는 방식을 좋아한다. 나는 내 몸에서 좋은 것을 느껴야 하고 몸을 잘 돌봐야 한다. 집에는 매일 사용하는 운동용 자전거가 있고 나는 체육관, 수영장, 사우나도 하고 토요일마다 호수 주변을 뛴다. 나의 외견 이미지를 이야기하자면, 나는 잘 입으려고 신경을 쓴다. 굳이 특이하거나 유행하는 것은 아니지만, 좋은 천으로 만들어진 맵시 있는 옷을 입는다.

나의 유형과 하위유형의 조합에 대해 내가 좋아하는 점

내가 충분한 돈을 벌어서 가족이 편안히 살 수 있고 경제적으로 안정감을 느낄 수 있다는 사실, 특히 아이들 교육문제에 대해서 그렇게 느낄 때이다. 돈은 목적을 위한 수단이다. 돈은 내가 좋아하는 전문 분야를 선택하고 충분한 돈을 벌어 가족과 가까운 이들이 풍족한 삶을 살 수 있도록 돕는다. 나는 돈 걱정이 있는데 어떻게 행복하게 살 수 있는지 상상할 수 없다. 그래서 나의 유형과 하위유형의 재능이 내가 사랑하는 사람들을 이러한 걱정에서 자유롭게 해줄 수 있도록 도움이 된다면 훨씬 더 좋을 것이다. 같은 맥락에서 나는 내 아이들에게 꽤 엄격하고 필요하다면 특정 과목을 복습하는데 시간을 보낼 정도로 학교에서 좋은 점수를 받도록 아이들을 몰아붙인다. 내가 일 때문에 바빠져서 지금은 저녁에 아이들을 위해 오는 학생이 있다. 신체적 건강의 측면에서 나는 항상 아이들이 한 개 또한 몇 개의 스포츠를 하도록 격려해왔고, 아이들이 그렇게 할 수 있는 수단을 가지고 있는지 확인한다. 나의 유형이 종종 "승자" 또는 "경쟁자"로 분류되는 것을 보면, 나는 그 용어들의 무엇이 문제인지 알 수 없다. 나는 그 용어들 속에서 내 자신을 본다. 그럼에도 불구하고 나는 가족과 함께 시간을 보내고 내가 일궈낸 안락함을 즐길 수 있도록 가능한 한 많은 시간을 집에서 보내려고 노력한다.

참고 영화 — 써머스비 Sommersby

우리는 미국 독립 전쟁이 끝날 무렵의 미 남부 주에 있다. 케빈 코스트너와 조디 포스터 주연의 이 영화는 마틴 기어의 귀향 The Return Of Martin Guerre이라는 프랑스 영화의 리메이크이다. 감독은 영화의 장소를 옮기고 미국의 3유형 문화에 더 부합하는 결말을 내기로 했다.

전쟁이 끝나갈 무렵, 케빈 코스트너는 과거의 자신에게 혐오감을 느끼고 그의 3유형적 습관인 기만과 사기에 염증을 느꼈다. 그래서 그는 신분을 바꾸기로 결심하고 전쟁에서 죽은 친구를 대신해서 살아가기로 한다. 그는 친구의 농장에 도착해서 그인 척한다. 물론 사람들은 그가 달라졌다는 것을 알게 되지만, 그것이 5년의 공백과 그의 상처와 트라우마적 경험 탓이라고 여긴다. 조디 포스터가 연기한 그의 아내는 오래 속지 않았지만 그의 새로운 섬세함과 배려 깊음, 열정이 좋았기에 침묵을 지키기로 결심한다. 그는 단지 다시 그 자신이 될 수 있고 진정한 인간의 가치관에 따라 살 수 있다는 것이 행복하다. 그는 이 새로운 농장에서의 삶, 일의 체계, 쟁기질, 막중한 노동, 수확, 행복한 삶에 빠져든다. 그러고 어느 날 그의 과거가 발목을 잡게 된다. 그가 신분을 대신한 이 친구가 몇 년 전 살해를 한 혐의를 받고 있었다. 캐빈 코스트너는 고통스러운 선택에 직면한다. 그의 것이 아닌 신분을 가로채 이익을 누렸던 것을 고백해 불명예스럽게 석방되든지, 또는 그가 좋은 가치로 살게 해주었던 그것을 받아들이고 새로운 자아를 끝까지 연기해서 그가 저지르지 않은 살인을 저질렀다고 인정하는 것이다. 이것은 결국 그가 내려야 할 선택이다. 그의 새로운 자아에 충실하고 그의 오래된 악마에게 돌아가지 않을 것인지, 그의 삶을 포기할 정도로 그의 새로운 진정성을 끝까지 발휘할 것인지.

이 영화는 이 유형의 비교적 극단적인 버전을 보여주지만, 이것의 근본적인 딜레마는 3유형에게 진실된 것이다. 분명한 이익이 있는 보다 피상적인 이미지를 포기하는 대가로 진정한 자신이 될지 말이다.

일대일 3유형

- 3유형의 몰입: 행위, 성공, 이미지
- 일대일 하위유형의 몰입: 파트너에게 집중
  = 남성성/여성성

두 개의 에너지 선이 여기서 합쳐진다. 3유형의 에너지는 성공하기 위해 관계를 맺는 것에 관한 것이고, 일대일 하위유형은 다른 사람과의 결합을 위해 관계를 맺는 것이다. 그래서 우리는 관계의 세계에서 갑절인 사람을 다루는 것이다. 그들의 정체성을 그 무엇보다도 다른 사람과의 관계에서 찾는 사람 말이다. 외적인 인상은 완전히 매력적이다. 주의 깊은 연인, 제대로 된 경쟁자, 유행에 밝은 제작자…… 그들 관심의 100%는 가장 효과적일 것 같은 외모를 갖추는 데 집중한다.

이 하위유형은 정복에 매우 집중한다. 신체적 외모나 성적 매력은 호감을 얻는 열쇠이므로 그들은 자신들의 성별의 특성을 과장하는 경향이 있다. 일반적으로 남성은 남성성을, 여성은 여성성을 과장하여 파트너가 원하는 이상적인 동반자가 되는 것을 목표로 한다. 그들의 공감 능력은 일대일 2유형의 공감 능력과 비슷하다. 그것은 그들 파트너의 필요를 아는 능력이다. 그러나 성공적인 이미지를 만들어내는 그들의 능력은 성적 정체성과 함의에 초점을 맞추고, 종종 이 이상적인 이미지는 꽤 많은 감정적 불안감을 숨긴다. 직장에서 그들이 투영하는 이미지는 어떤 상황에서든 가장 매력적인 이미지를 얻게 해 준다. 그들과 대화하는 사람에게 적응하고, 그들이 찾고 있는 이미지를 주고, 설득하고, 기쁘게 하는 것이다. 그것은 가장 적합한 이미지를 채택하는 것에 관한 것이다. "어느 날 저녁 나는 내가 이걸 많이 했다는 것을 깨닫게 되었다. 그날 아침 나는 네 가지의 다른 양복을 가지고 출근했다. 나는 그것들을 내 차 뒤에 넣고 상황에 따라 네 번 갈아입었다. 평범한 근무일, 친구들과 칵테일 파티, 동료들과의 술자리, 아내와 극장에 가는 저녁시간용이었다. 다른 사람들에게 깊은 인상을 주려고 노력하고 있다고 말할 필요는 없다. 나는 사람들이 나를 좋아하지 않게 될 위험을 최소화하고 나와 함께 있는 사람과의 관계의 질을 극대화하려고 노력하고 있다고 생각한다."

이 유형에는 경쟁 정신이라는 특별한 자질이 있다. 모든 일대일 유형들이 가지고 있지만 일대일 3유형에겐 특히 해당된다. 지미 코너스^{Jimmy}

Connors와 앙드레 아가시Andre Agassi가 좋은 예시이다. 그들은 주로 기록을 추구하는 운동선수들이 아니다. 그들은 무엇보다도 경기장에서, 대면 맞대결에서, 승리를 위해 마지막 숨을 다할 것이다. 만약 그들이 진다면 그들은 다음 번에 이기기 위해 두 배 더 열심히 훈련할 것이다.

역설

내 파트너가 원하는 이미지를 구현하는 것이 더 좋은 장기적 관계를 보장하는 최선의 방법은 아니다.

메타포 — 영화 배우Film Star

그들의 인간적인 카리스마는 매력적인 남성 혹은 여성이라는 사실과 개인적 혹은 직업상의 관계에서 올바른 역할을 하는 방법을 아는 것에 달려 있다.

3유형의 경고신호

- 일에 과도하게 몰두함
- 과도한 스트레스와 부담감
- 과도한 인정의 욕구
- 과하게 미친 듯이 뛰어다님

일대일 하위유형의 경고신호

- 자신이 강렬하고 열정적인 사람이라는 것을 증명하고 싶어하는 것에 몰입함
- 파트너에게 과도하게 집중: 그들이 무엇을 하는지, 어디에 있는지, 누구를 만나는지
- 자신의 행동에 과하게 집중함 — 넓은 시야가 부족함
- 자신의 목표와 배우자가 관심을 갖는 다른 것들 사이에서 경쟁함

일대일 하위유형의 관점 — 샬롯CHARLOTTE

내가 나의 유형에 대해 좋아하는 점

나의 적응력. 내가 어릴 적에도 나는 어떤 상황에서 다른 상황으로 옮기는 능력을 애쓰지 않고도 갖고 있었다. 교실을 옮기고, 집을 옮기고, 휴일에 내가 모르는 곳으로 도착했을 때도 — 이 모든 것들이 내게 문제가 되지 않았다. 그렇다. 나는 조금 불안했지만 이유를 알 수 없는 이런 불안감이 나를 자극했다. 그 증거로, 나는 내가 해결해야 할 문제의 모든 사실을 미리 알지 못할 때, 그것이 나에게 동기를 부여하고 내 삶에 흥취를 더한다는 것을 알고 있다. 나는 모든 새로운 상황에 매력을 느낀다고 말하고 싶다. 다른 문화권에서도 마찬가지이다. 한 번도 가본적이 없는 곳을 여행한다는 생각에 입맛을 다신다. 다른 특성에 관해서는 다음과 같다. 나는 나의 낙관주의, 큰 목표에 대한 집중력, 조직력, 일을 성취할 수 있는 능력에 대한 자신감, 그리고 끈기를 좋아한다. 이 모든 것은 내가 원하는 것과 내가 살고 있는 삶 사이에서 조화를 이룰 있게 해준다.

예전 직장에서 나는 백명이 넘는 사람들을 책임지는 관리자로서 일을 성취하기 위해 무엇을 해야 하는지에 대한 나의 감각과 그것을 행하는 자신의 효과성에 기댈 수 있었다. 나는 팀원들이 목표를 달성하거나 초과 달성하도록 동기부여하는 데 문제가 없었다. 왜냐하면 내가 항상 모범을 보이면서 이끌었기 때문이다. 요즘의 나는 심리치료사로서 나의 일에 그 특성들을 가져오고, 내 의지를 고객의 성공을 위해 봉사하고, 끝까지 따르고, 지원하고, 내 에너지로 그들을 채워주는 것을 즐긴다.

내가 나의 하위유형에 대해 좋아하는 점

나는 누군가와 직접 대면할 때 진정한 기쁨을 느낀다. 그것이 내 사생활이든 직장 생활이든, 그들을 만날 때 큰 즐거움을 경험한다. 나는 이것을 설명할 이미지가 있다. 두 아이가 테니스를 치며 즐거워하는 것을 상상해보라. 아이들은 점수를 매기지 않고, 아무도 "이기지" 않을 것이지만,

그것은 재미있고 그들은 서로에게 진정으로 존재하고 있다. 그것은 마치 두 사람이 하나로 움직이는 것 같다. 이 대면하는 순간에는 서로 다른 접촉의 질이 있다. 마치 우리가 우리 사이의 강렬함을 발견하고 함께 현재의 순간을 만들어가는 것 같다. 그리고 물론 그것은 유혹이기도 하다. 다른 사람의 관심을 나에게 돌리는 것을 노리는 정복의 게임이다.

내가 나의 유형과 하위유형의 조합에 대해 좋아하는 점

나는 사람들을 설득하고 매료시키는 것에 관해서는 두 배나 재능이 있다고 느낀다. 나는 신뢰를 받는 지위를 얻고 사람들과 친밀한 관계를 맺기 위해 나의 여성스러움을 이용하는 방법을 알고 있다. 심리치료사로서 나의 직장 생활에서 이 조합은 정말 실용적이다. 적극적 경청, 대화와 의사소통, 고객에 대한 무조건적인 지원, 새로운 요소를 고려하는 능력… 나의 유형과 하위유형의 조합으로 고객이 내가 잘 알아 들었다고 느끼도록 보장할 수 있다! 내 사생활에서, 예를 들어 점심 식사 때 일대일로 만나는 것을 좋아하는 친구들이 많다. 이 두 분야에서 나는 내가 좋은 친구로서 그리고 진정한 전문가로서 존경을 받는다는 사실을 정말 좋아한다. 나는 내 아들의 사랑하는 엄마로, 내 남편의 섹시한 파트너로, 그리고 내 고객들에게 매력적인 여성으로 보여지는 것에 아무런 문제가 없다고 본다.

참고 영화 — 바람과 함께 사라지다Gone with the Wind

우리는 미국 독립 전쟁 직전의 미국 조지아에 있다. 스칼렛 오하라 Scarlett O'Hara는 가족의 호화로운 집 타라Tara에서 그녀의 16번째 생일을 축하하고 있다. 내 생각에 이 영화의 엄청난 성공은 어떤 부분에서 이 영화가 3유형의 모든 하위유형을 다루고 있기 때문이라고 생각한다. 전쟁, 삶과 죽음, 기근을 통해 자기보존 하위유형을, 전쟁 전후의 변화하는 관습과 복장을 통해 사회적 하위유형을, 그리고 스칼렛과 레트 버틀러의 관계를 통해 일대일 하위유형을 다룬다. 스칼렛의 캐릭터는 그녀가 끊임없이 말하듯 일대일 3유형의 완벽한 전형이다. "나는 내가 뭘 원하는지 알고 있고, 나는 가장 아름다운 옷을 입고, 여성스러움을 발휘하고, 내가 만나는 각 사람들이 내가 원하는 것을 주도록 설득하기 위해 내 눈빛의 레퍼토리를 사용할 것이다." 그녀의 눈빛이 강렬함에서 매력으로 바뀌면서, 스칼렛은 그녀의 가정교사, 그녀의 아버지와 어머니, 그녀의 시동생, 그녀의 첫 번째와 두 번째 남편 등 모든 사람들을 매료시킨다.

내가 보기에 레트 또한 일대일 3유형의 특징을 많이 보여준다. 그는 그 5년 동안 남부 주에서 일어난 급진적인 세상의 변화에서 살아남기 위해 빠르게 회복하고 적응하는 방법을 알아야 했다. 다시 스칼렛으로 돌아와서, 영화의 마지막이 중요하다. 그녀는 그녀가 한 일중에 타라를 지켰던 일이 가장 잘한 일이라는 것을 깨닫고 감정에 북받쳐 울었다. 그녀는 광활한 자연 앞에 홀로 서있고 그녀의 가면은 벗겨진다. 그녀는 진정으로 그녀 자신으로서 그 누군가에게 그 어떤 것도 증명할 필요 없이 마침내 진짜가 되었다. 그녀는 그녀의 매력과 성적 매력에서 비롯된 쉬운 성공을 넘어 자신의 다른 차원을 발견한다.

사회적 3유형

- 3유형의 몰입: 행위, 성공, 이미지
- 사회적 하위유형의 몰입: 친구, 연합과 모임에 집중
  = 명성

두 에너지의 힘이 여기서 합쳐진다. 3유형의 이미지에 대한 몰입과 사회 무대에서의 그들의 이미지에 대한 하위유형의 관심사가 함께 나타난다. "나는 나의 좋은 이미지를 남들에게 보여줄 필요가 있고, 내가 참고하는 것들은 사회에서 중요한 것들이다. 좋은 학교에 다녔고, 좋은 지역에 살

며, 유행하는 클럽에 속해 있는 것이다. 나의 자존감은 내가 속한 모임과 더불어 나의 명성에 달려 있다." 그래서 그들은 존경받는 사람으로 보이고, 다른 사람들의 관심을 끌며, 최상위 실력자가 아니더라도 유력자들 중 한 명이 되어야 한다. "나의 성공은 다른 사람들의 마음을 끄는 내 행동에 대한 인정에 달려 있다."

그들은 지위에 엄청나게 의식적이다. 그들의 명함에 달 수 있는 칭호, 책임의 범위, 브랜드 등이다. 다른 사람들의 좋은 의견은 매우 중요하다. 이 유형은 그들이 가진 잠재적으로 유용할 관계의 수와 질에 특히 관심을 기울인다. "내가 필요할 때 나에게 명망 있는 행사에서 좋은 자리를 내어줄 수 있는 사람을 아는 건 아주 중요하다…" 속임수는 집단의 가치에 자신들을 맞추기 위해 자신의 진정한 감정으로부터 거리를 둔다는 사실에서 비롯된다. 그들은 내적으로 그들이 누구인지와 자신이 하고 있는 외적인 역할을 혼동한다. 따라서 이들은 진정한 사회적 리더가 되든지 또는 자아 ego가 선전용으로 부풀려져 좋은 이미지를 만들어내야 하는 누군가가 된다. 역사적인 예로 들자면 프랑스 왕 프랑수아 1세가 브르고뉴 공작을 위해 준비한 금빛 천의 들판Field of the Cloth of Gold이 이를 잘 보여주고 있다. 프랑수아는 그의 부를 과시함으로써 그의 손님에게 깊은 인상을 주려 했다. 그는 연회, 공연, 모든 종류의 웅장함 등 며칠 동안 지속되는 놀라운 행사를 준비했다. 불행히도 버건디 공작은 사회적 하위유형이 절대로 아니었던 것 같다. 그는 영국 왕이 그를 위해 마련한 소박한 환영, 즉 지나치지 않은 따뜻함과 쾌적함을 선호했다.

역설

명성을 얻는 것이 반드시 나를 나의 참 자아에게 가까워지게 하는 것은 아니며 어떤 대가를 치르더라도 피하려고 하는 실패로 이어질 수도 있다.

메타포(3) — 정치인Politician

중요한 것은 대중의 지지를 얻고, 적절한 사람들을 알고, 정부, 회사, 교구, 고향과 같은 사회 기관 내에서 권력을 얻는 것이다.

3유형의 경고신호

- 일에 과도하게 몰두
- 과도한 스트레스와 부담감
- 과도한 인정 욕구
- 과하게 미친 듯이 뛰어다님

사회적 하위유형의 경고신호

- 과도한 인정 욕구
- 사회적 관계를 유지를 위해 너무 많은 시간의 소요
- 너무 많은 클럽과 집단에 속함
- 그들이 지지하는 명분에 과하게 헌신

사회적 3유형의 관점 — 피에르PIERRE

내가 나의 유형에 대해 좋아하는 점

나는 직장 생활에서 내 유형의 특징을 좋아하고, 성공 욕구와 적응력은 내가 다양한 전문 분야에서 어려움 없이 성공할 수 있게 해주었다. 그래서 나는 회사의 대표, 협상가, 치료사, 예술가 등 다양한 역할에서 프로젝트를 성공적으로 마무리하는 것을 좋아한다. 나는 지루하지 않게 여러 가지 일을 동시에 해 나가고 있는 것 같다. 마음 깊숙이 나는 가능한 최고의 결과를 얻기 위해 제한된 시간 내에 조직화되어야 하는 상황에 자극을 받는 것을 좋아한다.

나는 사생활에서 나의 유형적 특성을 나의 개인적인 발전을 도모하고 다른 사람들과 내 자신을 위해 좋은 결과를 추구하는 데 사용한다. 나는 다른 사람들이 성장하도록 도우며 그것은 내 가슴 센터의 재능을 활용하여 성장할 수 있도록 도와준다. 내 유형의 또 다른 장점은 프로젝트에 소비하는 모든 에너지가 자동으로 재충전된다는 것이다. 내 행동이 더 성공적일수록 말이다.

내가 나의 하위 유형에 대해 좋아하는 점

나의 하위유형은 나의 전문적인 프로젝트를 성취할 수 있는 좋은 플랫폼을 구축하는 데 도움을 준다. 왜냐하면 관계를 구축하고 누가 무엇을 하고 있는지, 무엇을 위한 재능을 가지고 있는지, 누가 다른 것에 관심이 있는지, 누가 나를 특정 분야나 사업 분야에 참여시킬 수 있는지에 대한 관심을 가질 수 있기 때문이다. 나의 사회적 하위유형은 또한 그 집단이 "나보다 더 강하기" 때문에 그 집단의 인정을 받아야 한다는 깊은 의미에서도 나타난다.

내가 나의 유형과 하위유형의 조합에 대해 좋아하는 점

이것은 나의 모든 능력이 모여 가벼운 마음으로 동시에 존중할 수 있는 접점을 만드는 방식이다. 나는 집단을 받아들이고 전부 이해할 수 있고, 심지어는 그룹 전체와 동일시할 수 있다. 여건이 맞으면 나는 융화될 수 있고, 단체와 하나가 될 수 있는 것 같다.

나의 3유형과 사회적 하위유형이 결합되면 집단에서 가장 유리한 입장에 설 수 있는 능력과 더불어 공적인 자리에서 빛날 수 있는 능력이 생긴다. 만약 내가 이걸 즐기지 않는다고 말하면 거짓말일 것이다. 나는 개인적인 인지도와 그에 따른 대중의 지위를 얻기 위해 "좋은 대중적 이미지"를 원한다. 이 생각은 아마 이 유형과 연관 지어지는 명성prestige이라는 단어의 가능한 해석 중에 하나일 것이다. 나에게 이건 내 자아ego의 안심이나 또는 단체를 가장 좋은 방향으로 나아가도록 설득하는 사람이 내가 될 수 있다는 사실로 이어진다. 이 능력은 내 리더십 능력의 가장 중요한 구성 요소이며, 집단 내에서 존재하기 위한 방법으로 매우 든든하고 심지어 필수적이다.

참고 영화 — 월 스트리트2: 머니 네버 슬립스Wall Street2: Money Never Sleeps, 2010

우리는 2008년 주식시장이 폭락하는 시기에 뉴욕에 있다. 젊은 중개인 제이콥 무어Jacob Moore는 수상한 거래로 인해 자살한 그의 멘토의 복수를 위해서는 무슨 짓이든 할 준비가 되어 있다. 그는 내부자 거래로 형기를 마친 금융계의 마법사 고든 게코Gordon Gekko를 찾아가 도움을 청한다.

이 영화에서 서로 맞서 싸우는 두 금융계의 거인들은 둘 다 3유형이다. 매우 활동적이고 움직임과 성공에 집중한다. 그들은 사람들을 설득하고, 팀을 이끄는 방법을 알고 있으며, 만약 이것이 그들의 목표를 달성하는 데 방해가 될 위험이 있다면, 그들의 마음을 그들 자신의 감정으로부터 마음을 닫아버릴 수 있는 3유형의 결점도 가지고 있다. 에니어그램 용어로 이것은 사기deceit이다.

이 영화에서 나를 놀라게 한 것은 3유형의 역설이다. 3유형은 타인을 설득하기 위해 타인의 감정을 이용하는 방법을 아는 동시에 자신의 감정을 제쳐 두고 연기를 하는 배우처럼 행동한다. 대부분의 경우 3유형들은 자신들이 이런 초적응적인 상태에 있다는 것을 깨닫지 못한다. 그들은 다른 사람들에게 감동을 줄 수 있는 능력을 잃는 것을 너무 두려워하기 때문에 항상 연기를 하고 그 역할에서 벗어날 수 없다. 진정한 자신과 다시 접촉하기 위해서 말이다. 성공을 추구하는 그들의 실용주의, 조직적인 능력, 신념은 엄청난 동맹이다. 이 활동의 소용돌이 속에서 사는 것에는 분명 뭔가 매우 매력적인 것이 있을 것이다. 그것은 파도타기를 하는 서퍼가 느끼는 느낌과 비슷하게 그들을 점점 더 빠르게 가게 만드는 점점 커지는 파도를 타고 가는 것과 같을 것이다. 즉 그것은 그들이 파도에 완전히 몰두하여 그들 자신의 감정적인 문제로 고민할 수 없다는 것이다.

월가의 환경은 이런 에너지에 어울리는 거리이다. 이 영화에서 우리는 이 유형의 상당히 극단적인 두 가지 예시를 보게 되고, 이 두 명의 금융계의 거인들 간의 갈등은 우리에게 3유형의 보다 상세한 특성의 일부를 보여준다.

사회적 3유형의 원형의 키워드는 "명성prestige"이다. 그래서 중요한 것은 잘 알려지는 것이며, 좋은 평판을 갖고, 사회에서 힘있는 사람이 되는 것이다. 그리고 "사회"란 회사나 공동체, 또는 마을이 될 수 있다. 그것은 영향력을 행사하고, 네트워크를 사용하여 정보를 얻고, 이를 중요한 사람들에게 넘기는 데에 사용할 수 있는 것이다. 이런 맥락에서 뉴스를 이용하여 특정 주가를 상승시키거나 하락시킴으로써 시장에 영향을 미치는 것이다. 이것은 마치 자선 단체의 이익을 위해 자신의 네트워크를 사용하는 것처럼 좋은 일처럼 느껴질 수 있고, 영화와 같이 누군가의 명성을 파괴하기 위해 루머가 퍼지도록 하는 것일 수도 있다. 사회적으로 인정받고 커다란 네트워크를 가지고 있다는 것은 당신이 자신과 회사의 명성을 쌓기 위해 당신이 원하는 방향으로 일을 진행할 수 있다는 것을 의미한다. 아니면 네트워크를 좀 더 자선적인 방법으로 사용할 수 있다. 그리고 이것은 훨씬 더 명성 있는 일이다. 왜냐하면 당신은 인류를 위해 일하고 있기 때문이다. 두 남자의 갈등에서 그들이 서로에게 주는 "타격"이 대부분 가장 힘있는 사람들을 자신들의 편으로 끌어들여 상대방의 명성을 해치는 결과를 가져온다는 것을 알아차린다면 흥미롭다. 그리고 이 타격들은 복싱 선수가 치는 신체적인 주먹처럼 고통스러워 보인다.

개인적 성장의 길은 정신을 차리고 진정한 인간의 가치에 다시 접촉하는 것을 포함한다. 사회적 이미지를 위해 사랑받을 필요가 있다는 허영심을 벗어나 내적 삶의 불확실성, 망설임, 연약함, 그리고 깊이를 감히 마주할 수 있도록 하는 것이다. 그것이 영화의 결말에서 우리가 목격할 수 있는 것이다.

영화 자체가 사회적이다. 이 영화는 우리가 자본금융 시대에서 가능한 종말을 볼 수 있도록 도와주고 가상적인 요소들에 덜 의지하는 보다 인간적인 세계로 대체될 수 있는 가능성을 보게 한다. 우리가 살아가는 이 시대와 이 시대의 변화 중에 말이다. 두 주인공은 별로 동정심이 뛰어난 것처럼 보이지는 않지만, 적어도 여기에는 두 사람이 있고, 이들은 같은 유형의 두 가지 면을 우리에게 보여준다. 좋은 영화이다!

4유형의 세 가지 하위유형

상처

어느 날 4유형 아이는 버림받고 상실감을 느끼는 매우 강한 감정을 경험하였다. 그들은 슬펐을 뿐만 아니라 "진정한 자아"와 완전히 단절되었다고 느꼈다. 그때부터 그들은 그들 자신보다 더 위대한 무언가와 연결되어 있다고 느꼈던 과거에 대한 동경을 경험한다. 그들은 매우 중요한 무엇인가가 결여되어 있다고 느낀다.

격정: 시기 Envy

"나는 내가 부족하고, 결함이 있으며, 나에게 요구되는 것에 미치지 못한다고 자주 느낀다. 마치 내가 나 자신으로서는 괜찮지 않은 것 같다. 그리고 나는 그 이미지를 다른 사람들에게 드러내는 것을 좋아하지 않아서, 나는 그것이 바뀔 수 있기를 바라며, 그것이 달라지기를 열정적으로 원한다. 기분 나쁜 감정에 대한 투쟁은 나 자신보다 밖에 나가서 내 안에 없는 좋은 것을 찾도록 강요한다." 그래서 시기는 에너지로 변환된다.

3유형과 마찬가지로 자기 이미지도 중요하지만, 4유형들은 그들이 투사하는 이미지를 그들이 내놓을 수 있는 이상적인 이미지와 비교하는 경향이 있다. "그것을 바탕으로 내 관심은 지금 여기에 있는 것 중 최악인 것과 지금 여기에 없는 최고의 것을 주목하는 것으로 향한다." 그들의 관심을 기울이는 방식이 자연스럽게 그들이 가지지 못한 것 또는 그들에게 제대로 되지 않는 것에 맞춰져 있는 것이다. 그러나 그들은 주로 감정에 의해 움직이기 때문에 다른 사람들이 그들을 알아봐주는 것이 매우 중요하므로, 그들은 다른 사람들의 관심을 얻을 수 있는 방법을 찾아야 한다. 이것을 달성하기 위해 그들은 세련되고, 교양 있고, 우아하며, 특이한 그들의 스타일을 개발하고 보여주거나 좋은 일이나 나쁜 일을 극대화해서 자신들의 강렬함을 보여준다.

에니어그램의 다양한 책 중에 이 유형의 다른 두 가지 특성은 거의 언급되지 않는다. 그것은 철학, 심리학 등과 같이 지적인 것에 대한 활발한 관심과 뛰어난 내면의 깊이이다. "나는 자기 성찰을 좋아한다. 깊은 감정을 경험하기 위해 내 안에 내려가는 것이 일상 생활의 진부함에 정체되는 것보다 훨씬 더 흥미로운 삶의 방법이다." 당신은 여기에서 2유형과 어떤 유사점이 있다는 것을 알아차릴 것이다. "다른 사람들의 요구와 과장된 동일시가 있다는 것은 그들이 종종 책임감 있는 부모, 이해심 많은 사회복지사, 세심한 심리치료사, 억압받는 사람들의 권리를 옹호하는 전사가 될 수 있다는 것을 의미한다."[1] 시기의 좋은 측면은 그것이 동인이 된다는 것이다. 그들이 가지고 있는 것에 만족하지 못하는 것은 그들이 훌륭한 사람이 되는 동기가 된다. 느낌을 확대하는 것은 삶에 흥취를 더한다. 이것은 그들이 로맨틱하거나 엘리트적인 기대를 하게 하고, 그 여파로 그리움과 멜랑콜리를 가져온다는 단점이 있다.

선호하는 방어기제: 내사^{Introjection}

내사란 고통, 상실 또는 분리를 피하기 위해 이상적인 사람이나 대상을 자신 안에 받아들이거나 그 자체가 되는 것을 말한다. 바람직하지 않은 특성 또한 바람직한 특성과 마찬가지로 내면화될 수 있다. 내사는 당신이 현재 경험하고 있는 것을 과거 또는 미래의 다른 것과 비교함으로써 그 상황에 대한 감정적 진실을 변형시키는 것이다. 4유형은 "울타리 반대쪽의 잔디가 항상 푸르다"고 믿는다. 어린 시절, 4유형은 순수한 행복의 순간을 경험했고, 그 순간 그들은 완전한 사랑을 느꼈다. 그들은 그 강렬한 순간들의 기억을 그들의 가슴에 완전히 새겨 놓는다. 성인이 되어서, 그들이 누군가를 만날 때마다 그들의 기억 속에 있는 것만큼이나 경이로운 순간을 다시 경험하기를 희망한다. 내사는 그들이 현재 경험하고 있는 것의 강렬함, 진정성, 그리고 감정적인 깊이를 그들이 과거에 한 번 경험한 것의 기억과 비교하는 것이다. "만약 지금 여기 있는 이 사람이 나를 정말 사랑한다면, 내가 과거에 느꼈었던 그 숭고한 느낌과 다시 이어질 수 있을 것이다."

자기보존 4유형

- 4유형의 몰입: 의미, 강렬함, 진실함의 추구
- 자기보존 하위유형의 몰입: 집, 안전 및 물질적 안정에 집중
  = 무모/불굴

두 개의 에너지 힘이 여기서 서로 충돌한다. 4유형들은 남들과 다른, 치열하게 삶을 사는 사람이 되고 싶고, 자기보존적인 면은 물질적인 의미에서 안정되기를 원한다. 이 두 동인을 서로 대결하게 하는 것은 어렵다. 4유형의 에너지는 편안하고 일상적인 삶을 사는 것보다 위험을 무릅쓰며

손해 가능성을 만드는 것을 선호한다. 만약 4유형이 돈을 벌어야 한다면, 그들은 다른 사람들과 다른 방식으로 돈을 벌고 싶어한다. 그들은 종종 계약직이든 자영업이든 위험한 직업을 선택할 것이다. "나는 항상 인도주의 분야에서 일하고 싶었지만, 18개월 동안 테레사 수녀와 함께 보내고, 보스니아에서 폭격으로 6개월을 보내고, 어려운 나라에서 첫 번째 민주 선거를 조직하는 것보다 더 쉬운 방법이 분명히 있을 것이다."

더욱이 시기가 생기면 그들은 대담하게 행동하는 경향이 있고, "진실성"을 이유로 변덕스럽게 환상적인 계약에서 갑자기 물러나거나 더 자주 자신을 위험에 빠뜨린다. 사실 이러한 대담한 행동을 통해 4유형은 버림받았다고 느꼈던 감정을 재현하고 있다. 불장난에는 특정 상황의 감정적 강도를 극대화하기 위해 가능한 모든 위험을 감수하는 어떤 흥분이 있다. "저는 평생을 돈을 벌고 파산하는 데 보냈습니다. 내가 가장 위험한 상황에 처했을 때 나의 가장 큰 창의성에 접근할 수 있었습니다." 헬렌 팔머는 그녀의 책 『에니어그램』에서 "화산 위에서 춤을 추는 것은 그들 자신의 존재의 진부함에서 벗어난다"고 암시했다. 종종 그들은 독립에 대한 강한 욕구를 가지고 있고, 감정적인 삶에서 그들의 애인은 유혹되고, 거절되고, 다시 회복될 수 있다.

역설

계속해서 위험한 상황을 만들어 내는 것은 나의 강렬함의 욕구를 더 크게 만들 뿐이다.

메타포 ― 무모한 사람Reckless Person

물질적인 안정을 얻고 싶어하는 것과 이로부터 완전히 분리되길 바라는 것 사이의 긴장이 있다. 그들은 생존 본능이 촉발될 때마다 매번 가능한 가장 큰 위험을 감수하는 것이다. 그들의 창의적인 감각을 확대하기 위해 대담하게 행동하는 것이다.

4유형의 경고신호

- 빠진 것에 지나치게 집중
- 과도한 자기 참조
- 지나친 강렬함의 욕구
- 다름에 대한 과도한 관심과 욕구

자기보존 하위유형의 경고신호

- 안전에 과도한 집중
- 직장에서 너무 많은 시간을 보냄
- 물질적 안녕에 과하게 집중
- 저녁에 집에서 하는 일이 너무 많음

자기보존 4유형의 관점 – 패트릭PATRICK

나의 유형에 대해 내가 좋아하는 점

4유형은 종종 "비극적인 낭만주의자"라고 불리는데, 내가 처음 그것을 접했을 때 나는 이 명칭을 좋아하지 않았지만, 결국 그것은 꽤 적절해 보인다는 것을 인정할 수밖에 없었다. 내가 개인적 개발을 위해 에니어그램을 사용하기 시작했을 때, 일단 내 자동화된 행동과 내가 다소 한심하다고 생각하는 것들로부터 약간의 거리를 두게 되었을 때, 나는 판단이나 두려움 없이 그것들을 볼 수 있는 수준에 이르렀다. 매일 화려하고 깊고 어두운 상상 속으로 떠돌아다닐 때, 나는 그것들을 적게 탐닉하려고 노력하는 것뿐만 아니라 내 자신을 덜 힘들게 보려고 노력한다. 그리고 그것은 효과가 있다! 그렇다. 물론 왕자는 잠든 공주의 이마에 키스할 준비가 아직 덜 되어 있지만, 나는 성 주변의 가시덤불을 헤집고 있다!

내가 이 행들을 적어 나갈 때 한 가지가 떠올랐다. 내가 다른 사람들과의 관계가 더 편안해지면 아마도 내가 덜 고립될까? 어쨌든 나는 나의 양극단 사이의 거리가 내 성격의 결정적인 측면의 하나이며, 내게 족쇄이자 장애물이었던 것이 소중한 도구가 될 수 있다는 것을 잊지 않으면서 양극단들을 더 가깝게 만드는 경향이 있다. 시기의 격정은 점점 더 역동적이고 덜 우울한 것으로 변해가고 있다. 이것은 더욱 심사숙고한 행동과 나를 만족시키고 고통과 불행의 악순환으로 이끌었던 나의 머릿속 공상의 감소로 이어졌다. 내가 내 유형에 대해 전반적으로 좋아하는 것은 내면의 깊이에 대한 이 훌륭한 능력, 때때로 내 자신의 중심에 있을 수 있다는 느낌이다. 그리고 역설적으로 들리지 않는다면, 이 느낌은 내 자신의 깊은 중심으로 가는 길을 계속 찾는 데 도움이 된다.

나의 하위유형에 대해 내가 좋아하는 점

나는 내 하위유형을 내가 좋아하는 장소 및 경향으로 경험한다. 나는 그것이 주는 안정감과 편안함을 좋아한다. 나는 생존에 관한 대부분의 분야에서, 특히 음식과 요리에 특별한 재능이 있다고 느낀다. 나의 하위유형은 내 감각에서 얻을 수 있는 즐거움을 강조한다고 생각한다. 나는 촉각이 굉장히 예민해서 경락을 이용한 보디워크 요법인 지압에 대해 공부했는데, 누군가의 몸과의 접촉이 나에게 매우 소중하다고 느낀다. 음악에 있어서는, 나는 음악이 한 장소에서 분위기를 만드는 데에 도움이 되는 점을 좋아한다. 나는 요리를 좋아하고 접시를 준비할 때 경험하는 맛과 색, 질감을 즐긴다. 나는 소수의 친구들과 함께 식사를 나누는 것을 사랑하고 편안한 장소를 만들어 내기 위해 세심하게 신경 쓴다.

나를 안심시키는 모성애의 포옹 에너지로서 물질 세계에 다가가는 자기보존 하위유형을 경험한다. 나는 철학적인 상념에 빠져드는 경향이 있기 때문에 이러한 구체성은 일종의 앵커 포인트와 같다. 나의 하위유형은 내가 날아가버리는 것을 막는다. 그것은 나를 물질적인 세계의 제약과 필연적인 제한 없이 연결시켜준다. 그것은 내가 뿌리를 내리고, 내가 경험하던 망상 세계가 아닌 지금 여기에서 위대한 영적 비행을 할 수 있게 해준다. 나에게 있어서 나의 하위유형은 일종의 매트릭스이고, 내 자신을 발전시킬 수 있는 도가니이며, 내 내면 작업에 마음껏 힘쓸 수 있는 곳이다.

나의 유형과 하위유형의 조합에 대해 내가 좋아하는 점

나의 개인적인 발전에 관한 한, 나에게는 이 조합이 가능한 최고의 조합인 것 같다. 나의 유형은 나를 광활한 공간에 개방하고 하위유형은 다시 중심을 잡도록 도와준다. 그 둘의 조합은 나에게 힘과 일관성을 준다. 나의 4유형에 대한 이해만으로 내 성격의 극단을 어떻게 관리할 수 있었는지 알 수 없다. 예를 들어, 과거의 나는 프랑스의 아주 좋은 직장에 사표를 내고 거주지를 포기하며 외국으로 나갔는데 내가 믿고 있던 계약이 더 이상 불가능하다는 것을 알게 된 것과 같은 온갖 종류의 엄청난 상황에 스스로를 처하게 만들었다. 이것이 **용감무쌍**한가? 어쨌든 요즘 나는 나의 유형과 하위유형에 대한 이해 덕분에 보다 4유형에게 인색하지 않은 덜 불확실한 인생의 길에 있다고 느낀다!

참고 영화 — 아웃 오브 아프리카Out Of Africa

이 영화는 20세기 초 캐냐를 배경으로 하고 있다. 이것은 대부분의 사람들과 같은 방식으로 아무것도 하지 않는 덴마크 여성 카렌 브릭센(메릴 스트립 분)의 삶을 기반으로 하고 있다. 그녀는 혼자 아프리카에서 농장을 세우고 일구었다. 이를 상상해보라! 이 영화는 그녀가 착수한 여러 결단력 있고 대담한 프로젝트들을 보여준다. "이 고도에서 아무도 커피를 심어본 적이 없다고? 내가 하면 되겠네!" 라고 말하며 전쟁 중에 보호 없이 적진을 넘어 아무런 지원도 없이 아이들을 위한 학교를 만들었다. 그녀의 자기보존적인 면은 그녀가 외국인들 간의 일상적인 사회적 의무를 회피하고 그녀의 농장으로 피신하는 방식으로 나타난다.

잘생긴 남성(로버트 레드포드)이 지나가면서 러브 스토리가 탄생한다. 심지어 목가적인 이야기에도 자기보존적인 면이 있다. 열기, 복잡함, 말 몇 마디, 긴 눈맞춤, 서로를 스치는 손가락들. 사랑에 빠진 자기보존 하위유형은 말이 많지 않다! 이것은 당신이 일대일 유형에게 기대하는 것보다 전부 훨씬 더 냉철하다. 이 러브 스토리는 로버트 레드포드의 캐릭터가 헌신과 안정을 꺼리는 특성의 7유형이라는 사실로 인해 보다 더 강렬해진다. 이 스토리는 일련의 이별과 재회를 중심으로 전개되는데, 메릴 스트립의 자기보존 하위유형이 그녀가 사랑하는 사람에게 정착하여 농장에 안착하도록 이끌기 전까지 7유형은 이리저리 돌아다니고 4유형은 집에 머무른다. 로버트 레드포드는 이것을 조롱한다. 그가 사랑해 마지않는 자유가 위협받은 것이다. 그리고 나서 결정적인 순간이 찾아온다. 어느 날 저녁 벽난로 옆에서 그는 그의 셔츠에 단추를 꿰매고 있는 그녀를 붙잡는다. 자기보존 하위유형에겐 평범해 보이는 이 행동이 다른 차원으로 받아들여진 것이다. 7유형은 이 행동을 그녀가 그의 자유를 존중하지 않으며 그에게 발톱을 박으려는 증거로 보았다. 그리고 그 즉시 관계는 끝이 난다. 다른 자기보존적 측면은 영화보다 책에서 더 잘 묘사되어 있다. 농사에 사용되는 엄청난 에너지, 장시간의 고된 노동, 피로, 질병, 재정적인 걱정, 불안과 불안정함 말이다.

영화의 마지막에 그 농장은 화재로 파괴된다. "보험은 비관론자들을 위한 것이다." 완전히 끝이 난 것이다. 메릴 스트립은 그녀를 위해 일하던 원주민들의 운명을 염려한다. 그들이 보살핌을 받고 살아갈 수 있는 곳을 찾을 수 있도록 보장하기 위해 그녀는 새로운 주지사의 도착을 환영하는 칵테일 파티에서 그를 찾아가 무릎을 꿇는다. 사회적 하위유형으로서 그는 그녀를 밀어낼 수 있는 외교적 방법을 찾으려 하지만 메릴 스트립은 꿈쩍도 하지 않는다. 그녀의 결단력이 사회적 관습에 굴하지 않고 무릎을 꿇게 한 것이다. 이것은 주지사의 아내가 남편의 이름으로 이전 고용자들의 미래를 보장해줄 때까지 군중들에게 놀라움과 큰 부끄러움을 안겨준다. 이 유형의 독립적이고도 개인주의적인 면은 그녀가 비행기 사고로 사망한 그녀의 연인을 묻어줄 때도 다시 볼 수 있다. 그녀가 혼자이며 어느 누구와도 진심으로 가깝지 않았다는 것을 느낄 수 있다.

> - 4유형의 몰입: 의미, 강렬함, 진실함의 추구
> - 일대일 하위유형의 몰입: 파트너에게 집중
>   = 경쟁/증오

두 에너지 라인이 여기서 합쳐진다. 4유형의 인정의 욕구와 일대일 하위유형의 친밀한 관계를 맺는 능력이다. 4유형의 평범함을 벗어나고 싶어하는 열망이 일대일 하위유형의 관계의 강렬함을 경험하고 싶어하는 욕구와 합쳐진다. 일대일 4유형은 "매력 제곱"에 관한 것이다. 여기서 우리는 전부이거나 아무것도 아닌, 열정적이면서도 쉽게 빠져드는 성격을 다루고 있다. 그들은 다른 사람과의 경쟁을 통해 자기 가치감을 높이고, 다른 삶들과 자신을 비교함으로써 자존감을 형성한다.

경쟁은 그들이 빠진 것에 대한 감각을 잊게 만든다. 그들의 결단력은 산도 옮길 수 있다. "당신은 그저 내가 뭘 하는지 지켜만 봐!" 톰 콘돈Tom Condon은 그의 책 『다이나믹 에니어그램The Dynamic Enneagram』에서 "경쟁은 두 가지 방식으로 표현될 수 있다: "사람들이 나를 높이 평가할 때 나의 가치는 올라간다." 또는 라이벌 관계에서 "당신이 추락함에 따라 나의 가치는 올라간다"라고 말한다. 그들은 친구들과는 거의 경쟁하지 않지만, 만약 당신이 그들의 직업상의 또는 감정적 라이벌이 된다면 당신에게는 재앙이 될 것이다. 그들은 자신들이 최고라는 것을 증명해야만 한다. 감정적인 관계에서 만약 그들의 "유혹"이 성공한다면 그들은 자신들의 연인과 자신의 가치가 동등하거나 자신이 더 우월한 위치에 있는 것을 의미한다고 생각한다. 그들은 여러분의 삶의 중심적인 사람이 되기를 원하며, 또한 관계를 끊는 첫 번째 사람이 될 수 있다. "먼저 관계를 깨는 사람이 됨으로써 나는 상대방의 가치를 깎아 내리고 그들이 나를 버릴 가능성을 피하는 것이다." 이 유형의 장점은 그들의 투지이다. "경쟁이 나를 자극한다."

역설

나를 다른 사람과 비교하는 것은 안정적이고 지속적인 자신감을 위한 확고한 근거를 제공해주지 못한다.

메타포 — 드라마의 남자 주인공/여자 주인공King/Queen

다른 사람들과의 경쟁은 개인적인 결핍감을 감추기 위해 사용되며, 그 것은 그들 자신을 능가하기 위한 추진력을 만들어낸다. 다른 사람의 자질 들은 개인적인 도전으로 간주되고 일반적으로 강한 반응을 유발한다. 그 들 자신의 자질에 그들이 부여하는 가치는 다른 사람들과 비교하며 올라 가거나 내려가는 경향이 있다.

4유형의 경고신호

- 빠진 것에 지나치게 집중
- 과도한 자기 참조
- 지나친 강렬함의 욕구
- 다름에 대한 과도한 관심과 욕구

일대일 하위유형의 경고신호

- 자신이 강렬하고 열정적인 사람이라는 것을 증명하고 싶어하는 것 에 초점
- 파트너에게 너무 많은 집중: 그들이 무엇을 하는지, 어디에 있는지, 누구를 만나는지
- 자신의 행동에 지나친 집중 — 넓은 시야의 부족
- 자신의 목표와 파트너의 다른 것에 대한 관심 사이의 경쟁

일대일 하위유형의 관점 – 클레어CLAIRE

내가 나의 유형에 대해 좋아하는 점

나의 유형을 알게 되면서 내가 정말 좋아했던 것은 내가 가진 거대한 내면의 자유를 깨닫는 것이었다. 나는 내가 될 수 있는 능력을 사랑하고, 그것을 두려워하거나 그렇지 않기를 바라며, 점점 더 진정한 나를 탐구하는 것을 사랑한다. 또한 평범함에 대한 나의 거부와 남들과 다르다는 것을 자주 느끼는 것이 나의 일부이며 에너지의 원천이 될 수 있다는 것을 깨닫는 것도 좋았다. 내가 이것을 발견했을 때, 나는 때때로 의도적으로 다른 사람들과 다르게 행동했던 유일한 이유는 주목받을 필요성 때문이라는 믿음에서 벗어날 수 있었다. 또한 나는 종종 다른 감정들에 압도당했고 그것들을 더 평화롭게 경험하기 위해 그것들로부터 한 발짝 물러설 수 있다는 것을 깨닫게 되었다.

나의 유형을 찾는 것은 또한 특히 내 예술적인 면을 표현하는 것에 대한 어떤 억제로부터 나 자신을 해방시킬 수 있는 수단을 제공했고, 나에게 더 많은 자신감을 주었다. 내게 있어, 4유형에 속하는 것은 당당하게 자유로워지는 것에 관한 것이다. 그 무엇보다도 당당하게 나 자신이 되는 것이다. 예전에 내게 빈 공간으로 보이던 것들이 이제는 선물로 보인다. 직감, 공감적 듣기, 말로 표현할 수 없는 이해, 깊은 지식에 대한 욕망과 탐구 — 나는 이 모든 것들이 나에게 진정한 풍요의 원천이라고 생각한다.

그리고 마지막으로, 나는 4유형이라서 행복하다. 왜냐하면 나는 당신이 어떤 책에서 찾을 수 있는 캐리커처들과 같이 이 유형을 경험하지 않기 때문이다. 항상 우울증에 시달리며 비현실적인 낭만주의자이자 언제나 과한 반응과 감정을 주체하지 못하는 시기심 많고 만족하지 못하는 사람 말이다! 이러한 유형의 특성을 발견하고 받아들인 사람들은 자신의 과잉성을 길들이기 위한 조치를 취했고, 더 이상 그들(다른 사람들 또한!)을 고통스럽게 하지 않도록 자신의 내면을 표현하는 신중한 방식을 발전시켰다고 생각한다.

　나는 마침내 나의 예민함을 받아들이게 되었고, 요즘에는 심지어 긍정적인 감정에 휩싸이게 둘 수 있고, 나의 이성을 이용해서 부정적인 감정들 사이에 거리를 둘 수 있다. 나는 또한 타고난 자신의 자질을 최대한 활용하면서 내 민감성과 직관을 다른 사람들을 위해 사용하려고 노력한다. 내가 하는 모든 일이나 경험에 높은 기준을 설정하고 일상적이거나 진부한 것에 대한 건전한 불만을 품는 것이다. 나는 반대되는 것을 중요시한다. 나는 깊이를 중요시하고 다른 사람들과의 진정한 접촉의 순간을 추구하고 이를 통해 그들이 최대한 많은 것을 얻을 수 있도록 돕는다. 예를 들어, 나는 일자리를 찾고 있거나 인생의 다른 불확실한 위치에 있는 사람들에게 지원을 제공하는 자선단체에서 자원봉사를 한다. 이 활동에 참여하면서 나는 어려운 상황에 처한 사람들에게 나의 경청하는 능력과 공감해주는 능력을 알게 되었다. 나는 도망치지 않고 고통을 받는 것에 대해 잘 듣고 그들이 겪고 있는 모든 것을 매우 강하게 느끼기 때문에 그들의 고통 속에서 그들과 함께 할 수 있다. 만약 그들이 하는 모든 말이 내게 가끔 벅차다는 것을 알 때, 요즘 이 모든 강렬한 감정에도 불구하고 내가 굳건히 버틸 수 있다는 것을 알게 되었다. 내가 재발견한 안정성은 다른 사람의 고통을 계속 듣고 경험할 수 있는 능력을 주었다. 내 생각에 타인의 고통에 열려 있는 이 능력이 4유형의 특징이라고 생각한다.

내가 나의 하위유형에 대해 좋아하는 점

　나는 함께 있는 사람에게 내가 줄 수 있는 모든 중요성과 공간, 일대일 만남에서 얻을 수 있는 사람들의 이야기를 듣고 함께 시간을 보내는 즐거움을 사랑한다. 이러한 순간들은 나와 상대방만이 함께하는 진정한 강렬한 순간이라고 느낀다.

- 그들은 그들과 함께하는 사람에게 좋은데, 때때로 들어줄 줄 알고 당신과 시간을 함께 보낼 수 있는 사람이 있다는 것이 좋기 때

문이다. 그들에게 그것은 안심이 된다. 그것은 그들에게 에너지와 자존감을 되찾아준다.

- 그들은 나에게 좋은데, 왜냐하면 모든 사람들은 독특하고 많은 사람들이 매력적이고, 재미있고, 다양한 면들로 가득 차 있기 대문이다. 이러한 성격들을 더 깊이 알게 되는 것은 매우 즐겁다.

나는 대화가 나를 상쾌하게 하는 에너지의 우물 같은 것일 때, 그 만남이 진정한 친밀함과 신뢰의 느낌으로 이어졌을 때, 그 모든 훌륭한 순간들에 대한 애틋한 기억이 있다. 그런 경험을 한 후, 나는 상대방과 만남과 그들이 말한 것, 그들이 나와 자신을 위해 열어준 문들, 그리고 그들이 내게 맡기는 신뢰로 인해 완전하고, 강하며, 풍요로워진다고 느낀다. 나는 그런 만남 없이 어떻게 살 수 있는지, 아니면 그런 사람들을 계속 찾는 것을 어떻게 멈출 수 있는지 상상이 안 간다.

내가 나의 유형과 하위유형의 조합에 대해 좋아하는 점

이것은 말하기가 더 어려운데, 나는 종종 이런 놀라운 만남들을 갖고, 그런 강렬함과 깊이로 그것들을 경험하는 것은 나 혼자라는 환상을 갖기 때문이다. 이 인상은 진짜인가 아니면 애틋한 환상인가? 나는 모르겠다. 나는 모든 사람이 다른 사람들과 특별한 일, 특별한 만남, 은혜의 순간들을 경험한다고 생각하는 것이 더 좋다. 어떤 상황이라도 나는 가장 사랑받고, 가장 주목받거나, 군중 속에서 두드러지는 사람이 되기를 원하는 나의 오래된 결점인 경쟁심을 넘어서 그것을 나 자신과 다른 사람들이 진짜가 되길 바라는 것으로 변환시키려고 노력하고 있다. 나의 목적은 더 이상 나 자신과 남들을 비교하는 것으로 살아가는 것이 아닌, 스스로를 사랑하고 받아들이며 살아가는 것이다.

참고 영화 — 아라비아의 로렌스 Lawrence of Arabia

일대일 4유형을 묘사하기 위한 이 영화의 선택은 두 가지 점에서 놀라워 보일 수 있다. 첫째는 여기에 생존에 대한 주제가 꽤 많다는 것이고 당신은 이것을 용감한 자기보존 4유형의 증거로 볼 수 있다. 그러나 나는 이를 일대일 4유형의 열정적인 환희로 보려 한다. 두 번째로 놀라운 점은 이 이야기가 남자와 여자 간의 사랑이야기가 아니라, 한 남자와 그의 소명 간의 사랑이야기란 사실이다. 분명히 할 것은 일대일 하위유형이 만들어 낼 수 있는 강렬함은 그들을 매료하는 어떤 친근한 것에도 초점 맞춰질 수 있다. 사랑하는 사람일수도 있지만 일이나 독서, 혹은 예술적인 작품 말이다.

이 장면의 배경은 1915년 카이로이다. 그 시기에 아랍 반도에는 서양인들이 모든 면에서 후진적이라고 여기던 유목 민족들이 거주하고 있었다. 그러나 터키와의 전쟁에서 이 지역은 전략적으로 중요하게 되었다. 로렌스 중위는 영국의 장교였지만 전형적인 군인이 아니었다. 그는 개인주의자이자 반 권위주의자였다. 그는 경례하는 법을 몰랐으나 신경 쓰지 않았다. 테미스토클레스와 동양어에 미쳐 있는 그는 군인 사회에서 길을 잃은 시인 같이 보인다. 그는 감정의 높고 낮음과 철학적인 사색의 시간에 매여 있다.

어느 날, 로렌스는 가장 큰 부족인 파이살 왕에게 가는 임무를 맡게 되는데, 그의 목적은 파이살의 의도를 알아내고 보고하는 것이다. 첫 번째 대면에서 파이살은 로렌스의 평범하지 않은 점을 몹시 마음에 들어 한다. 그의 나라를 설명해주기를 요청했을 때 로렌스는 영국과 그 관습에 대해 칭찬하지 않고 "하지만 나는 그들과 같은 사람이 아니다"라는 말로 끝을 맺는다. 사실 로렌스는 자신을 주시하는 그의 상관의 충고에 반하여, 스스로 그의 마음에서 우러나온 감정에 자신을 허락하여 파이살이 그에게 묻는 모든 질문에 감히 개인적인 의견으로 대답한다. 그는 심지어 아랍인들을 부조리하고 야만적이며 잔인하고 탐욕스러운 사람들로 묘사하기까지 한다. 그러나 파이살은 일반적이고 건조한 외교적인 대화방식과는 너무도 다른 그의 진정성에 감동을 받는다. 영화 속에는 로렌스와 다른 인물 간의 일대일 대화가 많이 등장한다. 이 모든 것은 우리에게 일대일의 특징, 강렬한 눈길, 감정 그리고 몸짓 등을 보여준다. 두 사람이 대화하는 모습이 자주 풍경 속에서 촬영되었는데 이는 이들 사이에 긴밀한 관계를 그리기 위함이다. 아무리 많은 사람들이 방에 있든, 또는 그들 주변에 얼마나 많은 소음이 있든 간에 그들 사이의 관계 외에는 다른 것은 존재하지 않는다.

진정성에 대한 질문은 영화에서 무수히 등장한다. 사막에서 그의 가이드가 무언가를 마시기 전까지는 사막에서 한 방울도 마시지 않는 것이다. 그의 낙타에서 떨어진 유목민을 찾기 위해 하루 중 가장 더울 때 되돌아가며 그의 목숨을 거는 것이다. 이건 자신의 행동이 현재의 감정과 일치하는 것이며, 그게 무엇이든 다른 4유형의 특징이 튀어나오는데, 로렌스의 행동은 그가 특별하며, 다르며, 남다르다는 것을 보여준다. "네푸드 사막을 건넌 사람이 없다고? 내가 하지!" 더 대단한 것은 그가 터무니없게도 사막을 나와 아카바 항구를 후미로부터 공격하기 위해 그 누구도 가능하다 여기지 않았고 부족들조차 고려해보지 않았던 여러 부족을 연합할 생각을 한다는 것이다. 영국 장교로서 그는 파이살에게 그가 "메카의 파이살을 섬긴다"라고 말할 수 있었다. 왕은 대답한다. "네가 진정으로 섬기는 사람은 누구인가?" 솔직히 말하자면, 로렌스는 그의 마음을 따른다.

이 열정적인 남자는 사막과 사랑에 빠지며 영국보다 아라비아에 더 신실한 것으로 보인다. 그러나 그가 그리도 존경하는 아랍의 문화와는 대조되게, 그는 모든 것이 이미 쓰여 있으며 결정되었다는 것을 믿기를 거부한다. 그는 아무것도 쓰여 있지 않다고 믿기로 결심한다. 그리고 모든 사람들이 자신들만의 이야기를 쓸 수 있다고 말이다. 영화의 마지막에 영웅은 그의 꿈을 실현시킨다. 아랍 반도의 부족들은 같은 목표를 가지고 연합한다. 그 후 그는 정치적 진보를 맡을 사회적 하위유형인 사람에게 길을 내어주며 뒤로 물러난다. 이 이야기를 하위유형적인 용어로 요약하자면, 일대일 유형이 자기보존 유형의 부족이 스스로 사회적으로 조직될 수 있도록 자신의 에너지를 준 것이다.

사회적 4유형

> • 4유형의 몰입: 의미, 강렬함, 진실함의 추구
> • 사회적 하위유형의 몰입: 친구, 연합과 모임에 집중
>   = 수치심

　사회적 4유형에게 있어서, 시기는 타인의 사회적 지위 혹은 4유형이 소외되었다고 느껴지는 자신이 속한 집단을 향한다. ― 그것은 상위 계급의 사람을 이상화하는 경향이 있으며, 사회에서 승진을 하는 강력한 동기부여로 이어진다. "나는 그들의 존경과 감탄을 얻을 수 있는 자질을 가지고 있다고 생각하지 않는다. 나는 그들과 다르다고 느끼고 그들의 수준에 도달할 만한 포부를 가질 수 있다고 느끼지 않는다. 나는 스스로를 그들과 비교할 때 부끄럽다. 나의 삶에 있었던 과거의 경험들이 부담이 되어 그들이 이것을 알아내면 모임에서 제외될 것 같다. 나는 거절당하는 것이 두렵기 때문에 스스로를 매력적이고 색다르며 비범하게 만들기 위해 최선을 다한다. 나는 다른 사람들이 나에 대해 어떻게 생각하는 지에 대해 매우 민감해졌다. 만약 누군가 나를 어떤 것에 대해 거절을 한다면, 이건 마치 인간으로서의 내 자신이 거절당한 것과 같다. 그리고 나한테는 수치심의 감정이 밀려들어온다."

　여기서 우리는 그들의 치명적인 결함이 발견되면 거절당할 것이라는 공포와 같은 엄청난 민감성을 볼 수 있다. 종종 그들의 이미지는 이것으로부터 자신을 보호하는 데에 사용된다. 엘리트 클럽의 일원이 되고, 매력적이 되고 다른 멤버들과 차별되는 것 말이다. 이 하위유형의 두 에너지의 선은 때때로 모순된다. 4유형의 달라지고 싶은 열망은 사회적 하위유형의 충분히 훌륭하고 집단 규범에 수용되기를 바라는 사회적 욕망과 부딪힌다. 이런 점에서 사회적 4유형은 1유형처럼 보일 수도 있다. 매우

올바르고 형식적으로 행동하는 것은 그들의 부적절한 느낌을 보상하는 방식인 것이다.

역설

개인의 진정성에 대한 탐구와 그룹의 일원이 되고자 하는 나의 욕구를 어떻게 조화시킬 수 있을까?

메타포(2) — 비판적 논평가 Critical Commentator

이러한 무능감은 대부분 사회적 상황에서 발생한다. 사회적 4유형은 자주 "그룹의 감정적 진실을 지키는 사람"의 역할을 맡는다.

4유형의 경고신호

- 빠진 것에 지나치게 집중
- 과도한 자기 참조
- 지나친 강렬함의 욕구
- 다름에 대한 과도한 관심과 욕구

사회적 하위유형의 경고신호

- 과도한 인정의 욕구
- 사회적 관계의 유지를 위한 과도한 시간의 소비
- 너무 많은 클럽의 멤버가 되는 것
- 그들이 지지하는 명분에 과도하게 헌신

사회적 4유형의 관점 – 발레리 VALERIE

내가 나의 유형에 대해 좋아하는 점

나 자신인 것과 내가 행하는 모든 것의 진정성을 향한 나의 욕구이다. 나는 내 자신을 다른 사람들에게 보여주는 방식에서 전적으로 솔직하고 정직하다. 나는 사람들이 좋아하든 싫어하든 있는 그대로의 나를 보여준다. 나는 내 생각을 말하거나 (비록 시간이 지나면서 더 외교적으로 말하는 법을 배웠지만) 침묵을 지킨다. 나는 거짓말을 하는 것이 정말 어렵다고 생각한다. 나는 사람들이 당신을 당신이 아닌 다른 사람이라고 믿게 만드는 것의 요점을 이해할 수 없다. 나는 내 자신에게 조만간 내가 발각될 것이고 그것이 관계의 시작을 나쁘게 할 것이라고 스스로에게 말한다. 나는 왜 누군가가 현실을 위장해야 하는지 이해할 수 없다. 그것은 있는 그대로 충분히 복잡하다.

나는 내 감정의 강렬함을 사랑한다. 나는 모든 것을 완전히 경험하고 이 완벽함을 다른 사람들에게 전달하려고 노력한다. 나는 항상 강렬하게 말하고 행동한다. 나는 일을 어떻게 단순하게 하는지 모른다. 심지어 그것들이 단순할 때도 나는 항상 강렬하게 말할 것이다. 예를 들어 내가 사무실에서 일할 때, 가족, 직장, 감정적인 관계, 혹은 거리에서 일어난 일 등 흥미로운 이야기를 하지 않고 지나는 하루가 없다. 내가 인생을 충만함으로 살고 있다는 느낌이 들지 않는 한 인생에는 아무런 흥미가 없다. 그것이 아마도 내가 여행을 많이 가는 이유일 것이다. 나의 또 다른 측면은 독창적이고 창의적인 것을 좋아한다는 것이다. 뭐든 평범함에서 벗어난 것들이다.

나는 나의 경청 능력을 사랑한다. 사람들이 항상 내게 말하기를 나는 상대방의 입장에 서서 판단하지 않고 정말 내 입장을 바꿀 수 있기 때문에 듣는 뛰어난 재능이 있다고 한다. 나는 다른 사람들이 오랜 연륜을 쌓았을 때 그들의 삶에 가장 관심이 있다. 나는 다른 사람들이 느끼는 것을 느낄 수 있고 그들의 독특함을 이해할 수 있다. 나는 그들을 판단하지 않는다. 그들은 그들일 뿐이다. 나는 그들의 모든 것을 좋아하지 않지만, 그것은 중요하지 않다. 내가 흥미를 느끼는 것은 인간이 어떻게 움직이는가 하는 것이다. 나는 다른 사람들뿐만 아니라 나와 어떤 것이든 다른 것에 호기심이 있다.

내가 나의 하위 유형에 대해 좋아하는 점

나의 적응하는 능력이다. 나는 어떤 사회적 환경에서도 활동할 수 있다. 나는 완전히 다른 직업 세계의 운영 방식을 받아들일 수 있다. 또한 다른 사람들의 문제에 대한 설명과 해결책을 찾기 위해 노력하는 내 능력이 정말 좋다. 내 일에서 다루기 힘든 상황에 직면하는 것을 좋아하곤 했다. 그런 일이 일어날 때 사람들은 항상 나를 찾았다. 그것은 매우 큰 스트레스이지만 해결책을 찾는 것은 항상 가장 흥분되는 일이다. 그것은 내 친구들도 마찬가지이다. 사람들은 종종 누군가 어려운 선택을 하거나 갈등 상황을 겪고 있을 때 내 의견을 듣기 위해 내게 전화를 한다. 나는 객관적으로 상황을 분석하고 그들이 시도할 수 있는 해결책을 제안하려고 노력한다. 나의 이 활동적이고 역동적인 면은 내가 살아있다고 느끼게 한다. 이게 작동하고 있을 때 내 마음의 상태는 알아차리지 못하게 된다.

나는 나의 재미있고 유쾌한 면을 사랑한다. 내가 컨디션이 좋고 편안할 때, 나는 나의 별난 말이나 특이한 관점으로 인해 그룹 내에서 좋은 분위기를 만들 수 있는 사람이다. 나는 축하 행사를 좋아하고 모두가 즐거운 시간을 보내기를 원한다. 나는 사람들이 둘러앉아 다른 사람들과 함께 삶의 좋은 점들을 나누는 것을 좋아한다. 춤, 식사, 좋은 와인, 콘서트, 발레…

나는 나의 사교적인 면을 좋아한다. 나는 항상 새로운 사람들을 만나고, 다른 문화를 경험하고, 다른 세계의 많은 친구들에게 둘러싸여 있기를 바란다. 나는 강한 관심사를 가진 사람들에 둘러싸여 그들과 공유하는 것을 좋아한다. 나는 그들을 따라서 시골 산책이나 박물관에 가거나 갤러리에서 새로운 예술가를 발견하는 것을 좋아한다.

나는 큰 명분을 가지고 싸우는 것을 사랑한다. 유니세프의 자원봉사자가 되는 것, 인류의 복지를 향상시키기 위한 연구에 참여하는 것, 직장에서 팀워크를 향상시키기 위하여 모임에 속하는 것이다. 나 자신과 다른 사람들의 복지를 향상시키기 위해 노력하는 것은 나의 삶의 모든 부분에서 중요하다.

내가 나의 유형과 하위유형의 조합에 대해 좋아하는 점

아시다시피 내가 나의 유형만 알았을 때, 나는 이 발견을 가지고 어떻게 해야 할지 몰랐다. 요즘 내가 힘든 시기를 겪고 있을 때 나를 반응하게 하는 것은 하위유형이다. 만약 내가 사회적 행동을 취한다면 나는 우울함에서 벗어날 수 있다. 그것은 나의 보다 작은 부분은 잊도록 도와준다. 경청하는 재능에 관해서도 마찬가지이다. 다른 사람들의 말을 듣고 그들이 자신의 문제에 대한 해결책을 찾도록 도울 때, 나는 내 자신의 문제를 제쳐 둘 수 있다. 그리고 내가 사회적인 일에 관여되어 있을 때도 마찬가지이다. 그것은 내가 존재하며, 내가 뭔가에 쓸모 있다는 느낌을 준다. 그것은 내가 다르다는 사실과 내가 인정받고 이해되거나 듣지 못할 때 느끼는 **수치심**에 정당성을 부여한다. 내가 다른 사람들을 위해 무언가를 할 때, 나는 내가 부족하다는 것을 잊는다. 나는 내가 있는 그대로인 것에 대해 죄책감을 덜 느낀다. 나는 아주 안 좋은 상황에서도 여전히 내 안에 뭔가 좋고 유용한 것이 있다고 스스로에게 말한다.

참고 영화 — 선악의 정원 Midnight in the Garden of Good and Evil, 1997

뉴욕의 젊은 저널리스트인 존 켈소는 부유한 미술 수집가 짐 윌리엄스에 의해 열리는 유명한 연례 크리스마스 파티를 취재하기 위해 조지아 주 사바나로 보내진다. 하지만 그 축제는 짐이 그의 파트너이자 비열한 제비족인 지미 핸슨을 살해한 혐의로 체포되었다는 걸 들었을 때 막 시작되었을 뿐이었다. 존은 엄청난 규모의 사회적 스캔들을 의심해 법정 소송을 다루기 위해 남기로 결심한다. 그는 이 복잡하고 충격적인 이야기의 진실을 바닥까지 파헤치려 노력하며 지역 사람들을 알아가게 된다.

영화의 배경에 이미 일종의 4유형의 분위기가 있다. 우리는 "바람과 함께 사라지다"의 조지아를 연상시키는 특이한 사람들이 구식 관습을 만나는 고온 다습한 로맨틱한 분위기의 사바나에 있다. 짐 윌리엄스는 4유형의 특징을 다수 가지고 있다. 그는 세련되고 휴 머서가 살았던 18세기의 집에서 살고 있다. 그는 그림을 복원하기도 하는 미술상이다. 그의 수집품은 인상적이지만, 그는 "그것은 수집품이 아니라 내가 사는 곳이다!"라고 말한다. 그곳은 시계, 페르시아 카벳, 파베르제 달걀 등 골동품으로 가득하다. 그들 중 일부는 이국적인 이야기를 가지고 있다. "그것은 유수포프가 라스푸틴을 죽이기 위해 사용한 단검이고, 저것은 나폴레옹의 대관식에서 사용된 마차에서 나온 것이다." 짐은 "사물을 더 아름답게 만드는 방법을 아는 안목을 가지고 있다"고 고백하고 "내 눈길을 끄는 귀족의 모든 장식들에 관심이 있다. 나는 아름다운 것들을 사랑한다"고 말한다. 존이 처음 그 집을 방문했을 때, 당신은 그의 컬렉션에서 특이한 물건들을 뽐내는 짐의 자부심을 느낄 수 있다.

짐 윌리엄스에게 중요한 것은 탁월함의 추구이다(흔히 잊히는 4유형의 특성. 이것은 1유형이 완벽을 추구하는 것과 비교될 수는 있지만 아주 다르다). 그는 신중하게 말을 고른다. 그는 시간을 들여 매 순간마다 무게를 주고 각각의 감정이 완전히 발달할 수 있도록 한다.

그는 각각의 순간에 무게가 실리고 각각의 감정이 충분히 싹틀 수 있도록 시간을 들인다. 나의 책 『에니어그램 발견하기Discovering Enneagram』에서 나는 다음과 같이 단언한다. "4유형의 무의식적인 동기는 독특하고, 삶의 강렬함을 추구하고, 그들의 깊은 감정을 전면에 내세우는 것이다." 짐 윌리엄스는 이러한 특징들을 가지고 있다. 만약 당신이 독특함을 원한다면, 그가 당신에게 맞는 사람일 것이다! 혹은 보다 정확하게, 그는 고의적으로 멀리 떨어져 있다.

짐의 세련된 연례 파티는 그 어느 오래된 파티가 아니다. 모든 사람들이 그곳에 있다. 상원의원, 지역명사……사회적 규범 또한 중요하다. "소개받은 적 있나?" "이건 절대로 올바른 행동이 아니다." "우리가 이 행사에 어떻게 반응해야 할까?" 마치 어떻게 행동해야 할 지 소개하는 지침서가 있고 가끔 모든 상황에 대한 답을 제시해주지 않는 것에 놀라워한다.

사회적 4유형의 핵심 단어는 **수치심**이다. 심리학적으로 4유형들이 자신을 그룹의 가장자리에 두려는 욕구는 그들의 결핍의 감정을 대하는 방식으로 보일 수 있다. 그들의 독특하고 싶은 욕구는 그들이 사회적 규범에서 벗어나 부끄러움을 느낄수록 커지며, 그들이 "다르기" 때문에 그룹으로부터 주목받는 형식을 취한다. 그러나 당신이 다르기로 한 스스로의 길을 택했기 때문에, 상황이 어려워졌을 때 이것은 당신의 위치를 더욱 힘들게 만든다. 어떤 나쁜 일이 생겼을 때, 사람들은 당신의 편을 들지 않고, 그들이 한때 선망했던 당신의 괴팍함에 대한 대가를 치르게 할 것이다.

여기에는 또 다른 흥미로운 면이 있다. "친구"의 개념이다. 사회적 하위유형은 흔히 그들이 아는 모든 사람들을 "친구"의 범주에 넣는다. 짐이 살해 혐의로 고발당했을 때 그는 그의 "친구들" 대부분이 사실은 그저 사회적 지인들이었다는 사실을 깨닫게 된다. "그들은 앞다퉈 나와 친구가 되기를 원했고, 나의 파티에 초대되기를 소망하고 염원했다. 그때 그들은 나에게 비판적이지 않았다!"

또 다른 사회적 요소가 여기서 작용된다. 소문과 뒷담화이다. "나는 소문이 사실로 전해지는 세상에 살기를 거부한다. 이 마을에서 나이든 여성들의 뒷담화가 마을을 흔들고 있다. 이 마을의 모든 정직한 사람들은 내가 여기 살고 있기 때문에 욕을 한다."

모든 에니어그램 4유형들이 흔히 책에서 묘사되는 것처럼 이색적이고 외향적인 것은 아니다. 나는 경험을 토대로 적어도 50%의 4유형들이 내향적이며, 짐처럼 꿈에서 감정적인 환상을 실현하는 내향적인 사람이라는 것을 알아챘다. 일부는 짐과 같이 탄탄하고 풍만한 체격을 가진 약간 현실과 동떨어진 말을 하는 겉으로만 친절한 유형이다. 두 번째로 전형적인 유형은 앙상하며 내향적이고, 반응이 빠르며 훨씬 더 민감한 방식으로 자신들을 표현하는 유형이다.

5유형의 세 가지 하위유형

상처

어린 시절 어느 날, 5유형의 아이들은 누군가가 그들의 사적인 공간에 불법적으로 침입한 것처럼 침범당하고 침략당했다고 느꼈다.

격정: 탐욕 Avarice

탐욕은 여기서 가장 넓은 의미로 이해될 필요가 있다. 그것은 5유형들이 다른 사람들과 시간을 보내고 그들의 감정을 경험할 때 어떻게 에너지를 비축하는지에 관한 것이다. 그들은 외부 세계와 분리되기 위해 가능한 한 적은 양의 에너지를 소비하고 분리하는 경향이 있다. "나는 내 자신에게 무언가를 주면 벌거벗겨진 기분이 들고 더 이상 아무 가치도 없다는 느낌이 들기 때문에 주저한다." 인간과의 접촉에는 일종의 반동이 있다. "나는 내 스스로의 삶을 살아가려고 노력한다. 그런 식으로, 아무도 나를 소유하지 못할 것이다. 나는 보답으로 무언가를 주어야 하는 것이 두려워서 관계가 두렵다. 그래서 나는 가능한 한 오랫동안 내 생각에 잠긴다. 마치 나의 반추를 통해 마지막 한 방울의 의미를 얻으려는 것처럼. 이것은 내가 다른 사람들에게 나를 열어 보일 필요가 없다는 것을 의미한다. 나는 마치 에너지 저장고인 땅콩을 더 잘 지키기 위해 접촉을 피해 도망 다니는 외로운 다람쥐처럼 집착없이 완전히 자유로워져야 한다."

"만약 내가 가진 얼마 안 되는 것을 유지하는 대가가 다른 사람들의 욕구 및 요구와 거리를 두는 일이라면, 그것이 내가 할 일이다." 당신은 당신 자신과 대화하는 사람 사이에 거리를 두어야 한다. 이런 점에서 5유형들은 모두 같은 말을 한다. "내가 다른 사람들과의 상호작용을 제한하려고 노력하는 것처럼, 나 또한 가능한 한 바깥 세상에 덜 의존하도록 욕구를 최소한으로 억제한다는 것이 이치에 맞다."

그러므로 여기에서는 세 가지 주요 주제가 있다. "다른 사람들에게 삼켜지는 것"에 대한 두려움, 그들의 지적 삶에 대한 강조, 그리고 자급자족에 대한 우려이다. 그들이 다른 사람들과 함께 있을 때, 5유형은 그들의 즉흥성과 필요를 억제한다. 그들이 외부 세계와 접촉할 때, 그들 내부에서 일어나고 있는 일에 대한 그들의 민감성은 차단된다. — 그것은 행동을 취하거나 자신을 표현할 필요로부터 그들 자신을 보호하는 방법이다. 따라서 외부에서는 무관심하고, 차갑거나, 무감각해 보일 수 있지만, 내부에서는 그들의 정신 기능이 최대한으로 작동되고 있다. 그들은 비록 그것이 행동을 나중으로 미루는 것을 의미할지라도, 지식을 이해하고 습득하려고 노력하는 것에 집중한다. "프로젝트의 관찰 단계는 실행 단계보다 훨씬 더 흥미롭다. 행동을 취하는 것은 자신을 드러내고 감정을 느낄 수 있는 위험을 감수하는 것을 의미한다."

선호하는 방어기제: 감정의 격리Isolation

이것은 관찰하기 위해 자신을 분리시키고, 너무 많은 느낌과 감정적 민감성으로부터 자신을 차단하고, 다른 사람들 및 주변 환경으로부터 자신을 멀리하는 것이다. — 이것은 다른 사람들이 당신에게 미치는 영향뿐만 아니라 당신 자신의 감정과 욕망에 영향을 줄인다. 감정의 격리는 자신의 감정을 느끼지 못하도록 자신을 격리하는 것이며, 5유형은 이를 달성하기 위해 여러 가지 방법을 사용한다. "나 자신을 격리하는 나의 본능은 빠르고 강력하게 작용한다. 이것은 질주하는 말의 속도와 힘으로 몽생미셸섬에서 들어오는 조수와 비교할 수 있다. 내가 후퇴하는 것은 이 조수의 썰물과 같이 강하다. 나의 정신력을 이용해서 모든 감각과 감정으로부터 내 자신을 차단했다. 나는 여전히 육체적으로는 그곳에 있지만, 나는 내가 나의 엄청난 감수성을 통제할 수 없을까 봐 내 자신을 단절시키기를 선호한다."

5유형이 관계에서 위협을 받는다고 느끼면, 그들은 정신적으로 벗어나려 하거나 완전히 떠나버린다. 격리는 다양한 형태를 취할 수 있다. 가장 고전적인 것은 그들 주위에 다른 것이 존재하지 않을 정도로 생각한 어떤 것을 선택하고 그것에 정신적으로 집중하는 것이다. "오늘 아침에 무슨 일이 있었지? 연구하느라 정신이 없어서 까맣게 잊고 있었네. 잠시만, 오늘 아침이 언제였지?" 격리의 두 번째 형태는 구획화이다. 어느 한 곳에 구멍이 뚫렸을 때 배가 침몰하는 것을 방지하기 위해 물샐틈없는 격벽이 있는 잠수함처럼, 5유형들은 외부의 보안벽이 뚫리면 완전히 물에 잠기는 것을 막기 위해, 경험, 친구, 직업생활, 사생활 등을 서로 떼어놓는다.

자기보존 5유형

- 5유형의 몰입: 침범으로부터 스스로를 보호, 자신의 욕구 억제, 학습
- 자기보존 하위유형의 몰입: 집, 안전 및 물질적 안정에 집중
  = 성

개인생활은 좋고 세상은 침해적이다. 그래서 5유형은 그들의 접촉과 물질적 소유를 모두 줄이는 경향이 있다. 심지어 작은 즐거움도 사치처럼 보인다. 자기보존 5유형은 에니어그램의 미니멀리스트이다. 그들은 아주 적은 것으로도 버틸 수 있다는 것에 자부심을 느낀다. 5유형의 생존은 그들이 스스로 물러나 있을 수 있는 사적인 공간을 갖는 것에 달려 있다. 그들이 피난처에서 혼자 시간을 보낼 때 그들은 배터리를 충전할 수 있다. 그들의 생존은 그들의 소유물보다 그들의 지식에 더 의존하기 때문에 금욕과 적은 것들로 행복해지는 진정한 기쁨이 있다. 왜냐하면 그것은 외부 세계에 대한 그들의 의존을 제한하기 때문이다. 절약은 자유와 동의어이며, 그것은 많은 재산을 소유하는 책임으로부터 자유로워지는 것을 의미한다.

자기보존 5유형을 통해 우리는 두꺼운 성벽의 보호 뒤에서 외부 세계가 돌아가는 것을 지켜보는 진정한 관찰자를 다루게 된다. 그들의 주된 몰입은 그들의 사적인 공간을 통제하는 것이다. "나를 위한 시간을 지키는 것과 나 자신을 위한 공간을 갖는 것, 이 두 가지는 산소를 호흡하는 것만큼 중요한 것이다." 또한 자기보존 5유형의 다른 전형인 "방랑자"가 있다. 그들은 어떤 고정된 주거지에서 떠나, 그들은 자신의 "집"을 그들의 배낭, 캠핑카 또는 그들의 배에 보관한다. 그들은 적은 것으로 행복해지는 것에 큰 기쁨을 찾고 또한 혼자 있을 때 그들의 감정을 더 잘 경험한다.

역설

나의 물질적 욕구를 최소한으로 줄인다고 해서 외부 세계에 의존하는 것을 막을 수 없다. 자기보존 5유형으로서 그것은 사실이다. 비록 내가 외부 세계로부터 나를 단절하고 싶어도 나는 언젠가 그것에 의존하게 될 것이다.

기업은 두 가지 개발 방법이 있다는 것을 알고 있다. 투자 또는 비용 절감이다. 항상 "비용 절감"을 선택하는 것은 해결책이 아니다. 언젠가는 결국 투자를 해야 할 것이다. 그리고 더 오래 미룰수록 더 큰 투자가 필요할 것이다.

메타포 — 은둔자Hermit

당신의 집 또는 피난처는 성의 요새와 같다. 그것은 당신이 안심하고 생각할 수 있고 배터리를 충전할 수 있도록 세상에서 물러나기 위한 장소이다. 그것은 당신과 외부 세계의 불협화음 사이에 두꺼운 벽을 두는 것이다.

5유형의 경고신호

- 자신이 이미 가지고 있는 것을 이용하기 바람
- 자신과 세상 사이의 지나친 거리
- 지적 세계로 과도한 후퇴
- 자신의 감정을 표현하지 않음

자기보존 하위유형의 경고신호

- 안전에 지나친 주의
- 직장에서 너무 많은 시간을 투자
- 물질적 안녕에 대한 과한 집중
- 저녁에 집에서 하는 일이 너무 많음

자기보존 5유형의 관점 — 다니엘DANIEL

나의 유형에 대해 내가 좋아하는 점

다른 사람들에게 신뢰할 수 있는 사람으로 인정받는 것, 당신이 믿을 수 있는 사람. 나는 정보나 조언으로 서비스를 제공하는 것을 좋아한다. 일이 어려워지면 내게 의지하라. 나의 차분하고 침착한 천성은 든든하다. 또한 나는 나의 지적 재능도 좋아한다. 나는 어떤 상황에서 물러설 수 있고, 그 상황에서 벗어나서 전체적인 시각을 얻는 방법을 알고 있다.

예를 들어 만약 우리가 프랑스의 중세에 대해 이야기하고 있다면, 내 마음은 즉시 내 기억 속을 파헤쳐 세계의 다른 지역의 이 시기에 대해 내가 알고 있는 모든 것을 훑을 것이다. 나는 중세를 구석기 시대와 20세기 사이의 연대표에서 올바른 위치에 놓겠다. 그리고 만약 당신이 어떤 시점에 일어났던 발견에 관심이 있다면, 나는 그것을 이전과 이후에 일어났던 다른 발견의 맥락에 놓겠다. 나는 내 자신을 정보의 산물이라고 여기지 않지만, 나는 모든 종류의 정보를 어디서 찾을 수 있는지 분류하고 아는 데 어떤 재능이 있다고 생각한다.

나의 하위유형에 대해 내가 좋아하는 점

나는 물질적인 것에 특별하게 끌리는데, 나는 실용적인 것들이 어떻게 작동하는지 아는 것을 좋아한다. 예를 들어 나는 텔레비전이 어떻게 작동하는지 말할 수 있을 뿐만 아니라, 텔레비전을 열어 연결, 구조, 그리고 어떻게 설정되었는지 보는 것에 큰 기쁨을 느낀다. 또한 나는 나의 미니멀리즘을 좋아한다. 나는 적은 것으로 사는 것이 매우 행복하다. 나는 내가 가지고 있지 않은 것을 부러워하는 일이 거의 없다. 나는 이미 있는 것으로 해결책을 찾는 것이 행복하다. 내가 젊었을 때, 나는 잘 정돈되어 있고, 한 시간 안으로 세탁하고 건조할 수만 있다면, 청바지와 셔츠 하나만 가지고 살 수 있을 것이라고 스스로에게 말하곤 했다. 그러나 다른 한편으로 나는 다른 사람들에게 꽤 관대하다고 생각한다. 그들은 가끔 내가 그들에게 준 선물이 비싸지 않다는 인상을 가질 수 있지만, 나는 내 자신보다 그들에게 훨씬 더 많은 돈을 썼을 것이다.

나의 유형과 하위유형의 조합에 대해 내가 좋아하는 점

나의 내성적인 성향은 남의 말을 잘 들어주는 사람으로 만들어 준다. 나는 내 감정에서 나를 분리하는 것이 매우 쉽다는 것을 알기 때문에, 다른 사람의 추론 방식을 따르고 어른이든 내 손자이든 그들의 성찰 과정을 안내할 수 있다. 또한 나는 혼자 있을 수 있는 내 능력을 좋아한다. 방해받지 않고 시간을 내서 어떤 것들을 경험할 수 있다는 것은 멋진 일이다. 예를 들어 나에게 매우 특별한 시간 중 하나는 여름날이 지난 어느 사랑스러운 저녁이다. 해가 지고, 기온이 떨어지고, 새들이 온화한 온기를 누리고 있다. 그 순간을 함께 할 사람이 있다면 그것은 괜찮지만, 나 혼자라면 그것도 좋다. 그것은 나에게 독립심과 엄청난 자유를 준다. 사람들은 종종 5유형과는 공유하기 어렵다고 말하지만, 나에 관한 한 나는 그렇게 생각하지 않는다. 나는 대부분의 경우 다른 사람을 찾으러 가지 않겠지만, 만약 누군가가 내 공간에 온다면, 그들의 의도가 평화롭고 나의 기질을 존중하는 한, 나는 그들을 환영하는 데 문제가 없다. 그들이 내게 먼저 전화를 걸어 나에게 온다고 알려준다면, 글쎄, 좋다. 내가 좀 괴팍한 부분이 있는 것 사실이다. 성? 모르겠다. 그러나 확실히 **"피난처"**라는 단어와는 관련이 있다.

참고 영화 — 파인딩 포레스터Finding Forrester

우리는 브롱크스에서 농구와 글쓰기, 두 가지의 열정을 가지고 있는 젊은 흑인 남성 자말과 함께 있다. 그는 유명한 메일러 학교에 입학하자마자 거칠고, 신비스럽고, 은둔적이며, 사람을 싫어하는 작가 윌리엄 포레스터를 만나게 된다. 포레스터는 베스트셀러를 썼지만 그는 30년 동안 아무것도 쓰지 않았으며 무명인으로 되돌아갔다. 이 두 사람이 친구가 되어야 할 이유는 없다. 그들의 나이, 교육, 문화와 심지어 피부 색깔까지도 그들을 갈라 놓는다. 그러나 그들은 친구가 되고, 영화는 그 이야기를 들려준다.

나는 언제나 하위유형과 방어기제가 에니어그램에서 가장 중요한 두 가지 측면이라고 생각해왔다. 여기에서 윌리엄은 격리의 방어기제를 우리에게 보여준다. 삶에서 상처입고, 그의 5유형 본능은 뒤로 물러서며, 자신에게만 몰입하며, 그의 머리 속에 웅크리고, 자신을 그의 감정과 신체적 감각으로부터 끊는 것이다. 가끔 특히 자기보존 5유형에게 격리는 또한 물리적인 것이다. 윌리엄은 수십 년 동안 같은 아파트에서 살며 절대 밖을 나가지 않는다. 그는 책과 음식을 배달 받으며 그의 쌍안경을 통해 이웃을 내다보며 많은 시간을 보낸다. 아무도 그를 보지 않는다. 그가 창가에 앉아 있을 때 그는 커튼에 가려져 그의 창문 아래서 농구하는 소년들이 그를 "창문"이라고 부르기까지 한다. 그 누구도 그를 본 적이 없으며 커튼의 흔들림만이 그의 존재에 대한 유일한 증거이다. 이것이 격리의 완벽한 전형이다.

영화의 후반부에서 우리는 5유형의 또 다른 부분을 본다. 미니멀리즘이다. 그것은 에너지 소비와 감정 접촉을 제한하면서 가능한 한 적은 것으로 행복해지는 것이다. 연설을 할 때 당신은 당신이 할 말을 하기 위해 최소한의 단어를 사용한다. — 당신은 매우 진지하다. 주인공들 사이의 처음 두 번의 만남은 비언어적이었고, 다음의 만남은 닫힌 문의 양쪽에서 윌리엄이 구멍으로 내다보며 이루어진다. 그의 초대는 단지 문을 여는 것만으로 성사되었고, 어떤 말도 하지 않는다.

자기보존 하위유형은 주로 자신, 신체, 안전, 영역 및 소유물에 집중한다. 윌리엄의 책에서 나오는 인세는 그가 먹고 살기에 충분한 수입을 가져다주는 것처럼 보여서 그의 신체적인 복지는 해결되었다. 그의 영역은 쌍안경으로 커튼 뒤에서 볼 수 있는 모든 것까지 확장된다. 그가 관심을 갖는 것은 이웃의 삶이다. 이것은 (가능한) 더 먼 곳에 흥미를 가지기 전에 그들에게 가장 가까운 것에 집중하는 매우 자기보존 하위유형적 특징이다.

자기보존 5유형의 에너지는 같은 방향을 향한다. 물질적 독립, 가정으로 피난, 외부와의 접촉을 최소화한다. 이 유형과 연관된 단어는 **성**Castle 이다. 윌리엄의 아파트는 다른 세상으로부터 자신을 보호하고 안전을 보장할 수 있는 창고이다. 일대일 및 사회적 5유형은 단순히 정신적으로 격리하는 반면, 자기보존 5유형에게 격리는 물리적이며 영역적인 것이기도 하다.

나는 5유형의 감수성에 감동받았다. 그들의 격리는 사실 그들의 예민한 감수성으로부터 그들 자신을 보호하기 위한 방법일 뿐이다. 이 영화는 위험을 무릅쓰고 성 밖으로 나오는 5유형의 용기에 경의를 표하며, 자신의 연약함을 재발견하고 외부 세계의 현실로 과감히 발을 내딛는다. 이것을 성취하기 위한 그의 여정은 오래된 두려움을 넘어 오래된 상처를 치유하는 것을 의미한다. ― 일단 접촉을 하면 그의 태도는 간단하고 직접적이다.

나는 섬세하다 못해 신중한 이 유형에 감동했다. 그들은 아무 말도 하지 않아도 감정을 전달할 수 있다. 윌리엄이 우리에게 보여주는 다른 것들은 그가 풍부한 지적 삶을 가지고 있다는 것과 동시에 거들먹거리지 않으며 온화한 인간성을 가지고 있다는 것이다. 그리고 그는 8유형의 분노를 격렬하게 표현할 수 있는데, 그것은 그의 정상적인 행동과 매우 멀어졌기 때문이다.

자말은 이런 유형의 사람들과 접촉하는 방법을 보여준다. 천천히, 아주 지적인 정직함으로 말이다. 그리고 영화의 마지막 부분에서 윌리엄이 그가 깊이 헌신하고 있는 친구를 구할 때 보이는 그의 관대함은 5유형의 초연의 좋은 예이다.

일대일 5유형

- 5유형의 몰입: 침범으로부터 스스로를 보호, 자신의 욕구 억제, 학습
- 일대일 하위유형의 몰입: 파트너에게 집중
  = 자신감/비밀

일대일 5유형

여기서 두 상반된 에너지가 작용하고 있다. 5유형의 물러나려는 욕구는 관계를 만들고자 하는 일대일의 욕구와 반대되는 것이다. 이것은 많은 긴장을 유발한다. "나는 상대방과 강렬한 관계를 원하지만, 나는 나의 독립성을 유지할 필요가 있다. 나는 감정이 있지만, 그것들이 나를 압도하는 것을 원하지 않는다." 따라서 5유형들은 관계를 구획화한다. 이것은 그들이 "외부 시간"인 자신감을 공유하는 특별한 순간이 될 사람들과 강렬한 만남을 가질 수 있게 한다. — 만남 이전의 감정과 만남 이후의 감정이 잘 분리되어 있다. 그들이 누군가와 접촉하는 동안, 비밀스러운 분위기가 있다. 그들의 목소리 톤은 신중하고 몸짓은 절제되지만, 그들의 존재 상태는 강력하다. 이를 염두에 두고 보면 그들은 자신이 신뢰하는 사람에게 자신을 있는 그대로 드러낼 수 있다. "당신은 내가 내 자신을 드러낼 수 있는 유일한 사람이지만, 나는 당신을 믿는다." 하지만 이러한 대화 상대는 그들과 같은 지적 수준이 되어야 한다.

마음의 문제에서 그들은 반드시 관심을 크게 표현할 것을 요구하지 않는다. 그것은 외모, 꽃, 가벼운 손길, 친절한 말과 같은 작은 몸짓에 관한 것이다. 직장에서 일대일 5유형은 집중력이 강하다. 그들은 그들의 일에 너무 열중해서 거의 강박적이 되고 1유형이나 3유형처럼 보이기 시작할 수 있다. 그들은 겉으로는 멀리 있다는 인상을 주지 않는다. 일대일 불

꽃이 그들을 자기보존 5유형보다 더 쉽게 관계를 맺게끔 하기 때문이다.

역설
나의 감정적인 삶을 다른 삶으로부터 분리하기 위해 구획화하는 것은 결국 나를 불편하게 할 것이다.

메타포 — 비밀요원Secret Agent
그것은 일대일 대화의 사생활 안의 제한된 원 안에서 신뢰를 나누는 것이다. 당신은 신중히 누구와 관계를 맺을지 선택한다.

5유형의 경고신호
- 자신이 이미 가지고 있는 것만을 이용하기 바람
- 자신과 세상 사이의 지나친 거리
- 지적 세계로 과도한 후퇴
- 자신의 감정을 표현하지 않음

일대일 하위유형의 경고신호
- 자신이 강렬하고 열정적인 사람이라는 것을 증명하고 싶어하는 것에 몰입
- 파트너에게 과도하게 집중: 그들이 무엇을 하는지, 어디에 있는지, 누구를 만나는지
- 스스로의 행동에 과도한 집중 — 넓은 시야의 부족
- 스스로의 목표와 파트너가 관심을 갖는 다른 것들 사이에서 경쟁

일대일 하위유형의 관점 — 에릭ERIC

내가 나의 유형에 대해 좋아하는 점
나는 5유형의 사려 깊음을 좋아한다. 내가 참석했던 에니어그램 워크숍 동안 5유형은 자주 나에게 정보를 요청하기 위해 왔다. 나는 그들이 나

와 대화를 할 수 있는지 물었을 때 그들의 존중을 알아차렸다. 그것은 그들이 내 공간을 침범하거나 경솔함을 보일지에 대한 일종의 염려였다. 나는 다른 사람들과 함께 있을 때 이런 기분이 든다는 것을 알고 있다. 그것은 내가 대우받고 싶은 방식이다. 그러나 내가 다른 사람을 향해 갈 때, 그들과의 만남은 약간 서투를 수 있는데, 나는 종종 친밀한 관계를 쌓는 데 신경을 쓰기 전에 곧바로 나의 흥미를 유발하는 주제로 돌입하기 때문이다. 나는 섬세하게 하려고 노력하고 있지만, 그것을 행동에 옮기는 것은 때때로 반대의 결과를 낳는다!

나는 진상을 규명하고 싶은 내 열망을 사랑한다. 이것은 상대방이 기대하는 대답의 길이를 존중하면서 질문에 대답하는 것이 나에게 진정한 희생이라는 것을 의미한다. 내가 왜 그런 관점을 내세우고 있는지, 왜 그것이 거기서 나온다고 생각하는지, 왜 이 진실이 사람마다, 상황에 따라 다를 수 있다고 생각하는지, 왜 당신 보는 것과 실제로 일어나고 있는 것 사이에 종종 혼란이 생기는지, 왜 그런지, 왜…. 내가 무언가를 설명할 때, 나는 전체 그림을 제시해야 한다고 느낀다. 그리고 특정 부분을 놓치면 내 생각이 혼란스러운 것처럼 보일 수 있다.

나는 나의 신뢰성을 사랑한다. 나는 아주 작은 것으로 행복해지는 것에 익숙하기 때문에, 내게 무엇이 중요한지 아는 것은 쉽다. 그래서 내가 약속을 할 때, 그것은 내가 깊이 생각한 것일 뿐만 아니라, 내가 약속한 것을 지킬 수 있도록 내 우선순위를 재정비한다. 삶에 나를 가장 놀라게 하는 것 중 하나는 다른 사람들에게서 접하게 되는 우선순위의 결여이다. 그들의 기분과 그들이 방금 만난 누군가, 또는 갑작스러운 변덕으로 그들은 누군가를 위해 하기로 약속했던 것을 미룬다. 나에게 있어서 내가 약속한 사람을 존중하는 것은 그 약속에서 없어서는 안 될 부분이다.

내가 나의 하위유형에 대해 좋아하는 점

일대일 만남은 나에게 에너지와 즐거움을 준다. 그것은 마치 내가 현재 관계의 경계를 넓히고 있는 것 같다. 그래서 나는 더 나은 것을 향해 나아갈 수 있다. 그것은 관계에 추가적인 자극을 줄 수 있는 기회이다. 상대방의 눈에 중요하거나 독특해지기를 원하는 것 또한 내가 평소에 하는 방식을 넘어서게 하는 원동력이다. 내가 점점 더 즐기기 시작하는 것은 다른 일대일 유형들과 접촉하는 것이다. 이건 아마 그들과 있을 때 내가 가장 친밀하면서도 깊은 관계를 경험하기 때문이다. 나는 그룹에서 사교적으로 사람들을 만나는 것이 쉽지 않다. 종종 나는 주변의 움직임과 소음을 사람들이 정말로 듣고 있지 않다는 느낌을 받는다면 함부로 입을 열지 않는다.

내가 나의 유형과 하위유형의 조합에 대해 좋아하는 점

일반적으로 나는 내 시간과 생각, 감정을 표현하고 사람들을 감동시키는 것에 조금 인색한 것이 사실이다. 하지만 어떤 관계가 정말로 흥미로울 때, 나는 관대해질 수 있고 강렬한 의사소통을 원한다. 나는 특히 그것이 잘 받아들여질 것이라고 느낄 때, 내 감수성을 드러내도록 한다. 그런 분위기에서 또한 내가 감동을 받았을 때 멀어지려는 나의 반사작용을 차단할 수 있다. 그것은 아스테릭스Asterix 만화 속에 나온 것과 약간 비슷하다. 마법 물약과 해독제가 있다! 일대일 관계의 강렬함과 깊이, 신뢰는 나의 5유형적인 물러서려는 천성의 확실한 해독제이다. 나는 주요 단어인 **자신감**을 이렇게 이해했다.

또한 나의 하위유형은 다른 사람들과 접촉할 수 있도록 도와준다. 대부분의 경우 나는 거리를 두고 관찰하는 태도를 보이는 경향이 있지만, 흥미로운 일대일 관계가 눈앞에 다가오자마자, 내가 느끼는 어떤 막힘도 사라진다. 그러면 나는 내 관계에서 환영하고, 친절하고, 쾌활할 수 있다. 또한 나는 5유형의 섬세함이 때때로 상대방에게 집중하는 일대일 능력을 향상시킨다고 생각한다. 진상을 규명하고 싶은 열망은 여기서 그 자체로 나온다. 나는 상대방과 우리의 관계, 그리고 나를 이해하고 싶다. 나의 하위 유형은 사물이 어떻게 작동하는지 이해하는 것을 넘어 인간이 어떻게 작동하는지 이해하게 한다.

그리고 마침내 나의 신뢰성으로 돌아가보고 싶다. 나에게 깊어진 관계는 절대 잊히지 않으며 언제나 이 관계의 놀라웠던 점의 풍미를 간직하고 있다. 관계는 끝이 날 수 있지만, 그 관계에서 가장 강렬히 경험되었던 순간들과 나로 하여금 나의 가장 좋은 부분인 나의 인간성을 표현하는 것을 가능하게 해주었던 순간들의 추억은 언제나 존재할 것이다.

참고 영화 — 섹스, 거짓말 그리고 비디오테이프Sex, Lies, and Videotape

그레이엄 달튼은 그들의 성생활에 대해 이야기하는 여성들의 인터뷰를 영상으로 찍고 수집한다. 그의 고향으로 돌아왔을 때 그는 성공한 오래된 대학 동창과 그의 아내와 밀렸던 만남을 갖는다. 이 만남은 그들 모두에게 놀라운 결과를 낳게 된다.

5유형적 성향은 그레이엄이 세상을 더 잘 분석하기 위해 스스로를 세상으로부터 약간 떨어뜨려 놓는 내성적인 성격이라는 점에서 나타난다. "나는 당신이 먹고, 말하며 움직이는 것을 바라보았고 온전한 한 사람을 보았다……" 그는 거슬리기 때문에 전화를 원치 않는다. 그의 집은 미니멀리스트 스타일이다. 그는 고독이 필요하지만, 동시에 당신이 그를 만날 때면 예의 바르고 "정상"적이다.

그레이엄이 친구의 아내인 앤을 처음 만날 때 일대일 5유형이 나타나는데, 그들은 즉시 꽤나 친밀한 대화에 돌입한다. "사람들은 남자들이 마음에 드는 여자를 사랑하는 법을 배우는 반면에 여자들은 그들이 좋아하는 사람들을 마음에 들어 한다고 말한다." 모든 일대일 하위유형들은 이 자질을 가지고 있지만, 특히 5유형이 그렇다. 그들은 예비 단계로 시간을 낭비하지 않으며, 그들이 정말 하고 싶은 대화로 곧바로 돌입한다. 주요 단어인 **"자신감"**은 여기에서 온 것이다. 즉, 현재의 순간에 다른 사람의 인생, 영혼, 욕망, 그리고 감정에 관심을 갖는 것에 관한 것이다. 왜 주제의 핵심 주변을 빙빙 돌며 시간을 낭비해야 하는가? 다른 사람에 대한 모든 정보의 조각은 흥미로우며 감정들은 생각으로부터 분리되어 있다.

일대일 5유형에 대해 자주 거론되지 않는 또 다른 측면은 시간이다. 그들은 생각하고 분석하고 성찰할 시간이 필요하다. 그들에게는 짧은 의사소통의 창이 있으며 따라서 사회적인 잡담은 불필요하다. 그리고 당신은 이것을 또한 대화의 끝에서 알게 된다. 강렬한 대화가 한번 끝이 나면, 5유형들은 아주 갑작스럽게 이를 매듭지을 수 있다. 따라서 "자신감"이라는 단어는 이 과정에도 적용될 수 있다. 일대일 만남의 전후와 둘만의 사담을 나눌 때의 강렬한 친밀감으로부터 당신과의 거리를 유지하는 것이다.

이 영화에서 그레이엄은 매우 빠르게 친구의 성생활의 매우 긴밀한 세부 사항들을 알게 된다. 이건 그가 다른 사람이 그에게 그들 인생의 가장 사적인 정보를 가능한 빨리 제공하기를 원한 것이다. 그는 그들과 강하고 빠른 연대를 만들어 내기를 원한다.

섬세한 주제를 매개로 이 영화는 그레이엄의 성격을 매우 정확하게 묘사한다. 이것은 서로 맞물린다. 5유형의 섬세함과 그의 머리 속의 삶에 대한 방식이 세상의 것보다 분명하고 중요한 것이다. 5유형의 딜레마가 아름답게 그려져 있다. 당신은 어떻게 환상 속에서 살아가는 대신 진짜가 되어 행동할 것인가?

사회적 5유형

- 5유형의 몰입: 침범으로부터 스스로를 보호, 자신의 욕구 억제, 학습
- 사회적 하위유형의 몰입: 친구, 연합과 모임에 집중함
  = 사회적 토템/교수

여기에는 두 가지 상반된 에너지의 선이 있다. 침범을 당하는 것을 원하지 않는 것과 그룹 안에서 역할을 맡고 싶어하는 것이다. 옛날에 토템은 그 부족의 역사와 문화를 요약한 조각된 나무 줄기였다. 사회적 5유형에게 중요한 것은 사람들이 모이는 장소와 사회에서 중요한 행사이다. 예를 들자면, 영국에서 이것은 FA컵 결승전이나 프롬스Proms의 마지막 날, 미국에서는 추수감사절이나 독립기념일, 호주에서는 오스트레일리아의 날이나 앤잭 데이Anzac day 등과 같은 것이다.

사회적 5유형들은 국가의 문화와 역사에 영향을 미치는 사상과 사람들에게 매료된다. 그들은 국가 차원의 모임과 사회적 랜드마크에 관심이 있고 그 안에서 역할을 하고 싶어한다. 전문성을 개발하고, 모델이 되고, 지식의 원천이 되고 싶어한다. 그들은 아마도 조언자로서 부족의 우두머리가 될 필요성을 느낀다. 그들은 창시자들의 원 안에 있기를 원한다. 그들은 직위와 학위를 사랑한다. 그들은 특히 사회적 동향에 대한 연구 시스템, 즉 연구 여론 조사 또는 정치 예측 기관에 매력을 느낀다. 이 모든 것들을 개념화하고 이론화하는 것은 그들이 그들의 전문 지식을 통해 미래의 사건을 예측할 수 있게 할 것이다. 우리는 "깊은 숲속의 은둔자"인 정형화된 5유형으로부터 여기까지 먼 길을 왔다. 사회적 5유형은 다른 사람들에게 열심히, 혹은 적어도 지적으로 그들을 끌어당기는 사람들에게 다가간다. 심지어 그들은 어떤 종류의 클럽의 특히 전문가들이 정보를 교류하는 곳에서 시작부터 있을 수도 있다. 상황이 마음에 들면 그들은 지나치게 말이 많은 수다쟁이까지도 될 수 있다. 이러한 맥락에서 당신이 그들 유형의 특성인 물러나기라는 힌트를 찾기 위해서는 아주 열심히 보아야 할 것이다.

역설

분석을 지나치게 강조하면 나의 "전문가 선생님" 설명이 너무 난해해서 아무도 이해할 수 없을 것이다.

메타포 — 엘리트 씽크탱크 멤버Elite Think-Tank Member

그것은 지식에 대한 갈망, 사회의 상징과 언어(토템)를 마스터하고자 하는 열망 — 그리고 여기에는 그것들을 가르치고 기록함으로써 보급하려는 욕구가 있다.

5유형의 경고신호

- 자신이 이미 가지고 있는 것만을 이용하기 바람
- 자신과 세상 사이의 지나친 거리
- 지적 세계로 과도한 후퇴
- 자신의 감정을 표현하지 않음

사회적 하위유형의 경고신호

- 과도한 인정의 욕구
- 사회적 관계를 유지하는 데 너무 많은 시간의 소비
- 너무 많은 클럽과 집단에 속함
- 그들이 지지하는 명분에 과하게 헌신

사회적 5유형의 관점 — 에리카ERICA

내가 나의 유형에 대해 좋아하는 점

나는 많은 양의 정보를 수집, 분류, 분석하는 것을 좋아한다. 나의 메모리 뱅크는 많은 저장 공간을 가지고 있다. 생각하고 분석하고, 내 지능을 이용해서 일을 진전시키는 것에는 매우 만족스러운 무엇인가가 있다. 나는 상황의 개요를 쉽게 볼 수 있고 다른 사람들이 세상에서 길을 찾을 수 있도록 돕는 모델을 만드는 것을 좋아한다. 다른 사람들은 나에게 사물을 명확히 하는 데 도움이 되는 설명을 해주는 말재주가 있다고 한다. 또 다른 측면은 내가 단순하게 사는 것을 좋아한다는 측면이다. 나는 행복하기 위해 많은 것을 소유할 필요가 없다.

내가 나의 하위 유형에 대해 좋아하는 점

나는 **토템** 보다는 **교수**라는 말이 더 쉽게 공감이 간다. 나는 가르치고, 내 지식을 다른 사람들과 나누고, 하루 종일 "어떻게 하면 이 아이디어를 다른 사람들이 이해할 수 있게 만들 수 있을까?"에 대해 생각할 정도로 강박관념을 가지고 있다. 5유형은 공간을 많이 차지하지 않는 것으로 종종 묘사되는데, 그것은 대부분 나에게 해당된다. 나는 다른 사람들이 내 인생이나 내 의견에 관심이 없을 것이라고 생각하는 경향이 있다. 하지만 내가 "선생"이 되면 나는 완전히 다르다. 선생이라는 역할이 나에게 무대의 중심이 될 수 있도록 허락을 하는 것처럼 나는 크고 힘이 있다고 느낀다. 교수 역할을 맡으면 통제력을 가질 수 있고, 수업의 모든 측면을 정리하고 싶어 약간 통제력 있는 괴짜가 될 수 있다. 나는 너무 지시적이어서 이 충동을 억제하는 법을 배워야 했다. 리드하기보다는 촉진하는 법을 배우는 것은 도전이자 기쁨이었다.

내가 나의 유형과 하위유형의 조합에 대해 좋아하는 점

우선 이 두 가지 상반된 힘을 관리하는 것이 항상 쉬운 것은 아니라는 점을 말하고 싶다. 내가 교실 문턱을 넘을 때, 나는 도망치고 숨고 싶은 유형의 본능과 들어가고 싶은 사회적 충동 사이에 낀 샌드위치이다. 일단 교실에 들어가면 긴장감이 사라지고 괜찮지만, 그 이전 순간에 두 가지 충동이 충돌하는 순간은 정말 어렵다. 선생이 되는 것은 내 아이디어를 공유하고, 피드백을 받고, 나의 아이디어를 내세워 세상에서 역할을 할 수 있게 해준다. 나는 내 사생활을 너무 많이 내주지 않아도 되고, 마치 배우인 것처럼 역할만 할 수 있다!!

상황의 지적인 주도권을 가져야 하는 나의 욕구는 내가 사물을 정비하는 것을 잘하며 요청을 받은 적이 없음에도 종종 모임 내에서 리더의 위치에 서 있는 것을 의미한다. 시간이 지남에 따라 나는 스스로를 덜 숨기는 것을 배웠다. 나는 내 진심을 말하기 시작했고 감정적으로 중립적인 이야기를 하기보다는 개인적인 예를 더 많이 사용하기 시작했다. 나의 하위 유형을 이해하는 것은 나의 방어기제가 시작되는 순간을 알아차리는 데 정말 도움이 되었고, 그걸 알고 나서부터 나는 내가 현존하고 나의 마음을 열 수 있도록 이것들을 차분히 진정시키기를 더 잘 할 수 있게 되었다.

참고 영화 — 소셜 네트워크The Social Network

이 영화의 배경은 10월 20일, 하버드 학생인 마크 저커버그가 여자친구에게 버림받은 지 얼마 되지 않은 때 술에 취하게 되면서 모든 여학생들에 대한 자료를 얻기 위해 하버드 데이터베이스를 해킹하는 것이다. 그런 다음 그는 그들을 평가하는 캠퍼스 웹사이트를 만든다. 그것은 두 장의 사진을 나란히 놓고 이를 보는 사람들에게 가장 매력적인 사람에게 투표하도록 요청하는 것이다. 그는 그 사이트를 페이스매쉬라고 불렀고 즉시 성공하게 된다. 그 사이트는 입소문이 나면서 하버드 시스템을 무너뜨리고 교내 스캔들을 일으켰다. 마크는 고의로 보안 시스템, 개인 정보 보호 및 저작권법을 위반한 혐의를 받고 있다. 그리고 물론 이것이 페이스북이 탄생하는 순간이다.

시간이 좀 지나서, 마크는 facebook.com을 만들어내고, 이는 하버드 내에서 산불처럼 퍼지고, 그러고 나서 다른 대학으로, 세계적으로 퍼지게 된다. 이 발명은 격렬한 갈등을 불러 일으킨다. 이 발명의 진정한 진실은 무엇이었는가에 대해 말이다. 누가 이 세계적인 소셜 네트워크의 진정한 창시자라고 주장할 수 있는가? 21세기의 중추적인 개념이 될 무엇인가가 이것의 개척자들의 우정을 파괴하고 엄청난 결과를 위태롭게 하는 대립을 일으킨다.

이것은 5유형의 동정적 묘사가 아니다. 반대이다. 마크에게는 지적으로 자기 자신에게 만족하며 심지어는 거들먹거리는 면이 있다. 친절함이나 따뜻한 인간성은 완전히 결여된 것처럼 보인다. 에니어그램의 관점에서 보면, 그의 머리 센터는 너무나 과하게 부풀려져 있어 실제로 그는 그의 몸에 살고 있지 않는 것이다. 마크가 그들의 아이디어를 훔쳐갔다며 마크를 고소한 쌍둥이들과 비교해 본다면, 그 대조는 두드러진다. 쌍둥이들은 조정Rowing 챔피언이며 그들의 몸에서 완전히 편안한 반면에, 마크는 그의 몸을 그저 물건으로만 보고 있는 것 같다. 그에게는 신체리듬이 없다. 그는 불규칙적으로 자며 음식은 단순히 연료일 뿐이다. 그가 말하는 방식 또한 흥미롭다. 그의 목소리는 동정하는 기색도 없이 단조롭다. 나는 모든 5유형이 이렇지는 않다는 것을 강조한다! 이 인물이 묘사된 방식은 캐리커처이다.

마크 또한 사회적 하위유형의 전형이다. 그는 오직 사회에만 흥미가 있다. 어떻게 다른 사람들이 살아가는지, 무엇이 그들에게 동기부여를 하는지, 무엇이 그들을 함께 모이게 하는지, 어떻게 그들이 상호작용하는지 말이다. 그는 그들을 하위집단으로 나눌 수 있는데, 예를 들면 커플 대 싱글, 부유한 사람들과 대조되는 덜 부유한 사람들, 최고의 대학을 나온 학생들과 나머지 말이다. 우리는 이 특징을 대부분의 사회적 하위유형에서 찾게 된다. 그들은 모든 모임에 대한 일종의 메타뷰meta-view를 갖고 있다. 그들은 그것이 사회 집단이든, 국가이든, 전 세계이든, 전체적으로 어떻게 작용하는 지에 관심이 있다.

사회적 5유형의 주요 단어는 **"토템"**이다. 에니어그램 용어로 이것은 교차로, 지원 시스템, 사람들이 모일 수 있는 곳, 전국 뉴스 게시판을 중심으로 모이는 사회, 국립 스포츠 경기장에서 같은 관심을 가진 사람들이 모이는 사회이다. 여기에 사회적 또는 지적 위신에 대한 사회적 하위 유형의 관심사를 더하면, 당신은 왜 페이스북을 만들어낸 것이 훌륭한 토템인지 알 수 있을 것이다. 엄청난 액수의 돈이 영화에서 언급되기는 하지만, 마크에게 동기를 부여하는 것은 그게 아니다. 그는 사회적인 혁명을 일으키고 싶어한다. 사회적 5유형의 관점에서 페이스북은 21세기의 교차로가 되는 것이다. 누가 어디에 있고, 누가 뭘 하고, 누가 누구와 사귀는지 등등의 정보를 교류할 수 있는 장소 말이다.

이 영화는 우리에게 꽤나 드문 유형을 보여준다. — 반사회적인 사회적 인간 — 사회에 매료되어 있지만 그로부터 도망치는 사람 말이다. 그의 유일한 관심사는 다른 사람들 사이의 관계이다. 그는 그와 같은 사람들과 시간을 보내고 싶어하지 않는다. 그는 규칙과 사회를 지탱하는 에너지의 흐름을 이해하는 것을 좋아하고, 심지어는 그들이 소통하고, 모이며 정보를 교류하는 것을 돕는 사이트의 선동자가 되기까지 한다. 그러나 그는 그의 동료들과 실제로 교류하기에는 너무나도 그 자신의 탁월함에 사로잡혀 있다. 이 영화는 입안에 쓴맛을 남긴다. 우리의 환상은 산산조각이 났다. 하지만 이것은 이 유형의 매혹적인 초상화이다.

6유형의 세 가지 하위유형

상처

어느 날 6유형 아이는 배신감을 느꼈다. 그들은 권위가 그들을 상처 입혔거나 기습적으로 공격을 받았다고 생각한다. 무슨 일이 일어났든 아이는 세상이 잠재적으로 적대적이며 예측할 수 없다고 믿게 되었다. 그들에게 안전은 다른 사람들이 무엇을 하려고 하는지 예측할 수 있는 경우에만 존재한다.

격정: 의심/두려움 Doubt/Fear

6유형들은 그들 자신의 충동이나 자발적인 행동을 두려워한다. 그들의 첫 충동을 스스로 멈추는 것이 바깥 세상에 정면으로 부딪히는 것보다 낫다. 그것은 존재에 대한 두려움이지만, "두려움"이라는 단어의 의미는 많은 것을 뜻할 수 있다. 당신은 이를 "소심"이라고 부를 수 있는데 이 것이 두 개의 양극단을 암시하기 때문이다. 억제와 용기 — 행동에 있어 일종의 불안한 망설임이다. 6유형들은 어떤 분명한 외부적인 위험이 없음에도 불구하고 지속적인 불안과 근본적인 동요 상태에 있는 것과 같다. "이건 마치 얼어붙은 두려움과도 같은데, 위협이 중단된 후에도 여전히 켜져 있는 경보이다. 그러나 당신은 언제 위험이 닥칠지는 절대 알지 못한다. 그러니 무엇인가가 평범하지 않다는 것을 보여줄 단서를 끊임없이 찾아야 한다."

클라우디오 나란호는[1] 다음과 같이 말한다. "대부분의 경우 이러한 두려움이 반드시 분명하게 나타나지는 않는다. 이것은 심리적인 두려움의 문제이다. 변화에 대한 두려움, 알지 못함에 대한 두려움, 적대감에 대한 두려움, 덫에 걸리는 것에 대한 두려움, 위협적인 세상에서 혼자가 되는 것에 대한 두려움, 배신당할 것에 대한 두려움, 혹은 사랑에 대한 두려움이다. 이 다양한 형태의 걱정은 불안, 망설임, 위험 회피, 의심으로 인한 사고 마비, 추진력 부족, 재확인하는 경향, 자신감 부족, 비구조화된 상황에서의 어려움 등과 같은 행동 양식으로 이어진다."

두려움은 6유형이 행동에 대해 확신하지 못하게 만든다. 따라서 그들은 충분한 확신을 거의 하지 못하고, 행동하기 전에 많은 정보를 필요로 한다. 이것을 하기 위해 그들은 그들을 안전하게 지킬 줄 지적이고 논리적인 주장으로 무장할 것이다. 그들은 이성의 추종자가 된다. 좋은 질문들을 하고, 예상치 못한 일을 상상하고, 사물을 깊이 생각하며, 마침내 결정을 내리는 것이다. 그들은 단지 그들이 볼 수 있는 구체적인 문제에 대한 해결책을 찾아보는 것뿐만 아니라, 심지어 어느 시점에 발생할지도 모르는 문제들에 대한 해결책을 찾고 있다. 행동을 취하는 것에 대한 두려움에 직면하여, 그들은 매우 효과적인 전략을 개발한다. 연기 — 일을 나중으로 미루는 반사적인 반응이다.

그러나 소심함에 대한 양극단으로 돌아가보자. 억제와 용기 말이다.

예를 들어 만약 당신이 큰 위험에 처해 있다면, 당신에게는 두 가지 선택이 있다. 도망치거나 위험 속으로 곧장 뛰어드는 것이다. 만약 당신이 소심하거나 6유형이라면 당신은 언제나 이 두 가지 선택을 사용할 수 있고 심지어 1초 전이라도 어떤 것을 사용할지 모른다. 이것은 모든 에니어그램 유형들 중에서 6유형들을 가장 양면적이고 예측할 수 없는 유형으로 만드는 경향이 있다. 한 순간에서 그 다음 순간 동안 그들은 순종적에서 반항적으로 또는 친절함에서 폭력적으로 변할 수 있다.

선호하는 방어기제: 투사Projection

당신이 외부 세상이 매우 강력하고 당신보다 훨씬 거대하다는 것을 믿고 보게 된다면, 불안감은 반드시 뒤따른다. "나의 느낌은 강력하고도 위협적인 외부 환경에 영향을 받는다. 상상에서 비롯된 두려움은 내가 피하거나 맞서 싸워야만 하는 현실이 된다." 그러므로 투사는 불안감에 대한 두려움에서 비롯된다. 그리고 그것은 의심과 실제 사실을 혼돈하게 할 수 있다. "당신은 15분 늦었고, 따라서 당신은 바람을 피우고 있다!" 연습으로 정신적 투사와 현실을 분리하는 것이 가능하게 된다. 현실 — "나의 배우자는 15분 늦었다" — 정신적 투사 — "나의 가장 큰 두려움은 당신이 나를 두고 바람을 피우는 것이다." 또한 피터 오한라한은 투사가 긍정적일 수 있다고 말한다. "긍정적 투사는 6유형들이 자신의 권위와 긍정적인 자질들을 다른 사람들에게 돌리기 위해 포기할 때 발생하는데, 그들이 투사하는 사람에게는 부정적인 투사만큼 불안할 수 있다. 그것은 그들에게 그들이 진짜 누구인지 인정받지 못하고 있지만, 투사를 걸치기 위한 옷걸이로 사용되고 있다는 인상을 준다. 또한 긍정적 투사는 만약 중요하게 여겼던 사람이 그럴 가치가 없어졌을 때 급격히 적대적으로 돌아설 수 있다."

자기보존 6유형

- 6유형의 몰입: 신뢰, 의심, 결과에 대한 걱정
- 자기보존 하위유형의 몰입: 집, 안전 및 물질적 안정
  = 따뜻함

사람들에게 잘해주는 것은 좋은 생존 전략이다. 만약 사람들이 당신을 좋아한다면 당신은 두려워할 필요가 없다. "만약 내가 당신을 모른다면, 내가 당신을 믿을 수 있을지 모르겠다. 그래서 나는 예상치 못한 반응으로부터 스스로를 보호하기 위해 당신에게 따뜻한 마음을 가지고 대할 것이다." 만약 내가 따뜻함을 원하고 베풀며 환영하고 인자한 주인이 된다면 내가 공격받을 위험은 감소된다.

자기보존 6유형은 자신을 알고 신뢰할 수 있는 사람과 함께 있을 때 긴장을 풀 수 있다. 그들이 친구들과 함께 집에 있을 때 그들은 무엇을 기대해야 할지 알고 있고 그들 스스로 경계를 내려놓을 수 있다. "나는 관계를 맺고 유지하기 위해 나의 독창성을 사용한다. 이런 방식으로 나는 나폴레옹이 그를 보호하기 위해 자신을 희생할 경비대원을 세우는 것처럼, 나는 내가 공격을 당할 때 경호원들이 되어줄 친한 친구들의 모임이 있다."

그들은 이러한 충성심을 행동으로 옮기기 때문에 그들은 이 경비대원들에게 큰 힘이 되고 어떤 논쟁에서도 그들의 편을 들어줄 것이다. "물론 그들이 나를 필요로 할 때 나는 그곳에 있을 것이다. ― 우리는 모두 한 배에 탔다. 인생은 힘들고 우리는 서로 도와야 한다."

자기보존 6유형들은 그들이 흔히 다른 팀 구성원을 알아갈 수 있고 단체로부터 보호받고 있다고 느낄 수 있는 단체 스포츠를 즐긴다. 그들은 또한 잠재적인 적을 자기편으로 끌어들이기 위해 유머, 매력, 심지어는 자기비하까지도 사용하는 전략적 반사작용을 가지고 있다. "때때로 나는 나에

대한 누군가의 잠재적인 적개심을 줄이기 위해 제 취약성을 드러내는 피해자 역할을 하는 내 자신을 발견하기도 한다.”

역설

사람들에게 잘해주는 것이 세상을 더 안전하고 예측 가능한 곳으로 만들 수 있기를 바라는 것은 망상이다.

메타포 — 충성가Loyalist

그들은 추위 속에서 홀로 남겨져 있는 자신을 발견하기를 원하지 않기 때문에 그들에게 사람들과의 관계를 맺는 것은 절대적으로 필요하다. 게다가 그들이 알고 있는 동네나 지역에 사는 것은 그들에게 안정감을 더해준다.

6유형의 경고신호

- 항상 걱정함
- 너무 많은 시간을 안전에 대해 생각함
- 행동의 가능한 결과들에 대한 지나친 생각
- 과도한 투사와 최악의 시나리오에 대한 생각

자기보존 하위유형의 경고신호

- 안전에 과도한 주의
- 직장에서 너무 많은 시간을 보냄
- 물질적 안녕에 너무 많은 집중
- 저녁에 집에서 하는 일이 너무 많음

자기보존 6유형의 관점 – 클라우드CLAUDE

나의 유형에 대해 내가 좋아하는 점

내가 6유형이라는 것을 깨닫게 되었을 때, 대단했던 것은 나의 모든 의심과 두려움을 설명해준다는 것이다. — 단지 그것을 아는 것만으로도 그들 중 일부를 해결하는 데 도움이 되었다! 또한 나는 내 결점을 깨달았을 뿐만 아니라 내가 세상에 제공할 수 있는 좋은 점들을 알게 되었기 때문에 내 자신에 대한 더 깊은 이해를 얻었다. 내가 좋은 자질을 많이 가지고 있고 그것들로 무엇인가를 할 수 있다는 것을 분명히 본 것은 내 인생에서 처음일 것이다. 어떤 상황에서 잠재적인 코끼리 덫을 언제나 보는 사람으로 사는 것은 그 덫이 당신을 지배하도록 내버려 둘 때 살기 어려운 방식일 수 있지만 그것을 훈련하는 방법을 알게 된다면 그것은 평화를 위한 무기로 바뀔 수 있다.

같은 방식으로 나는 내가 얼마나 양면적일 수 있는지 훨씬 더 날카롭게 깨닫게 되었다. 나는 어떤 상황에서는 부드럽고 순종적이며, 다른 상황에서는 공격적일 수 있고, 아침에 누군가를 신뢰하고 같은 날 저녁에는 불신할 수 있다. 일단 내가 이 중요한 사실을 이해했을 때, 나는 의심에서 믿음으로 옮겨갈 수 있었고, 나의 두려움을 동기부여로 사용하기 시작했다. 인생은 더 이상 이길 수 없는 싸움이 아니다. 그것은 내가 앞으로 나아갈 수 있게 하는 도전이 되었다!

나는 나의 감수성, 예견의 재능, 실용적인 지성을 사랑한다. 나는 또한 자연과의 관계를 좋아한다. 나는 숲이 마을보다 훨씬 덜 위험하다는 것을 발견한다. 자연에서 나는 통일된 전체의 일부가 된 것처럼 보호받고 있다고 느낀다. 나는 내 몸과의 관계도 좋아한다. 나는 정말로 내 몸과 접촉하고 있고 나는 언제 내 몸의 수면 주기의 시작인지, 언제 내 몸이 먹고 싶어 하는지, 그리고 내 몸이 얼마나 오래 걷고 싶어하는지 알고 있다.

나의 하위유형에 대해 내가 좋아하는 점

내가 자기 인식을 하게 되면서 나는 내 걱정 중 일부가 완전히 옳지 않다는 것을 빨리 깨달을 수 있게 되었다. — 그 후 나는 내 자신을 보고 웃을 수 있다! 나만큼 내 자신을 놀리는 사람은 없을 것이다. 자기보존 하위유형은 특히 물질적인 것에 대해 잘 인식하고 있다. 나는 언제나 열차가 제시간에 도착하는지, 폭풍이 모든 것을 파괴하지 않았는지, 차가 고장나지 않았는지를 확인한다. 그래서 내 하위유형은 내 두려움을 현실과 빠르게 비교할 수 있게 해준다. 내 하위유형의 또 다른 장점은 미리 준비하는 것이다. 내가 워크숍을 이끌 때 참가자들은 비누에서 수건, 그릇에서 비스킷, 백설탕, 흑설탕, 보통 우유와 두유, 티스푼, 사인펜, 연필깎이 (만일의 경우를 대비해서) 버스와 기차 시간표까지 확인한다. 물론 나는 채식주의자들이나 알레르기가 있는 사람들이 있는지 물어보았다. 그러나 얼마나 많은 사람들이 차나 커피를 선호하는지 미리 묻는 것을 그만 두기로 했다!

내가 가르치는 보육원의 수업에서는 원활한 수업 운영에 지장을 주는 일이 없도록 만반의 준비를 하고 있다. 일단 내가 모든 사전 준비로 안심이 되면 나 자신을 현재에 살게 할 수 있고 아이들은 나와 즐거운 시간을 보낼 수 있다. 또한 그곳에서 나는 성인들을 위한 치료사이기도 하고, 내 일터가 잘 정리되어 있는지 확인한다. 나는 고객과 최고의 관계를 보장하기 위해 차분하고 평온하며 신뢰하는 분위기를 조성하기 위해 모든 것을 준비한다.

나의 유형과 하위유형의 조합에 대해 내가 좋아하는 점

나는 하위유형을 발견하면서 나와 가까워지려는 사람들이 나를 공격하지 못하게 하려고 내가 얼마나 많은 것을 준비하는지 깨닫게 되었다. 이것이 바로 온화함과 따뜻함이다. 공격적이지 않다는 인상을 주기 위해 나는 미소를 짓고, 자신을 준비하고, 모든 것을 정리한다. 이것을 깨달은 이후, 나는 방어적인 미소 뒤에 두려움과 의심이 숨겨지는 순간을 알아차릴 수 있도록 내면의 관찰자를 기를 수 있었다. 요즘 이 자기 관찰을 실천하면 지금 이 순간을 훨씬 더 차분하게 경험할 수 있다. 나는 더 가볍고 즉흥적이 되었다. 나는 잠재적인 위험을 피하기 위해 계획을 추진하는 능력을 향상시켰다. ― 그리고 일어날 수 있는 위험에 대한 불안감도 줄어든다. 이렇게 하는 것은 내가 부정적 투사를 넘어서서 그것을 놓아 보내고, 내 직관에 더 무게를 둘 수 있다는 의미이다. 나는 항상 내가 타고난 직감을 가지고 있다는 것을 알고 있었다. 이제 나는 그것을 더 의식적으로 만들고 일상 생활에서 더 사용하는 것을 배웠다.

참고 영화 ― 제3의 사나이 The Third Man

1949년 비엔나이다. 미국인 작가 홀리 마틴스는 그에게 일자리를 제안한 그의 친구 해리 라임의 연락을 받고 비엔나에 도착한다. 홀리는 도착하자마자 해리가 교통사고로 사망했다는 것을 알게 된다. ― 그는 그의 장례식에 참석하기 위해 막 도착한 것이다.

6유형의 에너지가 영화 자체와 주요인물 홀리의 역할 전반에 걸쳐 있다. 그 주변이 걱정이다. 도시는 5개의 지역으로 나눠지는데, 4개 지역은 미국, 러시아, 영국 그리고 프랑스 점령군에 의해 지배되고 있다. 도시의 중심은 국제적이다. 오스트리아의 경찰은 힘이 없어 보이며 주민들은 대개의 경우 국제 정부들과 관계되기 보다는 조용히 있는 것을 선호했다. 6유형적 관점에서 정부 당국의 위치는 투명하고 신뢰할 수 있는 것과는 확실히 거리가 멀었고 그러므로 그들의 입장도 불분명했다. 영국의 캐러웨이 소령으로부터 사건의 경위를 듣고 홀리는 속지 않고 의심을 하기 시작한다. 경찰에게 심문을 받은 증인과 사고에 대해 작성된 진술서가 딱딱 맞아떨어짐에도, 홀리는 수상쩍은 낌새를 알아차린 것이다.

비록 홀리는 그의 친구가 죽었고 아무것도 그를 다시 살리지 못할 것이라는 것을 알고 있지만, 그는 단지 제일 먼저 탈 수 있는 비행기로 떠나는 것 보다는 그를 대신해서 그 사건을 맡는다. 그는 모든 것을 알고 이해하고 싶어한다. "나는 그것이 전부라는 것을 믿을 수 없다. ─ 나를 도와줄 건가?", "의심할 만한 이유가 있나?"라는 질문을 받았을 때 흘리는 자신의 6유형의 직감이 누군가가 그에게 무언가를 숨기고 있다는 것을 말해주고 겉으로 보이는 모습은 그들 뒤에 숨겨진 것과 다르다는 것을 말한다는 것 외에는 대답을 할 수 없었다. 조금씩 그의 의심을 정당화하는 단서가 나타났다. 정보는 얻기 어렵고 목격자들의 다른 이야기들이 일치하지 않았다. 공식적인 견해가 말도 안 되는 것은 아니지만, 마음에 걸리는 점들이 점점 늘어나는 것이다. "해리의 가장 친한 친구 두 명이 그의 옆에 있었다는 것은 정말 이상한 일이지만, 사고 당시 운전하고 있던 사람이 해리의 운전사였다는 것은…" "왜 시체를 그의 집으로 가져가는 것이 더 쉬웠을 텐데 왜 그들은 길 반대편으로 데려갔을까?"

홀리는 컨시어지가 시체를 옮기는 것을 도왔다는 세 번째 남자에 대해 말했을 때 그가 결정적인 단서를 찾았음을 확신했다. "…고개를 숙인 세 번째 남자, 라임씨처럼 보이지만 심문에서 증거를 제시하지 않은 세 번째 남자." 그 시점부터 6유형은 추적하기 시작한다. "나는 이 이야기의 진상을 규명할 것이다!" 사람들이 그의 안전에 대해 여러 번 경고한다고 해서 그의 결심이 약해지는 것은 아니다. "나는 이 이야기의 끝맺음을 보고야 말겠어."

영화는 가속도가 붙기 시작한다. 이 영화는 예측하지 못했던 놀라움, 거짓된 고발과 함정, 안개와 비밀스러움으로 가득하다. 긴장감과 불안감이 쌓인다. ─ 흘리는 위험에 처했고, 쫓기고, 살인 혐의로 기소되었다. 우리가 이것을 보는 동안 우리가 무언가 보았다고 생각하지만, 그게 무엇인지는 확신하지 못한다. 그림자가 벽에 드리운다. 땅마저도 고르게 보이지 않는다. 경사와 계단, 그리고 서로 다른 층을 이루고 있는 암석 덩어리들이 가득하다. 질문들은 서로 뒤섞여 우리는 더 이상 무엇을 빌을 수 있을지 알지 못한다. 흘리보다도 더 말이다. "당신은 어떤 종류의 스파이인가? 왜 나를 쫓아오는가? 당신 스스로를 드러낼 건가? 밝은 곳으로 나올 건가?"

우정과 배신이 서로 대치한다. — 또 다른 6유형의 주제. 그의 옛 친구가 범죄자라는 걸 알게 되고, 해리의 옛 애인이 그녀가 해리와 맺었던 관계에 충실하기를 원했음에도 홀리는 마침내 이 우정을 저버리기로 결심한다. "왜 내가 그를 배신해야만 하는가? 나는 우리가 함께 했던 것이 좋았다." 영화의 마지막은 6유형에 대해 그대로 보여 준다. 사형 집행인이 희생자가 된다. 그는 홀로 조직 폭도들과 마주하게 된다. 당신은 거의 그를 보호하고 싶다고 느끼게 된다. 우리는 그가 쫓기며 온갖 종류의 위험에 처하는 것을 보게 된다. 그는 적의에 찬 시선을 가득 받는 표적이 되었고, 그가 자신을 드러내는 즉시 총에 맞아 쓰러질 것이다. 마지막에 우리는 그가 가만히 서서, 완전히 혼자서, 그의 추적자들의 발소리가 다가오는 소음을 들으며, 사냥감의 눈빛을 하고, 어떤 길이 그에게 탈출할 기회를 줄지 결정하려고 하는 모습을 본다. 적대적인 세상 앞에서 홀로 피해자가 되는 이 느낌은 6유형에게 너무나 익숙하다. 자기보존 주제로서도 언제나 있는 것이기도 하다. 홀리는 혼자이며 심지어 그의 주변 환경조차도 자기보존의 필요성을 암시한다. 마을은 파괴되었다. 먹을 것도 없으며 온기를 유지할 방법도 없다.

일대일 6유형

- 6유형의 몰입: 신뢰, 의심, 결과에 대한 걱정
- 일대일 하위유형의 몰입: 파트너에게 집중
  = 힘/아름다움

두려움이 가장 강하게 나타나는 것은 일대일 관계이지만 이 하위유형에서 가장 중요한 것은 일대일 관계이다. 그래서 일대일 6유형은 힘과 아름다움을 사용하여 자신감을 쌓는다. "만약 상대방이 내가 강하고, 지적이고, 섹시하다고 생각한다면 그들은 나를 공격할 가능성이 적을 뿐만 아니라, 나는 더 많은 자신감을 가질 것이다." 그들은 속으로 사랑받지 못하는 것에 대해 자신이 매력적인지 여부에 대해 걱정한다. 그들은 관계에 대한 엄청난 욕망과 공포를 감추기 위해 거의 깨닫지 못하면서 자신의 힘(대부분 남자)이나 성적 매력(대부분 여성)을 과장한다.

신체적인 아름다움에 초점을 맞춘다는 것은 당신이 상대방을 자세히 볼 필요가 없다는 것을 의미하고 이것은 당신이 자신의 두려움과 관련하여 더 침착하게 행동할 수 있게 해준다. 일대일 6유형들은 헬스장이나 미용실의 열렬한 고객이다. 다른 일대일 6유형들에게는 무술을 연마하는 것은 몸을 건강하게 유지하고 숨어서 공격하는 사람에게 대응할 수 있다고 확신한다. 다른 일대일 6유형들은 다양한 방식으로 카미카제처럼 행동할 것이다. 권위있는 사람들에게 무례하게 굴고, 헬멧 없이 오토바이를 타거나, 번지점프나 스카이다이빙 같은 위험한 운동을 하는 등 어리석게 위험을 감수한다. "이러한 용감한 행동을 통해 나는 두려움에 직면하게 되고, 의심을 물리치고 더 자신감을 가지고 이로부터 벗어난다. 내 인생에서 만약 나에게 누군가가 어떤 것에 대해서 "너 이런 거 할 수 있어?"라고 물으면 무조건 참여했던 시절도 있었다."

앞서 언급한 양면성은 세 가지 수준에서 나타난다.

- 상대방을 유혹하려는 욕망에서 상대방을 상대로 자신을 시험해보고 싶은 욕망으로 이동
- 자기 자신이나 다른 사람을 흠모하는 것에서 폄하하는 것으로의 갑작스러운 움직임
- 특히 권위에 관련해 복종에서 반항으로 이동

역설

자신의 내면의 두려움과 충동에 대한 책임을 바깥 세상으로 돌리는 것은 장기적으로 볼 때 당신의 자신감을 향상시킬 수 없을 것이다.

메타포 — 매력적인 사람/전사Charmer/Warrior

상냥한 경향이 더 있는 사람들은 그들의 두려움을 창의력으로 바꾸고 주변 환경에 조화로움 또는 아름다움을 창조해 냄으로써 두려움을 잠재운다. 좀 더 전사 같은 사람들은 그들의 의심을 자기 최면, 용맹하고 경솔한 행동, 활기찬 지성, 재담을 통한 반격 그리고 강력한 이념적 입장을 견지한다.

6유형의 경고신호

- 항상 걱정함
- 너무 많은 시간을 안전에 대해 생각함
- 행동의 가능한 결과들에 대한 지나친 생각
- 과도한 투사와 최악의 시나리오에 대한 생각

일대일 하위유형의 경고신호

- 자신이 강렬하고 열정적인 사람이라는 것을 증명하고 싶어하는 것에 몰입함
- 배우자에게 과도하게 집중: 그들이 무엇을 하는지, 어디에 있는지, 누구를 만나는지
- 스스로의 행동에 과하게 집중함 — 넓은 시야가 부족함
- 스스로의 목표와 배우자가 관심을 갖는 다른 것들 사이에서 경쟁함

일대일 하위유형의 관점 — 새미SAMMY

내가 나의 유형에 대해 좋아하는 점

나에게 가장 가깝고 소중한 사람들에게 충성하는 것. 내가 누군가를 좋아하면 그들은 나에게 의지할 수 있다. 나는 그 대가로 아무것도 요구하지 않고 사랑과 우정을 베푼다. 게다가 일상 생활에서 나는 내가 맡은 어떤 일이든 앞으로 나아가고 관철하도록 이끄는 "두려움을 느껴도 어쨌든 그것을 하는" 내 모습이 좋다. 이것은 때때로 극단적인 형태를 취할 수 있는데, 예를 들어 내가 어렸을 때 나는 스카이다이빙, 번지점프, 불장난, 험난한 산을 등반하는 것을 여러 번 시도했다. 나는 한번 시작하면 쉽게 포기하지 않는다. 내 일에서도 모든 것이 제대로 이루어지고 안전하게 되었는지 확인할 수 있도록 세세한 부분까지 체크하는 내 모습을 즐긴다.

내가 나의 하위유형에 대해 좋아하는 점

모든 순간을 완전히 최대한으로 활용할 수 있는 나의 능력. 나에게 진정한 삶은 전문적인 것이든 개인적인 것이든 강렬한 일대일 대화를 나누는 그 순간들 속에 있다. 성공하기 위해서는 이 순간들에는 두 가지 요소가 필요하다. 우리는 서로의 말을 자신 있게 들을 수 있는 환경을 만들어야 하고, 나와 대화하는 상대는 대화나 의견 교환에서 상당한 강렬함에 대비해야 한다. 만약 그것이 자리 잡고 있다면 나는 안심이 된다. 나는 이 틀 안에서 내가 위험에 처하지 않고, 상대방을 믿고 그들에게 다가갈 수 있다고 느낀다. 직장 내의 상황에서라면, 나는 특정 프로젝트와 일대일 관계를 맺기 위해 주변에서 일어나는 모든 일들을 잊을 수 있는 능력이 있어 정말 좋다. 그 상황에서는 내가 방해받지 않는 한, 나는 내일에 엄청나게 집중을 할 수 있다.

내가 나의 유형과 하위유형의 조합에 대해 좋아하는 점

나의 6유형은 살아가는 동안에 나타나는 도전을 받아들이도록 용기를 주고 나의 일대일 하위유형은 내가 일반적으로 두려운 상황에서도 끝까지 밀어붙일 집중력과 강렬함을 준다. 이 두 가지가 잘 통할 때, 내 자신감은 기하급수적으로 높아진다. 내 사회적 및 개인적 관계에서 친구들은 내 성격의 반짝이는 면을 좋아한다고 말한다. 마치 6유형의 머리 집중이 나의 일대일 에너지와 결합된 생동감 있고 재치 있는 특정한 유머감각을 주는 것 같다. 게다가 나의 친구들은 그들과 나의 우정이 영원하며, 우리가 만날 때마다의 강렬함으로 인해 이어지고 있다는 것을 알고 있다.

참고 영화 — 잔 다르크The Messenger: The Story of Joan of Arc

만약 당신이 예민한 감수성의 소유자라면 이 영화를 멀리해라. 꽤나 폭력적이다. 영화의 재미를 감소시키지 않고도 많은 폭력적인 장면들이 생략될 수도 있었을 것이다. 이것을 본 6유형의 위원회는 일대일 6유형을 보여주기 위하여 그것을 유지하기로 결정했는데, 이것이 다른 데서는 찾을 수 없는, 특히 여기에서 볼 수 있는 강함과 아름다움 간의 이중성을 다른 곳에서 이렇게 강렬하게 보여준 적이 없었기 때문이다.

1420년 영국의 왕 헨리 5세와 프랑스 왕 샤를 6세는 국왕이 사망하면 프랑스 왕국이 영국에 속하게 될 것이라고 규정하는 트로이 조약에 서명했다. 그러나 두 왕은 몇 달 간격을 두고 사망했고, 새로운 영국의 왕 헨리 6세는 고작 몇 개월 밖에 되지 않았다. 프랑스 황태자 샤를 7세는 어린아이에게 자신의 왕국을 넘길 마음이 없었다. 핏빛 전쟁이 발발했고 영국과 그들의 부르고뉴 연합이 프랑스를 침략한다.

영화의 시작에서는 7에서 8세의 잔의 선천적으로 태평한 천성과 바깥 세상의 갑작스럽고 예측할 수 없는 폭력을 대조한다. 이 시기의 삶은 고달팠다. 당신의 마을은 아침에는 평화로울 수 있으나, 당신이 숲속으로 잠시 산책을 다녀온 사이에 마을은 점령당하고 약탈당하며 주민들은 살해당하는 것이다. 불안감을 키우는 이 갑작스러운 폭력은 진정한 6유형적 특성이다. 6유형들이 이 영화에서와 같이 극적인 상황에서 이것을 경험하지는 않을 수 있지만, 그들에게 이것은 지속적인 감정이다. 바깥 세상은 본질적으로 위험하다. 이 믿음이 6유형에게 어떤 내적인 폭력성을 준다. 그들은 일종의 싸울 준비가 되어 있는 양철 지붕에 올라가 있는 예민한 고양이가 될 수 있는 것이다.

잔에게는 비전이 있다. 그녀는 하나님으로부터 메시지를 받는다. 영화는 잔이 영감을 받은 성인인지 머리 속으로 그림을 그리는 어린 소녀인지 질문을 던진다. 여기 또다른 6유형의 특성이 있다. 외부 세상은 안정적이지 않고 믿을 만하지 않기 때문에, 당신은 경계해야 하며 직관적인 안테나를 발달시켜 공격을 당하기 전에 위험을 탐지해야 한다. 잔에게는 영적인 안테나가 있지만, 모든 6유형들은 그들만의 특정한 경고신호가 발달되어 있다. 잔이 성의 대연회장으로 처음 황태자를 면담하러 왔을 때 이 영화는 이 특성을 강조한다. 그는 그녀의 은사를 시험하기 위해 숨어서 그녀가 그곳의 모든 사람들 중 그를 알아볼 수 있을지 본다. 잔은 그를 찾아낸다. 우리 모두는 이 이야기를 학교에서 들었지만 영화의 이 장면은 이것을 잘 강조해서 보여주고 있다.

잔은 독실하다. 그녀는 하나님과 그녀의 사명에 대해 믿음이 있고, 이 믿음은 그녀의 일대일 하위유형에 활력을 불어넣고 배가해 다른 사람들을 지지하는 유일한 원천이 될 수 있게 해주었다. 그리고 잔 다르크에게 이 능력은 레이저 빔이 된다. 이 맥락에서는 카리스마라는 단어조차도 부족한 표현이다. 잔에게는 빛이 난다. 그녀의 믿음이 그녀를 변화시킨다. 좋은 지도자가 없는 이 나라의 대부분은 침략자의 발 아래 놓여 있고, 대부분의 시민들은 끊임없는 불행으로 인해 순종적이고 지쳐 버렸다. 잔은 그들에게 희망을 되돌려준다. 그녀의 카리스마는 군대의 사기에 기적을 일으키며 그들이 전쟁터에서 그녀를 위해 위험을 감수하는 모습에서 보인다.

잔에게는 프랑스에서 영국을 쫓아내고 랭스에서 샤를 7세를 왕위에 올릴 사명이 있었다. ─ 다른 말로 왕국에 평화와 안정을 가져오기 위한 노력인 것이다. — 이것은 또다시 6유형의 영역이다. 또 다른 6유형의 지표는 그들 스스로를 위험에 처하게 했을 때, 그것은 거의 그들 자신을 위한 것이 아니라는 사실이다. 잔다르크에 대해서 왈가왈부할 수는 있지만, 그녀가 개인적인 영광에 대한 열망으로 행동한 것은 절대로 아니라는 데에는 모두가 동의할 것이다. 6유형은 이유와 목표를 위해 투쟁한다. 잔은 십자가와 그녀의 기준을 위해서 투쟁한다.

잔은 재치가 있다. 이것 또한 이야기의 일부분이다. 재판의 보도는 이것을 뒷받침한다. 읽거나 쓰지 못했던 사람의 비범함 말이다. 재판에서 판사는 그녀에게 그녀가 자신이 주장하는 것처럼 진짜 신의 사절인지 어떻게 증명할 수 있는지 물었다. "나는 재주를 부리러 온 것이 아니다. 당신들은 모두 나보다 똑똑하다. 그런 당신들이 어떻게 당신들에게 그분의 도움을 전하기 위해 적의 영토를 통과해 거의 500개의 동맹과 더불어 나의 발걸음을 인도하시는 분이 하나님이라는 것을 의심하는가? 이것이 증거로 충분하지 않은가?" 그 후 말한다. "진실만을 말할 것이라고 성경에 맹세하라고? 싫다. 당신이 무엇을 물어볼지 모르기 때문이다. 당신이 내가 대답할 수 없는 질문을 할 지도 모른다." 우리는 여기 6유형의 심장부에 와있다. 믿음? 증거? 신뢰?

잔은 그녀가 왕위에 오르도록 도왔던 사람, 샤를 7세에게 수치스럽게 배신당한다. 당신이 어떤 버전을 읽었느냐에 따라, 그가 그저 그녀를 버렸거나, 혹은 최악으로는 그녀가 적에게 붙잡히도록 일을 꾸몄을 것이다. 이와 같은 행동이 6유형의 불안함을 증폭시킨다는 것은 말할 것도 없다. 이것은 그들의 아무도 믿을 수 없다는 믿음에 확신을 더해주는 것이다. 영화의 막바지에서는 잔이 감옥에서 그녀의 의식과 맞대면하는 것을 보여준다. 이 설정은 약간 과장되었지만, 6유형의 내적 서사에 대한 좋은 표현이다. "내 목소리가 있는 곳이 정보의 진정한 근원이었을까 아니면 내 마음의 투사였을까? 나는 충성심으로 행동했을까 아니면 두려움으로 행동했을까?"

영화의 가장 폭력적인 장면에서 눈을 감더라도 이 영화는 여전히 볼 가치가 있다. 밀라 요보비치는 그녀의 용기와 공포, 신뢰와 의심, 선도 및 추종, 직감과 투사 사이의 양면성을 보여줌으로써 잊을 수 없는 연기를 보여준다. 그리고 6유형의 이미지가 거기로부터 강화되어 나온다.

사회적 6유형

- 6유형의 몰입: 신뢰, 의심, 결과에 대한 걱정
- 사회적 하위유형의 몰입: 친구, 연합과 모임에 집중
  = 의무

두 상호 보완적인 에너지 라인이 여기서 모인다. 사회적 6유형의 경우 신뢰성에 대한 의심은 집단이나 직장에 집중된다. 만약 당신이 집단에 속해 있다면, 당신은 혼자일 때보다 덜 취약하지만, 집단에 속한다는 것은 책임과 의무가 따른다. 이것은 부정행위에 대한 맹렬한 편협성, 법에 대한 존중, 권위가 요구하는 책임 수행에 대한 헌신, 규칙을 따르는 경향이 생긴다. 이러한 우선순위를 갖는다는 것은 잘 알고, 책임감 있고, 열심히 일하는 것이 자연스러운 운영방식이라는 것을 의미한다. 노동의 명확한 구분과 사람들이 해야 할 일을 하고 있다는 정기적인 점검으로 직장에서 조직도는 투명해야 한다. "내가 일자리를 구할 때, 나는 회사 조직도를 보고 일이 어떻게 돌아가는지 이해하고 그것이 잘 정리되어 있는지, 아니면 개밥인지를 이해할 수 있다. 일단 내가 내 직책을 맡으면 나는 사람들에게 그들이 무엇을 하는지, 그것이 무엇을 위한 것인지, 그리고 누가 그걸 확인하는지 물어본다. 나는 심지어 나보다 훨씬 위 계층에 있는 사람들에게도 그런 질문을 할 것이다." 사회적 6유형은 규칙에서 약간이라도 벗어나

는 것에 매우 민감한데, 이는 시스템을 약화시키기 때문이다. 게다가 규칙의 수호자 역할을 맡는 것은 불가피하게 그들이 조직의 중심에 설 수 있도록 보장한다.

가족 생활에서 그들은 생일을 기억하는 것, 모두가 참석하는 것, 기타 가족 구성원과 연례 모임을 기획하는 것을 매우 중요한 위치에 놓는다. 또한 그들은 투표와 같은 사회적 규범을 존중하는 것을 중요하게 생각한다. — 그것은 모든 시민의 의무이지만 또한 당신이 선택한 권위에 대한 책임을 지게 하기 때문이다. 그러므로 그들은 "그들의 의무를 수행하는 것"에 엄청난 양의 에너지를 소비하며, 그 결과 "그들의 임무를 수행하는 것"은 안심이 되는 동시에 무거운 짐이 될 수 있다. "나는 내가 일하는 회사가 정말 좋았고 나의 직업에 있어서 엄청난 책임감을 가졌기 때문에, 나의 의무를 다하는 것이 중요했고 나의 위치에서 다른 사람들이 했을 것보다 열 배는 더 열심히 일했다."

역설

당신의 의무를 다하는 방식에서 비난의 여지가 없는 것이 반드시 자신감을 쌓는 최선의 방법은 아니다.

메타포(2) — 보초병Lookout

집단 안에서 자신의 역할을 분명히 하는 것은 강박이다. 규칙을 알고 친구 및 동료와 분명한 계약을 맺는 것은 두려움을 극복하고 배제되는 것을 피하기 위해 필수적이다.

6유형의 경고신호

- 항상 걱정함
- 너무 많은 시간을 안전에 대해 생각함
- 행동의 가능한 결과들에 대한 지나친 생각
- 과도한 투사와 최악의 시나리오에 대한 생각

사회적 하위유형의 경고신호

- 과도한 인정의 욕구
- 사회적 관계를 유지하는 데 너무 많은 시간을 쏟음
- 너무 많은 클럽과 집단에 속해 있음
- 그들이 지지하는 명분에 과하게 헌신함

사회적 6유형의 관점 – 헨리|HENRI

내가 나의 유형에 대해 좋아하는 점

복잡한 상황을 분석하는 나의 매력은 모든 종류의 문제를 파악하는 매력을 포함한다. 나는 사물이나 사건을 처음 나타나는 대로 받아들이지 않는 것을 중요하게 생각한다. 그것은 내가 사물의 진정한 핵심이 무엇인지 발견할 수 있게 해준다. 만약 내가 이 두 가지 특징에 말을 잘 들어주는 사람이라는 사실과 다른 사람들에 대한 호의를 더한다면, 나는 이 모든 것이 다른 사람들이 자신의 내면을 들여다보는 것을 돕는 일에 특히 재능이 있다고 생각한다. 가끔 집중력이 떨어지더라도 나는 내가 하는 일이 진지하고 중요하다는 점이 좋다. 나는 경계하고 조심하는 편이지만, 때때로 매우 무모할 수 있다. 컨설턴트로서 나는 나의 직업에서 상황을 참고하는 프레임에서 변화를 유도하기 위해 엉뚱하고 도발적일 수 있다. 나는 체계적이고 정직하고, 다른 사람들의 안녕을 매우 걱정하기 때문에 가치를 존중하는 것이 내게 중요하다.

내가 나의 하위 유형에 대해 좋아하는 점

사회적이고, 집합적이며, 공동체적인 측면을 인식하는 나의 성향. 나는 큰 그림을 보고 인류를 위한 위대한 것들을 원한다. 나의 가치관은 끊임없이 세상이 돌아가는 방식을 개선하고자 하는 나를 밀어붙인다. 나는 인간적인 요소에 적절한 중요성이 주어지지 않는 상황을 매우 경계한다. — 직장, 집단 혹은 일반적인 세상. 컨설턴트로서 나의 일은 조직의 중심에 인간성을 두는 것이 목표이고 조직의 전체 복잡성을 고려할 수 있다. 나는 약하거나 소외된 사람들의 요구를 매우 염려한다. 나의 일은 사람들이 느끼는 대로 일할 수 있도록 한다. 나는 사람들이 상황을 이해하는 데 도움이 되는 사물을 보는 방법을 제시한다.

우정은 중요한데, 내가 내세우는 명분에 너무 집착하면 내 주변에 친구들이 없다는 생각이 들어 마음이 아프다. 컨설턴트, 코치, 트레이너로서의 나의 일은 나의 가장 중요한 헌신이다. 내가 세상에 나와 있을 때 나는 사람들이 더 잘 살 수 있도록 자신의 삶에 대해 깊은 질문 던지기를 권장한다. 나는 사회적 대의를 위해 참여해야 할 의무가 있다. 나는 행동, 삶, 그리고 세상의 의미에 대한 깊은 작업을 정말로 즐긴다. 영성, 철학, 심리학, 개인 발전, 사회학은 내가 가장 좋아하는 분야 중 일부이다. — 하지만 정치는 아니다. 나의 정직함과 정치적 행동을 통해 세상을 바꾸려는 것에 대한 무력감 때문에 나는 부패한 시스템에 관여할 수 없다.

내가 나의 유형과 하위유형의 조합에 대해 좋아하는 점

미래를 구상하고 탐구하는 나의 능력은 때때로 사회, 조직 또는 인류를 위해 무슨 일이 일어날지에 대한 예감을 준다. 나는 약자를 돌보고, 진실하고, 신실하고, 모든 사람이 더 강한 사람이나 조직적인 힘에 의해 짓밟히지 않고 모두가 제자리를 차지할 수 있도록 지키는 것을 중요하게 생각한다. 이 모든 것이 집단에 대한 나의 관심과 합쳐지면 나는 공동의 이익을 얻기 위해 세상에 참여할 수 있다. 노동조합 활동을 통해 인간과 함께 더 잘 살 수 있도록 협력하고, 인류에게 좋은 것을 대변하고, 사람들의 마음이 변화하도록 돕는다.

나의 분석의 예리함은 거의 항상 사람들을 흥분시키고, 나와 함께 일하는 사람들은 스스로에게 근본적이고 급진적인 질문을 하게 만든다. 내가 방어적인 자세를 취하기로 결정했을 때 내 논쟁은 거의 증기롤러처럼 무자비할 수 있다. 나는 매우 유창하게 말할 수 있다. 추론의 올바른 흐름을 찾고 그것들을 발전시키는 데 시간을 들이는 데 문제가 없다. 나는 세상을 더 나은 곳으로 만들기 위한 조치를 취하기 위해 엄청난 양의 에너지를 가져와 인내할 수 있다. 나는 항상 올바른 방향으로 일을 진전시키기 위해 국회의원이나 장관을 만날 준비가 되어 있다. 반면에 카산드라처럼, 내가 선견지명의 재능이 있음에도 불구하고 나는 때때로 행동을 취하기 위해 일어서서 앞으로 나서기를 어려워할 수 있다.

참고 영화 ― 타워링The Towering Inferno

이 영화는 전세계 소방관들에게 경의를 표한다. "그들의 목숨을 바쳐 다른 사람들을 살리는 이들" 즉 6유형적 용어로 동료 시민들을 안전하게 지키기 위해 그들의 의무를 다하는 사람들이다.

영화는 1947년 샌 프란시스코, 역대 가장 높은 마천루의 개장식에서 진행된다. 도시의 모든 상류층 사람들은 다 모였다. 시장, 상원의원, 유명인사들 말이다. 이 영화의 주제는 불행한 상황의 누적으로 인한 재앙을 막기 위해 최악의 상황을 예견하는 것이다. 우리는 건설업자들이 보안 시스템 설치를 끝내지 않았고, 합의된 보다 신뢰할 수 있는 전기 케이블 대신 저렴한 등급의 전기 케이블이 사용되었으며, 방화문이 설치되지 않았다는 것을 조금씩 알게 된다. 누가 이 모든 일에 책임이 있을까? ― 건축에서 물류를 담당하는 부동산 개발업자의 사위이다. 그가 돈을 아끼려 했던 걸까 아니면 단순히 무능했던 걸까? 뇌물을 받았을까? 이미 피해는 발생했기 때문에 그건 중요하지 않다. 몇 백명의 사람들이 이 거대한 프로젝트에 기여했는데, 자신의 의무를 다하지 않은 한 사람 때문에 프로젝트 전체가 실패했을 뿐만 아니라 무고한 사람들의 목숨을 위험에 처하게 했다. 영화는 또한 책임이 있는 또다른 사람에게 손가락질을 한다. 바로 부동산 개발업자이다.

여기 건축가(폴 뉴먼)와 부동산 개발업사 사이의 대화를 발췌한 내용이 있다.

건축가: "나는 우리가 안전하게 생활하고 일할 수 있는 건물을 짓는다고 생각했다. 만약 당신이 비용을 감축해야 했다면, 왜 그냥 층수를 덜 쌓지 않았나?"

개발업자: "당신은 내가 건축 규정을 준수했다는 걸 잘 알 것이다."

건축가: "그렇다. 그렇지만 나는 다른 면을 보자는 것이다. 에어컨 배관은 모두 내화성이 아니고, 복도에는 방화문이 없다…" (숨은 뜻으로는 "당신은 6유형이 아니라 지시사항들이 잘 이행되고 있는지 확인하는 데 시간을 들이지도 않고 그냥 시키기만 한다"라는 뜻이다.)

영화는 두 가지로 사회적이다. 일반적인 시점에서 이야기의 흐름은 도시와 도시를 운영하는 사람들, 그 안에서 살아가는 사람들에 대한 것이다. 더 구체적으로는 300명의 사람들이 위기 상황에 대처하기 위해 함께 일하는 방법을 보여준다. 영화의 주요 인물은 스티브 맥퀸이 연기한 사회적 6유형인 소방대장 마이크이다. 그가 도착했을 때, 그는 유명인사들의 무리나 자신의 사회적 이미지를 걱정하며 언성을 높이는 개발업자 앞에서도 물러서지도 않았다. 당장 보기에는 화재가 심각해 보이지 않았지만, 그는 최악의 상황을 내다보며 개막 축하 행사를 즉시 취소할 것을 요청했다. 그 후 그는 진정한 6유형의 인물 특성을 보여준다. 그는 여러 요소를 고려하고 깨진 유리가 이웃 전체에 떨어지는 것과 같은 모든 가능한 결과를 예측하고 헬리콥터와 같은 필요한 집단을 동원하기 위해 즉시 움직인다.

이 영화는 또한 다른 인물들의 반응을 통해 6유형의 행동양식의 양 극단을 보여준다. 한쪽에는 공황과 이성 상실, 다른 쪽에는 용기와 위험 감수이다. 책임의 개념은 여러 번 나타나는데, 예를 들어 사위가 그의 아내를 질책할 때이다. "당신은 한시도 나를 가만히 두지 않고, 언제나 책임에 대한 이야기를 한다. 던컨은 아무것도 하지 않고 언제나 책임과 의무 타령만 한다!" 그의 아내는 이렇게 대답한다. "의무감을 가지는 게 왜 문제인지 모르겠다!"

소방대장은 우리에게 이 의무감이 어디까지 갈 수 있는지 보여준다.

그는 정전으로 인해 70층에 갇힌 외부 승강기의 지붕으로 헬리콥터를 타고 날아갔다. 그곳에서는 그는 토치로 케이블을 자르고, 헬리콥터에 리프트를 달고 12명의 승객들을 안전하게 지상으로 데려와야 한다. 영화의 후반부에서 그는 또다시 의무감으로 목숨을 거는데, 불길을 가라 앉히기 위해 빌딩 옥상의 물탱크를 터뜨리기 위함이다. 내려갈 방법도 없이, 폭발로 인해 분출된 물의 급류에 떠내려가는 위험을 감수한다. 영화 마지막의 메시지는 우리에게 사회적 6유형 관점의 탁월성을 보여준다. 그는 건축가에게 말한다. "우리는 이번에는 운이 좋았지만, 당신들 중 누군가 나에게 와서 이런 것들을 어떻게 제대로 짓는지 물어보지 않는다면 이런 종류의 재앙은 다시 발생할 겁니다." 영화 전체에 6유형의 분위기가 감돌고 있다. 위험, 불안함, 의심, 긴장감 말이다. 당신은 당신의 자리에서 확실하게 전율하게 될 것이다!

7유형의 세 가지 하위유형

상처

어느 날, 7유형 아이는 거침없이 활기차게 움직일 때 저지당했고, 마치 누군가 그들의 날개를 잘라낸 것과 같은 느낌이 들었다. 그들은 권위에 의해 자신들에게 가해진 지시를 따르게 되었고, 그 결과 그들은 어떤 종류의 얽매임도 고통으로 경험하게 된다.

격정: 탐닉/탐욕 Gluttony/Greediness

구속과 지루함에 대한 두려움은 그들이 자유로울 때 가능한 한 많은 것을 경험하고 싶은 7유형의 욕망으로 이어진다. — 그 경험들이 다양하고 재미있는 한, 이것은 그들이 가능한 한 많은 다양한 경험에 욕심을 내도록 이끌며, 그들이 지금 하고 있는 일에 싫증이 날 수도 있기 때문에 수

평선 너머에 뭐가 있을지 눈을 떼지 않는 것은 좋은 생각이다. ― 그들은 언제나 어디 다른 곳이나 미래에 무엇을 할지에 대한 몇몇의 계획을 가지고 있다. 여기서 두 가지 일이 일어나고 있다. 도망치는 고통과 지금 여기에 제공되는 것을 가능한 최대로 누리는 것이다.

이것을 달성하기 위해 7유형들은 동시에 여러 조각의 정보를 받아들이도록 조정된 안테나를 가지고 있다. 이를 사용하여 현재 가장 흥미로운 프로젝트를 선택할 수 있다. 그들의 감각은 사실을 매우 빠르게 받아들이고 처리하며, 그들의 뇌는 정보가 도착하자마자 최고 속도로 정보를 처리하는데 몰두한다. 그들은 관습에 얽매이지 않으며 어떤 것이든 문화적 경험의 최첨단에 있다. ― 그들은 크리스토퍼 콜럼버스 같다.

그들은 제약, 구조 및 무거운 조직에 반항하지만 이것은 마주하기보다 피하는 반항이다. 그들은 현 상황을 비난하기보다는 새로운 아이디어를 생각해 내는 것을 선호한다. 그들은 전사이기보다는 모험가이다. 7유형들은 위계질서를 좋아하지 않는다. 그들은 평등한 세상을 찾고 있다. 자유와 평등은 그들에게 밀접하게 연결되어 있다. 위계질서가 지속되는 동안 아무도 자유롭기를 바랄 수 없다. 그러므로 그들의 기강해이는 자유로워지고자 하는 욕구의 표현이다.

그러나 그들은 다른 사람들이 즐거움을 갖도록 도울 때 배려하고 친절할 수도 있다. 그 대가로 그들은 주변 사람들의 애정과 관심을 받을 자격이 있다고 믿는다. 그들은 매력, 유혹, 지적인 활달함을 사용하여 다른 사람들이 그들의 놀이 친구가 되도록 설득한다. 거절당하면 그들은 완전히 좌절한다. "나는 공허함을 채우기 위해 많은 시간을 보낸다. 나는 즐거울 수 있는 방법을 생각하며 다른 사람들이 나의 계획에 참여하지 않을 때 완전히 버려진다. 그럴 때는 스스로 공허감을 채워야 하고, 육체적으로나 정신적으로나 계속 움직이는 것 외에는 방법이 없다."

선호하는 방어기제: 합리화 Rationalisation

이것은 긍정적인 면을 찾기 위해 경험을 재구성하는 것을 의미한다. 나쁜 일이 일어난 것에 대해 설명을 찾아서 그것들이 자신에게 충격을 덜 주도록 하는 것이다. 고통에 어떻게 대처하느냐는 당신의 마음 상태와 사고 과정에 달려 있는 것으로 보인다. 더 많은 활동이 있을수록 슬픔과 고통이 당신에게 덜 와 닿는 것이다. "나는 사실 그 직장을 잃은 것이 아니다. 이것은 나에게 다른 직장으로 바꿀 수 있는 기회를 줬다. 그리고 나는 내가 다음 주 안에 다른 직장을 구할 거라고 확신한다." 미래의 긍정적인 것에 집중하는 것은 그들이 감정을 느끼지 않을 수 있게 해준다. 그들은 반드시 자신들이 감정에 사무치지 않도록 해야만 한다. 그건 엄청난 충격일 것이다. "이건 아무것도 아니야. 그저 내 다리만 부러졌을 뿐이다." 그들은 모든 사고에 대한 설명을 찾아야만 하며, 그것에서 분리되어야 하고, 털고 일어나서 계속 움직여야만 한다.

자기보존 7유형

- 7유형의 몰입: 자유로움, 즐거움, 계속 움직이는 것
- 자기보존 하위유형의 몰입: 집, 안전 및 물질적 안정
  = 클랜

7유형의 에너지는 재미가 있어야 하고, 자기보존 하위유형은 가장 가깝고 소중한 사람들과 함께 집에서 보내는 시간을 매우 강조하고 싶어한다. 그래서 자기보존 7유형은 특히 가족과 친구들, 즉 그들의 클랜(씨족)과 함께 가능한 한 즐거운 일을 많이 기획하려고 한다. 그들은 프로젝트를 공유하고, 맛있는 식사를 하고, 즐기고, 가족 구성원들과 웃음을 터뜨

리고 싶어한다. 비록 그것이 그들이 파티의 주최자이자 요리사, 파티의 생명이자 영혼이 되어야 한다는 것을 의미할지라도 말이다. 이 하위유형은 때때로 혼란스러울 수 있는데 그들은 자기보존이지만 공연을 하기 위해 청중이 필요하기 때문에 그들의 삶에 꽤 많은 친구들이 있을 수 있기 때문이다. 그러나 비록 클랜의 크기는 다양할지 모르지만, 대부분의 관계는 꽤 피상적이며 그들이 친밀하고 진정한 감정적 애착을 갖는 사람들은 몇 명 되지 않는다.

클랜에 관한 두 번째 생각은 패거리 안에 머물면서 당신의 생존을 보장하는 것이다. 당신은 자신의 생존을 보장하기 위한 네트워크가 있어야 하며, 가능하다면 당신의 프로젝트들 — 타히티에서 공유 방갈로를 사는 것, 전세계를 돌아다니기 위해 안식년을 가지거나, "중요한 경기가 있을 때마다 폴의 집에 모여 함께 식사하며 텔레비전 보기"를 함께 할 친구들의 네트워크가 필요하다. 자기보존 하위유형은 자신들의 기획에 수많은 사람들이 참여할 때 안심한다. 당신이 1분에 수천 개의 아이디어를 가지고 있을 때, 다른 사람들이 당신의 제안을 인정했다는 것을 아는 것은 안심이 된다. 그것은 당신의 아이디어 중 적어도 하나가 고독한 환상 그 이상의 것이 되었다는 것을 의미한다. 만약 당신이 당신의 친구 네트워크가 당신이 찾는 안정감을 주도록 확실히 하고 싶다면, 당신은 그들의 최신 소식을 빠르게 들을 필요가 있다. — 일어나고 있는 모든 일을 아는 것은 좋은 것이며, 가장 먼저 아는 것도 좋은 것이다. 게다가 최신 정보를 알게 되는 즉시 프로젝트를 완성하는 데 사용할 수 있다.

역설

당신의 클랜이 당신 주변에 있다는 것으로 안심하고 싶어하는 것이 내적 공허에 대한 두려움을 실질적으로 사라지게 할 수 없다.

메타포 — 휴일 캠프 주최자Holiday Camp Organiser

당신의 동료 주최인들은 당신의 가족이며, 당신은 안정적인 경계 안에서 운영하며, 음식은 넘치게 다양하며 당신의 월급은 꼬박꼬박 월말에 들어온다. 따라서 당신의 7유형적 에너지가 작동할 수 있는 것이다!

7유형의 경고신호
- 너무 많은 프로젝트
- 너무 많은 활동
- 너무 많은 생각
- 과도한 낙천주의

자기보존 하위유형의 경고신호
- 안전에 과하게 주의를 기울임
- 직장에서 너무 많은 시간을 보냄
- 물질적 안녕에 과하게 집중
- 저녁에 집에서 하는 일이 너무 많음

자기보존 7유형의 관점 — 세바스티앙SEBASTIEN

나의 유형에 대해 내가 좋아하는 점

나의 원기 왕성함! 나는 빠르게 생각하며, 가끔 여러가지 일들을 동시에 생각할 수 있다고 느낀다. 어느 날 한 패널에서는 누군가가 나에게 이것에 대해 더 말해달라고 부탁했다. — 나에게 떠오른 이미지는 내 마음이 동시에 여러 접시가 요리되는 요리사처럼 작동한다는 것이다. 같은 방식으로 나는 처음에는 서로 관련이 없는 것처럼 보이는 아이디어들 사이에 연결을 만드는 것을 좋아한다. 그리고 나는 가볍고 낙관적인 것이 좋기 때문에 놀랍고 종종 생각의 열차를 따라서 큰 즐거움을 얻는다. 다시 요리사의 이미지로 돌아와서, 한 접시의 물방울이 소스 팬에서 튀어나와 다른 접시에 떨어지는 것과 같다. 맛이 섞이면서 새로운 맛을 만들어낸다!

나는 다음 프로젝트로 넘어가기 전에 한 프로젝트를 끝내는 선형적인 방식으로 작업할 수 없다. 나는 여러 폴더를 열어 한 폴더에서 다른 폴더로 계속 이동할 것이다. 내 사무실에는 서로 상관없는 파일들이 산더미처럼 쌓여 있다. 어느 날 폴더 두 개가 바닥에 떨어져 내용물이 뒤죽박죽이 되었다. 나는 우연히 함께 내려앉은 두 장의 종이를 흘끗 보았고 그것들은 나에게 새로운 아이디어에 대한 영감을 주었다. 그날 밤 나는 잠을 자면서 내가 무의식적으로 이런 일을 꾸며서 어울리지 않는 것들을 결합하게 했는지 궁금증이 들었다. 내 아이들은 내가 장난꾸러기 — 재미있는 아빠라고 말하는데, 일종의 엉뚱한 아이디어 넘치는 짓궂고 재미난 도깨비 같다고 말한다.

나는 또한 나의 삶의 환희를 사랑한다. 나의 삶에서 가장 최악의 순간에 항상 마음 깊은 곳에서 "이건 심각한 일이 아니야. 이건 지나갈 거야"라고 말하는 작은 목소리를 가지고 있다. 내가 가장 좋아하는 속담중의 하나는 "안 좋은 상황에도 긍정적인 면은 있다"는 것이다.

나의 하위유형에 대해 내가 좋아하는 점

나의 빠른 업무 능력이다. 나는 내가 원하는 것을 내가 원할 때 할 수 있도록 내 실제 삶을 어떻게 정리해야 하는지 알고 있다. 내가 집 주변을 수리할 때, 어떤 것도 방해가 되지 않는다. 내 작업의 품질이 최고가 아닐 수도 있지만, 깜빡 거리는 전구가 교체되고, 선반이 설치되고, 문은 대패질이 되어 있을 것이다. 와인 판매상이라는 나의 직업도 마찬가지인데, 나는 모든 것이 빨리 되게 스스로를 체계화 한다. 나는 주로 혼자 일하는 것을 선호한다. 나는 마음속으로는 개인주의자이고 자영업자가 되는 것이 꽤 행복하다. 나는 일주일에 60시간을 일하지만, 내 선택이기 때문에 그것이 나를 짓누르지는 않는다. — 하지만 나를 도와주는 사람이 있다.

나는 체계화되어야 하는데, 그렇게 함으로써 나는 욕구에서 행동으로 빠르게 나아갈 수 있다. 예를 들면 날씨가 좋고 테니스를 치고 싶을 때이다. 우리가 스포츠에 관한 주제에 대해 대화하는 동안, 내 몸과의 관계는 매우 중요하며, 나는 이것이 대부분의 자기보존 하위유형들에게 사실이라는 것을 알게 되었다. 나는 그런 측면을 탐색하기 위해 마라톤을 뛰기도 했다. ─ "벽"을 넘은 후에 느끼는 "극도의 흥분"이라는 놀라운 신체적 행복의 느낌을 알게 되어 기분이 상쾌했다. 또한 나는 사우나 아유르베다 마사지(오일 마사지)를 좋아한다. 음식에 관한 한 나는 미식가이다. 나는 좋은 것을 좋아하지만, 언제 멈춰야 할지 알기 위해 주의를 기울이고 내 몸의 신호에 귀를 기울인다.

나의 유형과 하위유형의 조합에 대해 내가 좋아하는 점

나는 나의 자기보존 하위유형이 7유형 에너지를 조절한다고 생각한다. 7유형으로서 나는 모든 것이 빨리 일어나기를 바란다. 생각하고, 읽고, 행동하고, 다음으로 넘어간다. 나의 자기보존 하위유형은 나를 땅의 리듬, 들판의 농부들의 리듬으로 데려온다. 앞서 언급했던 내 몸과의 관계가 좋은 예이다. 내 몸에 신경 쓰는 것은 나를 느려지게 한다. 나는 식탁에서 보내는 시간이 중요하기 다른 사람들보다 더 천천히 먹을 수 있다. ─ 내 하루 계획에서 중요한 부분이기 때문이다.

나는 혼자 있는 것에 아무 문제가 없다. 한 번은 내가 더 젊었을 때, 나는 혼자서 일주일간의 휴가를 보냈는데 그것은 내게 잘 맞았다. 나는 자연스럽게 독서, 산책, 요리하기에 빠졌다. ─ 할 일이 많았다. 나는 시골에 있는 것을 좋아한다. 나는 그곳에서 자유롭고 즐겁다. 요즘은 다르다. 나는 아내와 두 아이가 있어서 당연히 그들과 함께 휴가를 가지만 시골에서 단순한 휴일의 형태를 선택하는 경향이 있다. 나는 내 가족과 함께 있는 것이 중요하다고 생각한다. 우리는 함께 있고, 할 일은 많지 않을지 몰라도 우리만의 즐거움을 만든다.

참고 영화 ─ 베스트 엑조틱 메리골드 호텔The Best Exotic Marigold Hotel

자이푸르 출신의 한 젊은 인도인이 아버지로부터 낡고 오래된 호텔을 물려받았고, 그는 돈이 부족한 유럽인들을 위해 노인의 집을 만들겠다는 생각을 하게 된다. 그는 웹사이트를 개설하여 호텔이 이런 모습일 것이라는 것을 보여주는 멋진 사진으로 고객들을 유혹한다. — 그가 복원하고 싶은 폐허 그대로가 아닌 일종의 부쿠리 궁전이다.

인도인 주인공 소니(슬럼독 밀리어네어의 스타인 데브 파텔이 연기)는 우리에게 7유형의 좋은 면을 보여준다. 무한한 열정과 즉흥성뿐만 아니라 다수의 유치한 면, 일이 안 풀릴 때의 부정, 일어나는 모든 일에 대한 합리화 같은 단점도 보여준다. 합리화는 7유형의 기본적인 방어 메커니즘이다. — 그것은 현실을 긍정적인 방식으로 재구성하는 것이다. — 그래서 당신의 방은 더럽습니까? 그렇지 않다. 만약 당신이 미래에 그 방이 어떻게 될지 상상한다면. 돈이 없다고? — 모든 것은 상대적인 것이다. — 그냥 미래에 얼마나 벌지 생각해 보라.

첫 번째 손님들이 도착했을 때, 소니는 벽을 칠하는 중이었고 방은 준비되지 않았지만, 그의 열정과 좋은 유머는 기대했던 것과 가혹한 현실 사이의 격차에 완전히 던져진, 새롭게 도착한 사람들이 경험하는 충격을 적어도 부분적으로는 줄여주었다. 일부 방에는 문이 없고 내부 전화가 작동하지 않지만 이것들은 소니에게 사소한 문제였다. 그는 지내기에 훌륭한 장소가 될 이국적이고 역사적인 궁전만을 보는 것이다. 이것은 7유형의 전형적인 능력인 어떤 상황에서 가장 좋은 점을 보며, 잘 되지 않은 것과 계획을 망칠 수 있는 것들의 모든 것을 무시하는 것이다. 그의 표어는 "결국 모든 것은 괜찮아질 것이다. 만약 그것이 괜찮지 않다면 그것은 아직 끝이 아니라는 것을 의미한다"이다.

우리가 영화의 대부분의 시간에 어디에 사용되었는지를 생각해 보면 자기보존 하위유형이 보인다. 그것은 분명히 자기보존인데 왜냐하면 우리는 생존에 몰입되어 있기 때문이다. 돈, 집(미안, 궁전이다!), 그리고 삶의 모든 실용적인 측면들, 전화, 벽 칠하기, 음식. 모든 것은 안락과 안녕을 위한 것이다. 우리는 감각의 세계 속에 있다. 소음, 더위, 사람들로 가득 찬 거리. 소니는 그의 손님들을 편안하게 하고, 예약을 조정하며 그의 호텔의 생존을 위해 지치도록 일한다. 우리는 그가 친구나 인척이 없다는 사실에서 클랜의 중요성을 본다. — 그는 자신의 클랜을 스스로 만들기로 결심한다. 클랜은 흔히 가까운 친구들의 소규모 모임 혹은 당신이 의지할 수 있는 친인척이다. 여기, 적어도 처음에는 아무도 없지만 나중에 손님들이 그를 도우며 그의 클랜이 된다.

영화에는 단독 스타가 없다. 돈이 없어서 인도로 떠나기로 결심한 6명의 은퇴한 영국인들은 괴짜 캐릭터들의 집합체이다. 그들이 경험하는 문화적 충격은 그들이 새로운 환경에서 살아남기 위해 진정한 자신을 재발견하도록 촉구한다. 이 인물들은 잘 짜여 있으며 그들의 가면이 벗겨지고 그들이 자신들의 이야기, 두려움, 그리고 약점을 이야기함에 따라 우리는 그들 각각을 살피게 된다.

자기보존 하위유형은 부드럽게 과장되고, 희화화되며 — 마침내 가장 사랑스러운 표현에 도달할 때까지 노력을 요구한다. — 즉, 감정을 환영하는 것은 우리를 삶의 명암 사이에서 균형에 도달할 수 있게 해준다는 깨달음이다. 여기에는 삶과 죽음, 고통이 매 귀퉁이에서 서로 충돌하는 인도를 묘사하는 방식이 포함된다. 이 단순하면서 감동적인 이야기는 우리에게 인간의 정신이 변화될 수 있는 몇 가지 놀라운 방식을 보여준다. — 좋은 영화이다.

일대일 7유형

- 7유형의 몰입: 자유로운 것, 즐거운 것, 계속 움직이는 것
- 일대일 하위유형의 몰입: 파트너에게 집중
  = 매력/피암시

두 에너지 라인이 여기에서 합쳐진다. 재미를 원하는 욕구와 일대일 접촉을 만드는 능력이 합해지는 것이다. 최소한의 시간 동안 최대한 많은 일을 하고 싶은 욕구와 강력한 일대일 만남을 경험하고 싶은 욕구가 함께 하기 때문에 강도에 대한 갈증이 배가된다. 일대일 7유형은 그들이 접하는 모든 새로운 프로젝트에 뛰어드는 경향이 있으며, 그들이 만나는 모든 새로운 사람들에게 강렬히 끌리는 경향이 있다. 이것이 매력이다. 모든 새로운 것에 강하고 빠르게 영향을 받고, 따라서 매우 빠르게 그들의 중심이 외부의 것들을 향해 끌려 나간다. 그들은 놀이기구로 가득한 놀이 공원에 살고 있다. 다른 사람들을 알아가는 것은 그들에게 강렬한 즐거움을 준다. 그리고 매력은 두 가지 방식으로 작동한다. 그들의 목표는 그들이 만나는 모든 사람을 매료시키고, 그들의 이야기의 일부가 되고, 그들과 함께 미래를 상상하는 것이다. 그들은 그들이 할 수 있는 가장 친밀한 관계를 만드는 데 사려 깊고 활기차고 쾌활한 그들의 상당한 재능을 사용한다. — "쾌락주의자"는 여기에 쓰이기에 아주 정확한 단어이다.

꿈을 꾸고 가능성에 대한 생생한 그림을 그리는 이 능력은 때때로 자신과 함께 있는 사람에게 약속이 이루어졌다고 느끼게 하는 반면, 7유형들은 그것을 단지 공유된 꿈 또는 환상의 순간으로 생각할 뿐이다. — 이것은 때때로 오해와 실망으로 이어진다. 7유형들은 이 놀라운 대화가 일상의 냉혹한 현실에서 탈출하는 방법일 수도 있다는 것을 깨닫지 못한다. 아니면 그들은 어떤 단순한 특정한 주제에 대한 그들의 관심이 매우 빠르게 식고, 똑같이 매혹적인 또 다른 에너지원으로 이동하는 경향이 있는 것을 인지하지 못하는 것일 수 있다. 그러므로 그들의 감정적인 삶에서 그들은 종종 장기적인 헌신을 어려워한다. 관계에서의 성공은 그들이 나비와 같은 경향이 있으며 그 안에서 살기 위한 틀이 필요하다는 것을 깨달아야 한다. — 그들은 결국 무한한 자유가 실제로 제약이라는 것을 발견할 필요가 있다.

역설

파트너가 꿈을 꾸게 하는 방법을 아는 것은 그들이 일상 생활에서 가장 원하는 것이 아닐 수도 있다.

메타포 — 돈 후안^{Don Juan}

그것은 상대방의 혼을 빼놓을 정도로 매혹하는 것이며 그들을 당신의 모험에 대한 꿈속으로 이끄는 것이다. 그들은 이 야만적인 세상에 신선함과 가벼움을 주기 위해 시라노 드 베르제라크^{Cyrano de Bergerac} (에드몽 로스탕이 쓴 5운문. 희곡 작품 - 역자 주)처럼 이야기를 늘어놓는다.

7유형의 경고신호

- 너무 많은 프로젝트
- 너무 많은 활동
- 너무 많은 생각
- 과도한 낙천주의

일대일 하위유형의 경고신호

- 자신이 강렬하고 열정적인 사람이라는 것을 증명하고 싶어하는 것에 몰입
- 파트너에게 과도하게 집중: 그들이 무엇을 하는지, 어디에 있는지, 누구를 만나는지
- 스스로의 행동에 과한 집중 — 넓은 시야의 부족
- 스스로의 목표와 파트너가 관심을 갖는 다른 것들 사이에서 경쟁

일대일 하위유형의 관점 — 바네사^{VANESSA}

내가 나의 유형에 대해 좋아하는 점

나는 새로움을 사랑한다. — 내 어릴 적 영웅 중 한 명은 크리스토퍼 콜럼버스였다. — 그것은 새로운 지평을 발견하기 위한 모험에 대한 것이

다. 파리의 트로카데로 광장에 우연이 있던 어느 날, 그날은 파리—베이징 집회가 시작되는 날이었다. 나는 모험, 속도, 알려지지 않은 경로, 이국적인 냄새, 다양한 인종에서 온 사람들의 얼굴에 대한 흥분으로 가득 차 있었다. 그리고 물론 모든 것이 연결되어 있다. 새로운 것, 모험과 흥분이다. 나는 졸업장을 받자마자 공부를 포기했다. 나는 여러 직업을 가졌고 결국 등산을 하거나 다이빙을 하고 싶은 사람들을 위해 아시아로 스포츠 여행을 조직하게 되었다.

내가 정말 좋아하는 또 다른 성격의 특징은 호기심이다. 나는 모든 것이 궁금하다. 누구든, 어떤 책이든 흥미를 끌 것 같다. 가장 나쁜 것은 텔레비전이다. 사실 나는 더 이상 텔레비전을 보지 않는다. 왜냐하면 나는 그것이 뉴스든 만화든 게임 쇼든 모든 채널에 유혹되기 때문이다! 그것의 장점은 내가 잘해야 한다는 것을 반드시 느끼지 않아도 새로운 활동들을 시도하는 것으로부터 재미를 느낀다는 것이다. — 모든 것은 재미에 관한 것이다. 운동에 대해 말하자면, 나는 물과 공중, 그리고 땅에서 하는 거의 모든 운동을 시도했었다. 카이트 서핑에서 폴로까지, 스카이다이빙, 테니스, 합기도도 빼먹으면 안 된다! 그리고 그것은 사람들에게도 마찬가지이다. 만약 우리가 전에 만난 적이 없다면, 훨씬 더 좋다. 당신이 누구이든, 당신이 어떤 삶을 살았든, 어서 오라, 당신을 환영하고, 내 삶에 있어줘서 고맙다!

내가 나의 하위유형에 대해 좋아하는 점

내가 하고 있는 일에 집중하는 능력 — 내가 무엇인가에 집중할 때 이 세상에는 다른 어떤 것도 존재하지 않는다. — 예를 들어 책 같은 것. 폭탄이 10m 떨어진 곳에서 터져도 나는 듣지 못할 수도 있는데 내가 하고 있는 일에 너무 열중하고 있기 때문이다. 그것이 책이든 영화든 게임이든 내 일이든 말이다. 특히 나는 7유형이고 활동을 자주 바꾸는 것을 좋아하기 때문에 설명하기 어려워 보일 수 있다.

그러나 이건 이렇게 작동한다. 한순간에는 일을 하다가 그 다음 순간에는 일을 마치는 것이다. 내 주의는 한순간에 다른 무엇인가로 옮겨가는 데, 이것을 음악의 곡조라고 말한다면 — 눈 깜짝할 새에 나는 음악으로 200% 빠지는데, 나는 완전히 전적으로 음악이 된다. 그것은 너무 강해서 지속할 수 없다. 그것은 매우 강한 레이저와 같아서 방향을 바꾸어야 한다. 그렇지 않으면 같은 방향으로 초점을 맞추면 그것이 타버릴 것이기 때문이다. 그래서 화제를 바꾸거나 다른 곳으로 관심을 돌린다. 이것의 좋은 점은 집중력에서 오는 강렬함을 좋아한다는 것이다. 단점은 피상적인 느낌, 세상을 더 넓게 보기 위해 필요한 항상성의 부족이다. — 그러면 내가 더 꾸준해 질 수 있을 것이다!

내가 나의 유형과 하위유형의 조합에 대해 좋아하는 점

에니어그램은 **매력/피암시**에 대해 이야기한다. 이 유형과 하위유형의 조합은 집중력이 거의 같지만 이번에는 사람에게 초점을 맞춘다. 나는 심지어 친구들과 나에게 등을 보이고 있는 사람을 나의 레이저 눈빛으로 쏘아보는 것만으로 돌아보게 만들 수 있을지 내기했다. 내가 이것을 하는 동안 나를 보고 있는 친구들은 내가 미친 것처럼 보였지만, 효과가 있었다. 몇 초 후에 그 사람은 돌아섰다. — 그들은 그들 뒤에 존재감을 느끼는 것 같았다. 좀 더 진지하게, 내 유형 때문에 나는 내가 만드는 새로운 만남에 대해 궁금하고, 내 하위유형 때문에 그들을 매혹하거나 그들에게 매혹당하고 싶다. 그래서 내가 관심 있는 사람과 함께 있을 때, 나는 7유형의 정신적인 민첩성과 일대일의 따뜻한 강렬함을 가지고 강한 연결고리를 만들고 상대방의 관심을 계속 끌게 한다. 나는 상대방이 프로젝트에 대한 나의 열정을 공유하도록 하는 방법을 알고 있고 그들이 나와 공유하는 아이디어에 쉽게 사로잡힌다. 이 강렬한 일대일 순간에는 마치 매일이 크리스마스인 것처럼 느껴진다. 마치 내 핏줄에 샴페인이 흐르고, 머리 위로 불꽃이 터지고, 하늘에서 색종이가 떨어지는 것처럼 느껴진다.

참고 영화 — 죽은 시인의 사회 Dead Poets Society

1959년, 엄격하고 보수적인 웰턴Welton 칼리지는 미국에서 가장 유명한 사립학교 중 하나이다. 그 학교의 가치는 전통, 명예, 규율, 탁월함이다. 새해의 시작에 이 세상에서 가장 특이한 선생님인 존 키팅(로빈 윌리엄스)이 부임해 온다. 그는 학생들에게 삶과 자유에 대한 사랑을 심어주고 그것이 실제로 무엇인지를 깨우쳐 주기 위해 노력한다. "너희의 길을 찾고, 너희 자신을 자유롭게 하고, 담대하게 미지의 세계를 정복하기 위해 떠나라." 존 키팅은 이 딱딱한 환경과 완전히 어울리지 않는 순응의 위험과 자신의 신념을 고수하는 도전을 가르친다. "너희들 만의 리듬을 찾고, 너희에게 옳다고 여겨지는 대로 행동하고, 너희 자신이 되어라." 그는 문학에서 자신의 생각을 지지해줄 다음과 같은 시를 찾는다.

"시간이 있을 때 장미 봉우리를 거두라,
시간은 흘러:
오늘 핀 꽃이
내일이면 질 것이다."

그는 학생들에게 "너희 삶을 특별하게 만들어라"라고 촉구한다. 그는 그들을 교실 밖으로 데리고 나와 야외에서 수업을 진행하며, 심지어 축구와 시를 혼합하는 방법을 찾는다. 그는 그들이 창의적이고, 독창적이며 혁신적일 수 있도록 요구한다. "너의 인생의 노예가 아닌, 인생의 주인이 되어라. 놀라운 광경들이 펼쳐지고 너희는 그 광경에 너의 시를 만들어낼 수 있어. 너희의 시는 어떨까?" 그는 학생들에게 열정, 기쁨 그리고 자신감을 준다. "내 생각에는 너는 너의 뱃속에 훌륭한 것들을 갖고 있는 것 같아." "너희는 어떻게 언어를 음미하는지 배울 것이다. 이것이 중요하다. 왜냐하면 말과 생각의 언어가 세상을 바꿀 수 있기 때문이다." 그는 자유를 찾는 사람들의 꿈속에 자유로운 영혼이 있다고 믿기 때문에 자유로운 영혼을 만들어내는 것을 꿈꾼다.

우리는 7유형의 고전적인 형태를 볼 수 있다. 장난, 말장난 그리고 이질적인 생각들의 연관성은 모험, 자유, 반순응주의, 즉흥성, 혁신, 이상주의와 결합한다. 여기에 덧붙여 우리는 "인간은 열정으로 이루어져 있기 때문에 시를 읽고 쓴다"는 일대일 하위유형의 열정을 본다. ─ 가끔 극단으로 치닫는다. "시는 우리의 혀에 꿀을 바르고, 우리의 영혼은 솟아오르고, 여성들은 기절할 것이며, 우리의 작품으로부터 신들이 태어났다." 7유형의 언어 민첩성과 결합된 일대일의 선천적인 유혹은 이 유형의 주요 단어를 완벽히 나타내는 것이다. 존 키팅은 그의 헌신과 모토인 카르페 디엠이 매력적이다. 그는 말한다. "강렬하게 살고, 인생을 마음껏 마셔라. 그래서 늙어서 우리가 삶을 살지 않았다는 것을 갑자기 깨닫지 않게 하라."

사회적 7유형

- 7유형의 몰입: 자유로운 것, 즐거운 것, 계속 움직이는 것
- 사회적 하위유형의 몰입: 친구, 연합과 모임에 집중
  = 희생

여기서 두 가지 모순된 에너지 라인이 작용한다. 7유형은 그룹의 이익을 위해 개인의 욕구를 포기해야 하는 사회적 요구에 반대되는 자신의 쾌락을 위한 욕구를 만족시켜야 한다. 그래서 여기에는 다른 사람에 대한 자신의 의무와 새로운 무언가를 향해 도망치려는 자신의 열망 사이의 긴장감이 있다. 사회적 7유형은 다른 사람들에 대해 책임을 느끼고 부담으로 느껴지는 것을 분개하지만, 그들의 하위유형은 그들이 특정한 사회적 관습을 존중하도록 강제한다. "나는 넥타이를 매는 것을 싫어한다. 그것들은 나를 목 졸라 죽이지만, 내가 사무실에 갈 때 나는 사회적으로 넥타

이를 매야만 한다." 이것은 그들이 친구 네트워크를 갖기 위해 지불해야 하는 대가이다.

개인의 자유는 사회적 이상을 위해 희생된다. 타인에 대한 깊은 의무감은 그들이 사회적 의무를 수행하기 위해 자신을 희생할 것을 요구한다. "나는 일들이 성사되도록 기여하는 것을 좋아한다. 현재 나는 휴일 동안 불우한 어린이들에게 테니스와 축구 클럽을 열어주는 봉사 단체에 참여하고 있다. 그것은 엄청난 시간이 걸리고, 나는 그것에 대해 사회적 인정을 받기를 기대하지 않지만, 그것은 세상을 더 재미있게 만드는 데 내가 기여하는 방식이다. 이 봉사의 가장 안 좋은 점은 2주마다 열리는 위원회 회의인데, 거기서 나는 모두가 다 한마디씩 하느라고 기다리는 것에 너무나도 짜증이 난다. 정말 지겹다." 그들은 여전히 그들 자신이 될 수 있는 사회적 역할을 찾으려고 노력한다. 그들은 그룹의 한계를 여전히 인식하면서 "그룹" 게임을 하는 것의 이점을 본다. ― 이 상황에서 그들은 미래의 꿈을 실현하는 더 큰 이익을 위해 현재의 즐거움을 희생할 준비가 되어 있다. 그룹으로 일하는 것이 프로젝트의 성공 가능성을 증가시키는 것도 사실이다. "그리고 다른 사람들이 나와 같은 생각이라면, 우리는 일하는 동안 즐길 수 있다."

역설

역설은 당신이 원하는 대로 하고싶은 자유를 집단이 제한할 것이라는 것을 알면서도 이 집단의 일원이 되기를 바란다는 것이다.

메타포[1] ― 이상주의적 선각자 Idealistic Visionary

그것은 그들이 믿고 있는 것이 옳다는 비전을 가지고, 프로젝트의 결실로 이끌기 위해 그룹을 결집시킬 용기를 찾는 것이다. 이상주의자로서 사회적 7유형은 세상을 더 나은 곳으로 혹은 적어도 살기 더 즐거운 곳으로 만들기 위해 노력한다. 위험은 이상주의가 유토피아와 혼동되는 "피터팬 증후군"이다.

7유형의 경고신호

- 너무 많은 프로젝트
- 너무 많은 활동
- 너무 많은 생각
- 과도한 낙천주의

사회적 하위유형의 경고신호

- 과도한 인정의 욕구
- 사회적 관계를 유지하는데 너무 많은 시간의 소모
- 너무 많은 클럽과 집단에 속함
- 그들이 지지하는 명분에 과하게 헌신

사회적 7유형의 관점 – 필리페PHILIPPE

내가 나의 유형에 대해 좋아하는 점

아주 짧은 시간 안에 엄청난 양의 정보를 모으고 핵심을 끌어낼 수 있는 나의 능력. 이를 통해 나는 회의 준비 시간을 최소한으로 줄이면서도 상황에 완벽하게 대처하고 있다는 인상을 받을 수 있다. 나에게 이러한 "마술사"와 같은 측면은 항상 다른 사람들을 놀라게 하고, 내가 실제로 아는 것이 거의 없는 주제에 대해 이야기할 수 있는 재능과 자신감은 종종 나를 놀라게 한다! 나는 나의 유형 특성이 장애물의 크기를 줄일 수 있기 때문에 삶을 편하게 만든다고 생각한다. 나는 사물의 긍정적인 면만 기억한다. 내 주변 사람들에게 나는 재미있는 사람이라고 생각된다. 왜냐하면 여러분이 나와 함께 있을 때 우리는 우리들을 너무 진지하게 생각하지는 않기 때문이다. 나는 대부분의 경우 기분이 좋다. 나는 항상 농담을 하고 창의적인 사람이다. 나는 사람들이 이해하든 말든 간에 말장난으로 분위기를 밝게 하는 것을 좋아한다. 사람들은 항상 내 아이디어의 연관성을 이해하지 못한다. 왜냐하면 나는 종종 연결되어 있지 않은 몇 가지 요소들을 한데 모으기 때문이다.

내가 나의 하위 유형에 대해 좋아하는 점

나는 내가 지역사회에서 하고 싶은 역할에 동기부여가 되지 않았다면 하지 않았을 노력을 기울일 준비가 되어 있다는 점이 좋다. 나의 사회적 하위유형은 내가 공동의 이익을 위해 일을 하거나 지역사회에서 솔선수범에 참여할 수 있게 해준다. 나의 사회적 하위유형은 인내심, 타인과의 유대감, 사명감을 주기 때문에 나에게 좋은 하위유형이다. 그것은 나를 끊임없이 발전시키고 다른 사람들과 함께 하는 모든 것에 대해 호기심을 갖게 한다. 내가 직접 선택한 이상 내가 속한 여러 조직과 연결되어 있다고 느낀다. 나는 세상을 어깨에 짊어지지는 않겠지만, 내 주변에서 일어나는 일에 대해서는 열려 있다.

내가 나의 유형과 하위유형의 조합에 대해 좋아하는 점

나는 나의 사회적 하위유형이 내 7유형의 잠재적인 무절제를 어느 정도 균형 있게 조절한다는 인상을 받는다. 나의 사회적 하위유형은 내가 다른 사람들과 함께 일할 필요성으로 이끌어가고, 나의 희생 의식은 확실히 내가 덜 자기중심적일 수 있도록 도와준다. 그러나 내가 준비되지 않은 영역 너머에 한계가 있다. 어떤 회의들은 너무 길어서 견딜 수가 없다. 개인적으로, 내 유형과 하위유형의 조합은 내가 그룹의 가치 있는 리더가 될 수 있는 능력을 주었다. 나는 회의를 가볍게 할 수 있는 방법과 단호함과 농담의 균형을 잡는 방법을 알고 있다. 사실 나는 내 자신을 완전히 진지하게 생각해 본적이 없다고 생각한다. 나는 내가 운영하는 회의에 활기를 불어넣는 일종의 활달함을 가지고 있지만, 동시에 내 희생 의식은 공동의 대의를 위해 신뢰할 수 있는 목소리를 내게 만들고, 내 견해는 진지하게 받아들여진다.

하지만 내 프로필에는 나를 방해하는 장애물이 하나 있다. 다른 사람들이 나를 외부에서 보는 방식(항상 긍정적인)과 내가 나를 보는 방식 사이의 차이, 즉 내가 종종 큰 책임을 질 만큼 "진지하지" 않다고 느낀다는 것이다. 과거에는 이것이 내 직업적인 삶에서 몇몇 흥미로운 제안을 거절하게 했지만, 일단 내가 이것을 극복하고 나자, 이제 나는 그렇게 보이지는 않지만 폄하하는 사람들을 무장해제 시킬 수 있고, 타인의 비판을 어느 정도 자기비하로 받아들일 수 있는 지도자로 인정받는다. 뿐만 아니라 나의 무한한 상상력과 아이디어를 연결하는 방식은 그룹을 올바른 방향으로 유도하고 운영 방식을 개선할 수 있게 해준다.

참고 영화 — 찰리 윌슨의 전쟁Charlie Wilson's War

실화를 바탕으로 한 이 영화는 텍사스의 하원의원 찰리 윌슨을 위한 축사로 시작한다. "소련의 패배와 해체 그리고 베를린 장벽 붕괴는 역사의 주요 사건입니다. 이 전투에는 많은 영웅들이 있었지만, 찰리 윌슨은 그들 중 으뜸입니다. 13년 전, 소련은 천하무적처럼 보였지만, 그러나 찰리가 모든 역경에도 불구하고 치명타를 입혔습니다. 찰리가 없었다면 역사는 완전히 그리고 고통스럽게 달라졌을 것입니다." 영화 전체가 사회적인 느낌이다.

이야기의 시작으로 돌아가서 — 1980년 4월 찰리는 아프가니스탄에 대한 보고서를 듣는데, 그 기자는 아프가니스탄이 패배하고 러시아가 걸프 유전에 다다르면 미국이 곧 뒤따라서 패배할 것이라는 것을 인지하지 못하는 것 같다고 말한다.

찰리의 여행은 그로 하여금 두 명의 약간 반항적인 인물과 접촉하게 한다. 아프가니스탄의 상황을 바꾸기로 결정한 텍사스 출신의 부유한 상속녀 조앤 헤링(사회적 8유형)과 러시아인들에게 앙갚음을 하고 싶어하는 CIA 요원 거스(자기보존 8유형)이다. 그들 세 사람 사이에서, 몇 년 안에 그들은 의회 투표를 통해 수백만 달러의 비밀 자금을 얻어내고 아프가니스탄 저항군 전사들에게 그들의 나라에서 러시아인들을 쫓아 내도록 무기를 공급했다.

찰리는 미성숙하고 다소 가벼운 면을 갖고 있다. 그는 스스로를 "치맛자락을 쫓는 술꾼"이라고 묘사한다. 그에게는 인생에서 최고의 것을 얻는 것이 진지하게 정치인으로 보이는 것보다 중요한 것 같다. 그는 자쿠지에서 콜걸들과 함께 추잡한 상황에 빠지고, 엄청난 속도로 여러 프로젝트를 동시에 처리한다. 당신이 7유형에 대해 예상하듯이, 그는 "국무부, 국방부, CIA가 만나는" 여러 개의 위원회에 속해 있다.

영화 전체가 사회적 느낌을 가지고 있다. 그것은 네트워크와 관계에 관한 것이다. "나는 미국인들이 왜 아프가니스탄 사람들을 도와야 하는지에 대한 훌륭한 영화를 만든 친구가 있고, 나는 자금을 모으기 위해 휴스턴에 있는 내 집에서 이 영화를 보여주고 있다." (물론 모든 텍사스 제트족(역자 주 - 호화로운 제트기를 타고 지구를 반 바퀴 이상 돌면서 여행을 즐기는 사람들)이 참석한 가운데!) 혹은 "나는 당신이 파키스탄 대통령을 만나도록 일정을 잡았고, 또한 이스라엘에서 또다른 미팅을…"

사회인이 되는 것이 부분적으로 호의를 교환하는 것은 분명하다. 예를 들어, 찰리는 윤리위원회에 들어가는 것에 동의하고, 그 대가로 케네디 문화 센터의 이사회에 앉기를 요구한다. "나는 정말로 거기에 참여하고 싶다. 여자들은 여기에 초대받는 것을 아주 좋아하고 나는 돈이 없다…" 일단 그가 들어오면, 찰리는 그에게 빚진 사람들의 호의를 끌어당긴다. 주요 예시로 그가 예산소위원회 위원장이 그의 단체에 영향력을 행사해 그들에게 도움을 달라고 설득할 때, 당신이 알아차리기도 전에 4천만 달러의 비밀 자금이 아프가니스탄 저항군에게 보내진다. 우리는 사회적 하위유형들이 그들의 관점을 확실히 보여주기 위해 위원회와 회의를 어떻게 활용하는지 볼 수 있다. 카리스마는 흔히 일대일 하위유형에 더 연관되어 있는 반면에, 사회적 유형은 흔히 사람들을 감동시키는 대중 연설을 하는 재능을 가지고 있다.

또한 사회적 하위유형은 동맹과 정치적 게임에도 능숙하다. — 그들은 계획이 틀어질 것을 예측할 수 있는 거의 6유형의 직감과 같은 사회적 직감을 가진다. "의회에서 나는 이스라엘을 지지한다. 나는 유대인 기부자들 덕분에 자리를 잡았고, 만약 내가 무슬림의 명분을 지지하기 시작한다면 그들이 어떻게 생각할지 모른다." 찰리는 모든 샷 전에 나머지 공에 대해 그의 행동이 미칠 결과를 저울질하는 스누커(역자 주 - 스물 한 개의 공으로 승부를 결정하는 당구 경기의 일종) 선수 같다. 사회인들은 어떤 공동체에서든 중요한 사람들을 알고 있다. 그들은 작은 부탁을 주고받으며, 중요한 파티에 초대받고, 다른 지역이 어떻게 운영되는지 알고 있다. 그들의 사회적 성공의 주요 열쇠 중 하나는 그들의 네트워크이다. 그들은 권력을 가진 사람들과 접촉해야 하며 따라서 어떤 특정한 순간에 도와줄 수 있는 알맞은 사람을 알고 있다.

나는 내가 전쟁 영화를 에니어그램을 묘사하는 데 사용하게 되리라고 생각해본 적 없었지만, 운 좋게도 이 무서운 주제는 줄거리에 가벼움을 가져다주는 괴짜와 같은 유머로 다뤄져 있다.

8유형의 세 가지 하위유형

상처

어느 날, 8유형 아이들은 억울한 상황에서 굴욕감이나 무력감을 느꼈다. 그들은 세상에 대한 분노, 특히 부모의 권력에 대한 분노를 가지고 나왔다.

격정: **욕망**Lust

욕망은 본능적인 원동력에 대한 통제력의 결여이다. 당신의 모든 힘을 다해 삶을 물어뜯으려는 에너지의 돌진이다. 과도한 강렬함은 매우 강력하다. 매운 음식, 속도, 최대 음량, 감각을 자극하고 싶어하는 경향 — 가능한 한 많이 그리고 지금! 여기에는 "내 주변의 모든 것을 내 스스로 돕고, 내가 원하는 것을 빼앗기 위해 뛰어들기"라는 의미에서 공격적인 경향이 있을 수 있다. 이 에너지의 전형적인 특성은 열정, 관대함, 인간관계의 즐거움이다. ― 매번 최대치이다. 클라우디오 나란호는 "그것은 모든 것의 즐거움이다. 공상의 한계까지 가는 것, 허용되지 않는 것, 즐거움을 얻기 위해 투쟁하는 것의 즐거움이다. 만족으로 가는 길에 장애물이 없다면 즐거움이 없다. 즐거움은 본능을 만족시키는 것이 아니라, 그 만족을 얻기 위한 싸움을 하기 위함이다"라고 말한다. 여기에는 강한 분노가 갑작스럽게 빠르게 지나가는 경향이 있다. 8유형들은 강인한 정신을 가진 강하고 충동적인 인물이다. 그들은 종종 갈등, 위협, 공격적으로 삶을 살고 나약함, 민감함, 공포를 경멸하는 에니어그램에서 가장 반사회적인 유형으로 여겨진다.

그들은 위험을 감수하는 것으로 자신의 두려움을 부정하고, 강인함을 느끼고, 자신의 생각을 말할 수 있게 한다. 그들은 자신이 아무것도 두려워하지 않는 것처럼 보이도록 하면서 그들 주변의 사람들을 위협하는 경향이 있다. 이런 유형을 논할 때 우리는 종종 지배하려는 유혹에 대해 이야기하지만, 나는 그것을 권력 그 자체를 차지하려는 욕망보다는 권력을 가진 권위에 대한 맹렬한 적대감으로 묘사할 것이다. 8유형들은 불안에 대해 눈을 가렸기 때문에 가혹하다. 무엇보다도 그들은 자신의 감각, 유형, 현재를 신뢰하는 경향이 있다. 그러므로 그들은 고상한 생각, 즉 추상적이고, 영적인 것을 의심하는 경향이 있다. 그들이 무엇보다 추구하는 것은 살아있다는 느낌이다.

선호하는 방어기제: 부정Denial

부정 ― 그것은 위험을 보지 않고, 두려움을 느끼지 않으며, 그들의 취약성과 접촉하지 않는 것이다. ― 이러한 것들이 미치는 영향과 중요성을 최소화한다. 현실의 일부는 단순히 그것들이 존재하지 않는 것처럼 취급된다. "여기에는 그냥 아무것도 없어." 그것은 고통에 직면하는 것을 거부하는 고전적인 방법이다. ― 당신은 무언가를 보고도 그것을 보지 못한다. 당신은 현실과 상황의 심각성이 당신에게 영향을 미치지 않도록 하기 위해 모든 것을 한다. ─ 그것은 존재하지 않는다. 결코 일어나지 않는다. 그들은 감정을 느끼지 않도록 하는 복갑과 내파를 막는 방어구를 가지고 있다. "나는 전쟁에서 이기려면 죽을 병사들의 수를 잊어야 하는 총사령관 같다. 강인함을 유지하기 위해서 나는 내 부드러움을 없애야 한다. 그것이 나의 자동화된 행동의 일부라는 것이 행복하다." 또 다른 예가 있다. ─ "사람들은 종종 내 용기에 감탄했지만, 나는 결코 내가 용기 있다는 것을 인식하지 못했다. 나는 결과를 보지 않고 뛰어들었고, 최소한의 감정이 자리 잡기 전에 충동적으로 행동했다."

자기보존 8유형

- 8유형의 몰입: 강렬하게 사는 것, 원하는 것을 얻는 것
- 자기보존 하위유형의 몰입: 집, 안전 및 물질적 안정
   = 자급자족

그들이 어렸을 때, 자기보존 8유형은 마치 살아남거나 영토를 정복하기 위해 싸워야 했던 것 같다. 그들은 먹고, 마시고, 돈을 벌고, 지붕을 얹고, 무리를 보호하며, 그들의 주요 욕구를 충족시키고자 하는 강한 충동을 키웠다. 생존에 대한 불안감은 환경을 통제하게 한다. "나는 누가 어디서 무엇을 하고 있는지 알아야 한다. 인생은 강자가 약자를 유린하는 정글과 같다. 나는 나에게 중요한 사람들을 더 잘 보호하고 싶어서 형사처럼 행동한다. 그래서 나는 그들이 오고 가는 것을 알기 원한다. 반면 나는 사람들이 나를 통제하려는 것을 참을 수 없다. 그렇게 되면 문제가 생길 것이다. ─ 독립하기 위해 싸울 것이다." 다른 자기보존 하위유형처럼 그들은 집에 머무는 경향이 있다. "나는 사치가 필요 없고 최소한의 안락함만 있으면 된다.

만약 필요하다면 찬물로 샤워하는 것도 문제가 되지 않는다." 스파르타식 생활방식과 일과는 안심이 된다.

여기에 그들이 공격당했다고 느끼는 큰 경향이 있다. 그들은 마치 에니어그램 도표에서 그들 앞에 있는 유형들의 특징을 더하는 것 같다. 성의 수비수 5유형, 사람들을 신뢰하는 데에 문제가 있는 6유형, 자유에 목마른 7유형이다. 하지만 5유형과는 달리, 그들은 모든 것을 관찰하며 성 안에 있는 높은 곳에 있지 않고 성 안뜰에서 정보를 수집하고 명령을 내린다. 그들의 직장 생활에서 그들은 위임하는 데 있어 가장 좋은 유형이다. 그들은 책임을 할당하고, 임무를 정의하며, 정기적인 보고서를 고집하며, 비상시에 연락할 수 있다. 성 안에서 왕은 왕좌에 있고, 당신은 그를 어디서 찾을 수 있는지 알고, 그가 그곳에 있을 것이라는 것을 알고 있다.

역설

모든 상황을 열정적으로 파악하는 것은 부드러움과 섬세함을 경험하고 보여줄 수 있는 나의 기회를 줄일 위험이 있다.

메타포 — 법관The Justice

그들은 자신의 억눌린 공격성을 육체적인 도전들과 물질적인 안전을 통해 푼다. 그들은 불의를 감지하는 즉시 전투에 돌입한다. 그들은 가족의 일원을 적극적으로 보호한다. 그들의 아이에게 털끝 하나라도 손을 댔다면 당신에게 재앙이 있을 것이다!

8유형의 경고신호
- 과도한 힘
- 너무 빠른 반응
- 과도한 공격성
- 너무 큰 존재감

자기보존 하위유형의 경고신호

- 안전에 과한 주의
- 직장에서 너무 많은 시간을 보냄
- 물질적 안녕에 과한 집중
- 저녁에 집에서 하는 일이 너무 많음

자기보존 8유형의 관점 — 클레어CLAIRE

나의 유형에 대해 내가 좋아하는 점

나는 내가 하는 일의 일관성과 진실성에 대해 매우 큰 기대를 가지고 있다. 나는 내가 생각하는 것을 말하고 내가 말하는 것을 믿는다. — 내가 분노에 지배당해 있거나 때때로 과장할 때를 제외하고. 당신은 나를 믿어도 된다. 나는 믿을 만하고 만약 당신이 곤경에 처한다면, 나는 달려갈 것이다! 나는 두렵지 않다. 나는 전사의 갑옷으로 보호받고 있다. 나에게 있어 인생은 투쟁이며, 여기서 내 역할은 옳은 것을 지키는 것이다. 가끔 나는 내가 도자기 가게에 있는 황소 같다고 느낀다. 내가 재치 있고 외교적이고 공감적이거나 친절해야 할 때, 나는 내 자신을 제대로 표현하지 못하거나 어설프게 행동한다. — 그러나 나는 다소 거친 곰이 아닌 다른 사람이 되는 것이 어렵다는 것을 알게 된다. 나는 상황, 일 혹은 사람의 문제가 무엇인지 바로 알 수 있다. 나는 비관적이지 않고 본능적으로 상황의 약점을 바라볼 수 있다. 나는 문제가 분명하게 다가오는 것을 볼 수 있고 일어나는 일에 거의 놀라지 않는다. 나는 도전을 하고 내가 할 수 있다는 것을 보여주는 것을 좋아한다. 특히 다른 사람들이 나를 의심할 때 말이다. 하지만 만약 내가 무언가를 믿지 않는다면, 나는 그것에 에너지를 쏟을 수 없다. 나는 상황이 더 유리해질 때까지 기다리거나 내가 믿지 않는 일을 하지 않기를 바란다.

나의 하위유형에 대해 내가 좋아하는 점

나는 고독하고 독립적인 편이다. 나 혼자 있을 때 나는 다른 사람들과 어울리지 않는다는 것을 느낄 수 있다. 나는 그림 그리기, 다양한 책 읽기, 집 주변에서 DIY 프로젝트를 하는 것을 좋아한다. 나는 바닥부터 천장까지 모든 것을 견고하고 깨끗하고 건강한 상태로 만들기 위해 재시공했다. 나는 색깔과 장식을 맞추는 것을 좋아한다. 아기 돼지 세 마리 중에서 나는 막내이다. 아직 집을 다 짓지 못했는데, 견고하고 안전하길 원했기 때문이다. 하지만 늑대가 오면 준비가 될 것이다. 텔레비전에서 요리나 인테리어 프로그램을 보는 것을 좋아한다. 나는 집에서 작고 아늑한 보금자리에 틀어박혀서 걱정없이 자유롭다고 느낀다. 그것은 아마도 물질적 웰빙을 단순하게 즐기는 방법을 아는 것에 대한 **만족**이다. 나는 상황이 딱 좋을 때를 좋아한다. 그러면 시간이 균형 잡힌 상태에서 멈춰서 기존의 질서를 뒤엎을 수 있는 것은 아무것도 오지 않는 것과 같다. 그것은 내가 변화를 즐길 수 없다는 것을 의미하지 않는다. ─ 그것이 더 견고함과 균형을 가져오는 한. 사실 난 인정하고 싶지는 않지만 안정과 안심이 절실히 필요하다. 나는 가끔 아무도 필요 없다고 생각한다(그게 착각이라는 걸 안다!). 결국에는 나는 합의를 보고 양보해야 하는 집단과 뒤엉키기보다는 나 스스로 일을 처리하고 내가 좋아하는 일을 할 수 있는 것을 선호한다.

나의 유형과 하위유형의 조합에 대해 내가 좋아하는 점

내 인생의 다른 부분과 마찬가지로 나의 연애는 전쟁터와 같다. ─ 나는 파트너에게 많은 것을 기대한다. 나는 그가 내가 믿을 수 있는 확고한 사람이고 내가 그에게 기대야 할 때 그가 내 곁에 있을 것이라는 것을 느껴야 한다. 하지만 부드러움과 웃음도 필요하다. 만약 우리 사이에 뭔가 문제가 있다면, 나는 막연한 불안감을 느끼고 그 원인을 찾을 때까지 계속 살펴봐야 한다. 내가 감정적인 삶에 대해 이야기하는 이유는 내 가족을 구성하는 몇 안 되는 친구들이 그렇듯이 그것은 내가 살아남기 위해 필요한 영역의 일부이기 때문이다. 나는 인간관계에서 매우 까다롭기 때문에 친구가 거의 없다. 내가 슬프거나 화가 났을 때, 그리고 내 감정을 표현해야 할 때, 나는 내 말의 강도로 사람들을 놀라게 할 수 있다. 다음날 나는 대체로 기분이 좋아지고 다른 일들로 옮겨가지만, 내 친구들은 여전히 내가 전날 한 말에 영향을 받고 있다. 나는 도움이나 부탁을 하는 것을 싫어한다. 나는 다른 사람에게 의지할 필요 없이 스스로 모든 것을 해결하려고 노력한다. 하지만 내가 위임할 수 있고 모든 것이 잘 될 때, 나는 손을 놓고 다른 사람들에게 책임을 넘길 수 있는 것이 정말 좋다.

참고 영화 — 밀리언 달러 베이비Million Dollar Baby

이 영화는 로스앤젤리스 시내의 권투 링을 배경으로 하고 있다. 우리는 8유형을 다루고 있다는 것을 알 수 있다. 왜냐하면 이 영화가 싸움에 관한 것이기 때문이다. 이 영화는 육체적 감각, 탈진, 육체적 노력, 땀과 피, 삶과 죽음에 관한 영화이다. 힐러스 스윙크는 그녀의 연기로 2006년 오스카 여우주연상을 수상했다. 그녀의 배역은 30살 정도 되는, 운이 나쁜, 동네 레스토랑에서 웨이트리스로 고용된, 갑자기 복서가 되고 싶다고 결심하는 사람이다. 그녀의 주요 특징은 그녀가 투사라는 것이다. "나는 그렇게 태어났다. 나는 태어났을 때 몸무게가 겨우 5파운드였고 세상에 나오기 위해 싸워야 했다." 그녀의 트레이너는 그녀에게 어떻게 몸을 제대로 움직이고, 피하고, 균형을 잡고, 무릎을 구부리고, 앞으로 나아가고, 물러나는 동안 싸우고, 고통에 대처하고, 숨을 쉬고, 피로를 극복하는지 가르쳐 준다. 훈련 시간 동안 다리가 움직이는 장면들은 발레처럼 보인다.

관계에 관해서는 말이 거의 없다. 다른 사람들과 관계를 맺는 것은 육체적으로 경험하는 것이다. 일이 까다로워지면 지적 교양은 사라진다. 말은 거의 없고 요점으로 바로 다가온다. "만약 당신이 나를 설득해 내 트레이너를 떠나게 하려고 우연히 이 식당에 흘러 들어온 척한다면, 괜히 문제를 일으키지 말라. 나는 절대 그를 떠나지 않을 것이다." 그녀는 발길을 돌려 걸어 나갔다. 상대방은 인사를 하거나 뭔가를 말할 기회조차 없었다. 그녀의 싸움은 똑같이 직접적이고, 주먹이 굵고 빠르게 온다. 그녀는 시합에서 1라운드 녹아웃으로 승리한다.

그녀의 신체적인 반응에서 우리는 8유형의 충동적인 즉각성을 보게 된다. 그리고 다른 한편으로는 우리는 그녀의 겸손함 이면의 인간적인 따뜻함, 말하지 않은 것의 이면에 있는 감정들도 본다. 또한 우리는 여기서 그의 클랜을 볼 수 있다. 단지 세 명의 사람들이 있다. 권투 선수, 트레이너, 그리고 관리인이다. 영화의 끝은 삶과 죽음에 관한 것이고, 삶과 죽음의 싸움에 관한 것이다. 이 영화는 자기보존 하위유형인 자신의 몸과 일에 완전히 집중하는 사람을 극단적으로 보여준다. 이런 종류의 삶이 만들어 내는 단순함에 대한 것이다. 사회적 세련됨이나 유혹의 게임 같은 것은 없다. 상징적으로 이 영화는 8유형이 그들의 공격성을 표출할 수 있는 것이 얼마나 중요한지를 보여준다. 당신은 만약 그녀가 그것을 외부로 표현할 수 있게 해준 복싱을 발견하지 않았다면 이 공격성이 어떻게 이 젊은 여성을 안팎으로 파괴했을지 볼 수 있다.

일대일 8유형

- 8유형의 몰입: 강렬하게 사는 것, 원하는 것을 얻는 것
- 일대일 하위유형의 몰입: 파트너에게 집중
  = 소유/항복

그들은 어떤 것도 어중간하게 하지 않기 때문에 8유형의 일대일 관계는 전부가 될 것이다. 망설이거나 시간을 낭비하는 것을 피하기 위해 관계는 전적으로 혹은 아무것도 아닌 방식으로 진행될 것이다. "내가 저녁을

책임지고 내 남편은 나에게 완전한 책임을 넘기거나, 아니면 그에게 온전히 책임을 넘기거나이다. 완전한 소유이거나 아니면 완전한 항복이다. 이것은 또한 집안일에서도 일어난다. 나는 아이들과 휴일에 관한 모든 일을 책임지고 있다. 그는 가계부를 처리하고 집안일을 돌본다. 우리는 각자의 영역에 대해 전적으로 책임이 있으며 결정을 내리기 전에 서로 상의하는 데 시간을 낭비하지 않는다." 이것은 연인의 열정적인 포기와 같다. "나는 당신에게 완전히 내 자신을 내려놓는다. 나는 우리 관계에서 아무것도 통제하지 않는다." 그러나 속지 말라. 이 관계가 살아있기 위해서는 정복, 열정, 높은 목소리, 그리고 정복과 같은 대립하는 순간이 있어야 한다.

할 일에 대한 명확한 책임을 할당한다고 해서 8유형이 가끔씩 논쟁을 벌이는 것을 막을 수 없다. 때때로 상황이 약간 불분명하다. "한편으로는 우리 각자가 자유로워졌으면 좋겠고, 다른 한편으로는 "한 여자"이고 나는 그녀가 어디에 있고 무엇을 하고 있는지 알고 싶다. 나는 우리가 각자의 비밀 정원을 갖기를 원하지만, 동시에 나는 그녀가 그녀의 모든 비밀을 나와 공유하기를 원한다!" 이 완전한 신뢰는 불확실성으로 가득 차 있다. "나는 내 감정적인 삶에서 안정을 찾고 있기 때문에, 나는 그녀에 대한 모든 것을 알 권리가 있는 것처럼 느껴진다. 그리고 한편으로는 나는 그녀에게 완전히 내 자신을 내려놓는다는 생각에 끌린다." 만약 그들이 이것을 인식하면서 살아갈 방법을 찾지 못하면, 일대일 8유형은 매우 독점욕이 강해질 수 있다. 우정에 관한 한 상황은 훨씬 간단하다. 만약 당신이 서로를 믿는다면, 당신은 당신의 삶에 대한 모든 것을 공유할 수 있다. ― 시간을 낭비하거나 격식을 차리지 않고, 당신은 당신에게 중요한 것의 핵심으로 직행한다. 직장에서도 같은 패턴이다. 어떤 일대일 8유형은 100% 위임하는 것을 괜찮아하지만 다른 경우에는 위임 조건을 엄격하게 해야 한다.

역설

내 자신을 완전히 상대방에게 내려놓기를 원하거나 상대방을 완전히 통제하기를 원하는 것은 사실 동일한 과도한 행동의 두 극단이다.

메타포 — "전부 혹은 아무것도 아닌" 배우자All or Nothing Partner

그것은 당신의 지배가 파트너들에게 압도감을 느낄 수 있다는 것을 깨닫지 못한 채, 당신의 강렬한 존재감을 사용하여 수고할 만한 가치가 있는 가까운 사람들을 소유하거나 통제하기 위한 것이다.

8유형의 경고신호

- 과도한 힘
- 너무 빠른 반응
- 과도한 공격성
- 너무 큰 존재감

일대일 하위유형의 경고신호

- 자신이 강렬하고 열정적인 사람이라는 것을 증명하고 싶어하는 것에 몰입
- 파트너에게 과도하게 집중: 그들이 무엇을 하는지, 어디에 있는지, 누구를 만나는지
- 스스로의 행동에 과한 집중 — 넓은 시야의 부족
- 스스로의 목표와 배우자가 관심을 갖는 다른 것들 사이에서 경쟁

일대일 하위유형의 관점 — 엘리자베스ELISABETH

내가 나의 유형에 대해 좋아하는 점

바로 나에게 떠오르는 것은 나의 정직함, 맑고 단순하며 솔직한 나의 모습이다. 다른 사람들과의 관계에서 나는 속이지 않는다. 당신이 보는 것이 그대로이다. 예를 들어, 나는 가만히 앉아서 행동 방침에 대해 생각하는 방법을 모른다. — 나는 내가 그것을 경험하는 그대로 나에게 진실인 것을 말한다. 나는 리더의 역할을 맡을 수 있지만, 만약 다른 누군가가

정의롭고 공정하기만 하면, 나는 그 누군가가 집단을 책임지는 것에도 꽤 행복해 할 수 있다. 내가 어떤 일을 하는 것에 동의한다면 당신은 나를 정말 믿어도 된다. 나는 운영을 잘 하려면 어느 정도의 자유가 필요하다. 나에게 가장 중요한 것은 사람들이 다른 사람들, 특히 가장 취약한 사람들을 존중한다는 것이다. 나는 이성에 기초한 지적 이론으로 인해 사람들이 고통받고 있다는 것을 알 수 있다면 그것을 옹호하지 않을 것이다. 나는 권력 남용과 행동에 대한 잘못된 정당성에 대한 강한 본능적 후각을 가지고 있다. 나는 종종 강인함과 연약함을 동시에 느낀다. 항상 대결을 원하는 것은 아니지만, 대의가 정당하다면 나는 받아들인다.

내가 나의 하위유형에 대해 좋아하는 점

일대일 관계는 고된 세상에서의 달콤한 순간과 같다. 내가 누군가와 일대일로 있을 때 나는 내 진실을 말하고 깊이 들어갈 수 있다. 예를 들어 남편과 함께 하는 것, 또는 다시 보지 않을 사람들과의 "일회성"처럼, 그것들이 정기적이든 심지어 매일 만나는 것이든 나는 정말 풍부한 만남을 가질 수 있다. 나는 친구가 많지만, 나는 그들 각각과 특별하고, 강렬하며 구체적인 관계를 가질 것이다. 하루 중에 아주 짧은 시간이라도 일대일 순간을 갖는 것은 나에게 기쁨과 힘을 준다.

내가 나의 유형과 하위유형의 조합에 대해 좋아하는 점

당신이 예상하는 것처럼 나는 일대일 만남에 많은 에너지를 쏟았고, 그것은 내가 상대방을 이해하고 도울 수 있는 능력을 준다. 이러한 일대일 친밀감을 통해 나는 상대방이 자신에 대해 자유롭게 말할 수 있는 존재감을 줄 수 있다. 그들은 내가 정말로 그들의 말을 듣고 있다고 느끼기 때문에 마음속 깊은 곳에 무엇이 있는지 말하고 싶다면 위험을 감수할 수 있다. 게다가 나의 8유형은 나에게 강한 기반을 제공하기 때문에 상대방은 그들이 어떤 시련을 겪든 나에게 기대고 내가 그들과 함께 있다고 느낀다. 나의 8유형의 특성은 내가 이론적인 토의를 피하고 실용적이고 거의 물리적인 공간을 차지한다는 것을 의미한다. 그것은 마치 내가 단순히 그 자리에 있다는 사실만으로 상대방이 힘을 얻을 수 있는 것과 같다.

그리고 마지막으로 내 충동적인 8유형 기질은 나의 하위유형 덕분에 부드러워진다고 생각한다. 마치 다른 사람과의 강렬하고 아름다운 연계에 대한 내 욕구가 내 유형에 따른 모든 에너지의 과잉을 없애는 것과 같다.

참고 영화 ― 카사블랑카Casablanca

이 영화의 배경은 1941년 12월의 모로코이다. 독일 점령지에서 탈출할 수 있는 경로 중 하나는 마르세유, 오란, 비시 정부에 의해 통치되고 있는 카사블랑카이다. 한때 카사블랑카에서 난민들은 중립지역인 리스본으로 비행하기 위한 비자를 받을 수 있었다. 그럴 수 없다면, 그들은 도둑과 밀수꾼들이 모이는 카사블랑카에 (종종 오랫동안) 갇혀 있었다. 릭(험프리 보가트)은 세련된 카페의 주인이다. 과거에 그는 독일인들에게 지명 수배를 받았지만, 쉽게 굴복하는 타입이 아니었다. 8유형이 분명하게 나타나는 것이다. 그는 보스이다. 그의 연설은 멋있지만 권위적이다. 그의 명령과 신념은 명확하고 직접적이며 그의 결정은 빠르고 거의 즉각적이다. 그는 고객들과 술을 마시지 않는다. 그의 카페는 파는 물건이 아니다. 그는 심지어 카페가 당국에 의해 문을 닫았을 때에도 그의 종업원들을 보호하고 그들이 봉급을 받을 수 있도록 보장한다. 그는 외교적인 기술이 없고 그의 하위유형으로 인해 다소 누그러졌지만 언제나 싸울 준비가 되어 있다.

어느 날 빅터 라즐로가 도착한다. 그는 리스본으로 도망쳐야 하는 레지스탕스 대장이다. 그리고 그는 릭의 애인이었던 그의 아내 일사(잉그리드 버그만)와 함께 있다. 영화는 등장인물들의 만남을 중심으로 전개된다. 일대일 만남은 격렬하고 열정적이다. 그들이 서로를 바라보는 시선의 힘은 거의 매혹적이다. 처음에 릭은 일사에게 무뚝뚝하다. 그는 그들의 예전 관계를 결코 잊지 않았고 그녀가 관계를 끊었기 때문에 그녀에게 화가 났다. 그가 여전히 그녀에게 품고 있는 사랑과 그녀에게 말하는 엄한 어조의 대조가 두드러진다. 그 후 방어막은 점차 무너지고 — 우리는 8유형이 그들의 갑옷 아래에서 얼마나 섬세한지 배우게 된다. 릭, 그 속에 섬세한 부분은 갖고 있지 않은 이 충동적이고 예측할 수 없는 사람은 자신의 감정을 깨닫게 되고 순식간에 그의 심장은 널뛰기를 한다. 잠깐 전에 그는 그녀를 열정적으로 사랑했지만 그녀를 위해 아무것도 하지 않았다. 이제 그는 그녀를 보호하기 위해 무엇이든지 할 만큼 그녀를 사랑한다. 우리는 일대일 8유형의 영역에 있는 것이다. 그들은 완전히 혹은 전혀 자신을 내려놓지 않는다. 영화 속의 다양한 순간에서 우리는 8유형의 본능적인 직감과 일대일 하위유형의 섬세한 직감이 합쳐지는 것을 본다. "언젠가 당신이 선택해야 할 것이고 당신은 나에게 돌아올 것이라는 것을 안다. 내게 거짓말하지 말라. 나는 당신이 무슨 말이든 할 준비가 되어 있다는 것을 안다." 그는 그녀가 입을 열지 않았음에도 대답한다.

이 영화는 대단히 감정적이다. 세 명의 주인공들은 각자 그들이 사랑하는 사람을 위해 그들의 목숨이나 자유를 버릴 준비가 되어 있다. 그리고 영화는 중요한 선택이 초월의 가능성을 제시하는 인생의 드문 순간을 담고 있다. 당신의 자아와 자만심은 당신을 한 방향으로 밀고 가며 그와 동시에 다른 한편에는 좀 더 절묘하고 높은 존재의 측면을 고려하는 무언가를 할 기회가 있는 것이다. 이 영화에서 그것은 진정한 실용적인 선택으로 보인다. — 세 명의 사람들과 두 장의 리스본행 티켓 — 릭은 어느 방향으로 뛰어들 것인가?

사회적 8유형

> - 8유형의 몰입: 강렬하게 사는 것, 원하는 것을 얻는 것
> - 사회적 하위유형의 몰입: 친구, 연합과 모임에 집중함
>   = 우정

사회적 8유형의 경우, 8유형의 과잉excess은 다른 사람들과의 삶에서 나타난다. 그룹의 안녕이 그들의 최우선 순위이다. 8유형의 보호자적인 면은 족장 및 여족장으로 나타난다. "가족 모임이 필수적이다. 나는 해마다 온 가족을 하나로 모이게 하려고 하늘과 땅을 움직인다. 우리가 계속해서 정기적으로 만나는 것이 절대적으로 중요하다." 불공정을 바로잡고자 하는 그들의 성향은 종종 구조화된 집단의 회원 신분을 통해 드러난다. "당신은 내가 속한 네트워크의 수에 대해 전혀 모른다. 스포츠 클럽, 노인회, 학부모교사연합, 지방 정부와 관련된 집단. 나는 아직도 아내와 아이들을 볼 시간을 어떻게 찾는지 궁금하다. 다른 한편으로 우리 가족들은 가능한 한 자주 나와 함께 이러한 모임에 오는데, 나는 그들이 사람들을 만날 기회가 있어서 기쁘다."

우정friendship은 강한 유대가 된다. "모두를 위한 한 사람, 한 사람을 위한 모두." 그들의 공격성은 공통의 목표를 공유하는 그룹과 함께 있을 때 감소한다. "나의 친구들과 함께라면 나는 내 자신을 놓아줄 수 있다. 마치 나의 평소 공격성이 그룹에 대한 관대함으로 바뀌는 것 같다. 나는 그룹의 중간에 있는 것이 안심이 되고 전체의 일부를 느끼는 감각적 만족이라고 생각한다. 그럴 때 나는 경계를 풀고, 나의 느낌을 열어 보이는 것뿐만 아니라 머리를 풀고, 술을 마시고, 노래를 부를 수도 있다. 나는 모든 축하 행사가 기억에 남을 수 있도록 나의 큰 에너지를 집단에 쏟았다." 그들이 덜 균형 잡혀 있을 때, 사회적 8유형은 무의식적으로 그룹 내에 하위 집단을 만들

고 그들 사이에 대립을 일으킬 수 있다.

역설

점점 더 많은 친구를 사귀는 것은 나의 불안을 직시하고 대처하는 최선의 방법이 아니다.

메타포(1) — 족장/여족장Patriarch/Matriarch

분노와 공격성은 집단의 필요에 의해 전달되고 공동의 목표를 위해 실행하도록 강요된다. 대의에 대한 충성심은 개인적인 감정과 욕구보다 우선권을 갖는다.

8유형의 경고신호

- 과도한 힘
- 너무 빠른 반응
- 과도한 공격성
- 너무 큰 존재감

사회적 하위유형의 경고신호

- 과도한 인정의 욕구
- 사회적 관계를 유지하는 데 너무 많은 시간의 소모
- 너무 많은 클럽과 집단에 속함
- 그들이 지지하는 명분에 과하게 헌신

사회적 8유형의 관점 — 아서ARTHUR

내가 나의 유형에 대해 좋아하는 점

나는 나의 에너지를 사랑한다. 그것은 산을 움직일 수 있다. 또한 나는 어떤 상황을 극복하고 빠른 결정을 내릴 수 있는 내 능력이 좋다. 특히 그것이 가장 공정한 결정이라고 느낄 때 말이다. 나는 인생을 마음껏 사는 것을 좋아한다. 나는 내가 다른 사람들을 열광시키는 것을 좋아하는 너그러운 사람이라고 생각한다. 나와 함께 있으면 결코 우울하지 않다! 심지어 직장에서도 항상 좋은 분위기가 있다. 팀원들은 내가 주변에서 발생시키려고 하는 좋은 분위기를 즐기기 위해 종종 일찍 출근하고 늦게 퇴근하기도 한다. 에니어그램에서 나는 8유형의 자질을 많이 가지고 있다는 것을 인정하지만, 내 안에 2유형의 자질도 많이 있음을 인정한다. 나는 다른 사람들의 프로젝트가 진행되도록 돕는 것을 좋아한다. 좋은 팀원이 인생의 꿈을 좇으러 떠나게 되어 내가 그들을 잃어야 할 때, 나는 그들이 삶을 마음껏 살도록 격려하는 첫 번째 사람이다.

내가 나의 하위 유형에 대해 좋아하는 점

나는 내가 만나는 대부분의 사람들을 사랑한다. 나는 그들과 진정한 접촉을 하고 싶다. 당신이 나를 만날 때, 당신은 조심스럽게 내 주변을 돌 필요가 없다. 방에 얼마나 많은 사람들이 있든지 당신은 정직하고, 직설적으로 사정을 말할 수 있다. 나는 모든 사람들이 그들의 진실을 말하도록 격려하고 그런 식의 관계가 더 정직하다. 나는 사람들이 그들의 삶의 열정에 대해 이야기하는 것을 좋아한다. 그들이 무엇을 말하는지는 중요하지 않다. 내가 관심을 갖는 것은 사람들이 그들을 낚아챈 무엇인가에 매료되어 있다는 것이다. — 중요한 것은 그들이 삶을 최대한으로 살고 있다는 것이다! 또 다른 면에서 내가 집단 내의 하위 그룹들에 대해 매우 빠르게 감지하는 것은 사실이다. 나는 누가 누구의 편에 있는지, 누가 그들을 적대하고, 어떻게 무리들이 모임 안에서 서로 관련되어 있는지 느낄 수 있다. 나는 사람들을 하나로 묶는 유대감에 대해 느끼는 것에 비해 실제 조직도에는 관심이 덜하다.

내가 나의 유형과 하위유형의 조합에 대해 좋아하는 점

나는 나의 사회적 자질이 나의 8유형의 자질에 가치를 더한다고 생각한다. 나는 사람들과의 관계를 빨리 시작하는 것이 쉽다는 것을 알게 되었다. 예를 들어 나는 내가 살고 있는 지역의 사업가와 관계를 맺는 것을 좋아한다. 정육점 주인, 제빵사, 우체부이다. 나는 그들과 대화하고, 그들의 삶에 대해 알아내는 것을 좋아한다. 나는 그들이 내 친구라는 것을 아는 게 좋다. 나는 그들에게 술을 마시자고 물어보고 그들은 종종 나를 그들의 가족 기념일에 부를 것이다. 자녀의 결혼식, 세례식 또는 결혼기념일 말이다. 나는 사회의 다른 부분들이 함께 모이는 그 순간들을 정말 사랑한다. — 나는 또한 사람들을 서로에게 소개하는 것을 좋아한다. 내가 그들을 진짜 인간적으로 알고 있는지, 그들이 내면으로는 어떤 사람인지 그리고 내가 그들을 그들 자체로서 좋아한다는 것을 이해할 수 있도록 돕는 방법을 안다. 내가 누군가에게 그들 자신과 다른 사람이 되어 달라고 요구하는 것은 발생하지 않을 것이다.

게다가 나는 내가 아는 사람들의 생일과 성인의 축일을 모두 알고 있고, 내 친한 친구나 가족 중 한 명이든, 내 직원 중 한 명이든, 가게 주인이든, 나는 시간을 내어 적절한 날에 그들을 축하해준다. 또한 내게 중요한 사교 행사에 참석하는 것도 중요하다. 나는 항상 국제 럭비 대회 티켓을 구하는데, 이상적인 그림은 적어도 열명의 그룹으로 함께 하는 것이다. 내가 테니스를 칠 때, 나는 많은 친구들을 만날 수 있도록 약속을 잡는 것을 좋아하고, 일단 우리가 얼마나 많은 사람이 왔는지 보고, 우리가 몇 명인지에 따라 우리끼리 여러 개의 코트에서 여러 번의 게임을 할 수 있도록 정리한다. 중요한 것은 우정인데, 즉 경기가 끝난 후 함께 모여서 흥겹게 즐기고 술을 마시는 것이다.

참고 영화 — 대부The Godfather

8유형의 힘과 동시에 그들의 느긋한 직접성을 보여주는 영화를 찾기는 어렵다. 우리가 본 대부분의 영화들은 한쪽으로 치우쳤지만, 그것을 본 사람들은 사회적 8유형의 특징 중 많은 부분을 보여주는 대부에 손을 들어주었다.

- 말론 브란도는 이 유형의 진정한 실례를 제공하기에는 너무 수동적이다. 그는 느리고 깊은 에너지를 보여주며 무표정하게 듣는 데에 시간을 들인다. 일반적으로 사회적 8유형은 좀더 역동적이고 활동적인 에너지를 갖고 있다.
- 갱단의 세계는 이런 유형의 모습을 좋게 보여주지 않는다.
- 여기에는 과도한 폭력, 살인과 유혈 사태가 있다.

이 영화는 범죄 세계를 지배하기 위해 다양한 갱단이 싸우고 있던 1946년의 시카고를 배경으로 한다. 돈 콜리오네는 시칠리아 일족의 두목이다. 주연과 영화 그 자체는 8유형의 영역에 있는데 그것이 힘에 관한 것이기 때문이다. 당신은 강해야 하고 강인함을 인정받아야 한다. 그렇지 않으면 다른 사람들이 무리를 이루어 당신을 공격하고, 그들의 조직은 당신을 잡을 것이고, 당신은 당신보다 더 강한 주인에게 복종하는 신하라는 것을 알게 될 것이다. 생존하기 위해서 당신은 잘 구축된 조직과 모든 것을 통제할 필요는 없지만 정보를 조정하고 책임져야 하는 명확한 리더와 함께 단순한 위계질서를 가져야 한다. 이 영화는 사람들이 돈 콜리오네에게 보고하러 오는 장면들로 가득하다. 그는 단지 보스가 아니라 대부, 족장이다.

사회적 하위유형은 가족 행사에서도 나타난다. 결혼, 세례식 그리고 장례식이다. 인생에서 이러한 순간들은 우리 모두에게 중요하지만, 사회적 8유형에게는 결정적으로 중요하다. 영화를 시작하는 결혼식 장면은 이를 요약한다. 가족, 사촌, 친구, 사업 동료, 그리고 지역 가게 주인들이 모두 거기에 있다. 이 순간은 우정이라는 단어의 의미를 보여준다. 사회적 8유형이 의식적인 교감을 갖는 관계에 부여하는 중요성이다. 사회적 8유형은 당신이 그들의 삶에서 중요한 행사에 참석하기를 바라고 만약 당신이 그들을 초대한다면 당신의 행사에 참석하기 위해 엄청난 노력을 할 것이다. 반면 만약 당신이 그들을 잊는다면 그들은 매우 화가 날 것이다. "내가 너네 집에서 커피 마신 게 언제인지 모르겠다!"

돈 콜리오네가 다른 가문의 두목을 알고 있다는 사실에서 또한 사회적 8유형이 보인다. 그는 누가 권력을 가지고 있는지 알고 있고 그들을 서로 비교한다. "나는 당신을 존중하고 당신의 이익이 나의 이익과 충돌하지 않아 매우 기쁘다." 그는 연락처들로 가득한 큰 주소록을 가지고 있으며, 언젠가 사람들이 그의 부탁을 들어줄 것을 기대하며 사람들의 부탁을 들어준다. 사회적 하위유형은 대개 무력보다는 정보에 기반을 두고 동맹을 맺는 것을 선호한다. 그들이 강점을 보여줄 필요가 있는 곳은 사회적 관계 안이다. 그래서 그들은 영향력 있는 관계의 네트워크를 가질 필요가 있다. "나는 높은 자리에 있는 친구들을 가진 사람이 필요해."

사회적 하위유형은 또한 관습과 일을 하는 방법에 대한 지식과 존중으로 묘사된다. 여기에는 누군가를 맞이하는 올바른 방법들이 있고, 격식에 맞춘 배웅 인사를 하지 않는 것은 실례이다. "내가 당신을 위해 어머님께 말하겠다. 내가 왜 당신이 그녀에게 작별인사를 하지 못하는지 설명하겠다." "실례하지만, 내가 마이크에게 이탈리아어로 말하겠다." (당신 앞에서 나는 당신이 이탈리아어를 할 수 없다는 것을 안다.)

복수는 여기에 나오는 또다른 주제이다. 영화의 한 시점에서 돈 콜리오네는 가문의 보스들을 불러모아 그들이 와준 것에 감사하고, 각 개인의 이름과 그들이 대표하는 영토를 조심스럽게 언급하고, 그에게 행해진 피해에 대해 복수를 하지 않을 것이라고 분명히 말한다. 이것은 복수가 8유형에게 가장 자연스러운 수단이 될 것이라는 것을 인정하는 것이다. 이 순간은 때때로 8유형의 즉흥적인 공격성과 사회적 하위유형의 상대적 온건성 사이의 어려운 동맹을 보여준다. 그의 방법으로 인해 돈 콜리오네는 체면을 차리고 또한 그가 여전히 가지고 있는 힘을 보여준다. 그러나 그는 그 상황에 속지 않았다. 그는 다른 사람들이 그를 약하다고 보고 그에게 대항할 준비를 하고 있다는 것을 지성적이기 보다는 본능적으로 감지했다. 그는 심지어 아들에게 그들이 어떻게 대항할 것인지에 대해 경고한다. 지배하는 수컷이 그의 무리가 위협받고 있다는 것을 아는 것 같이, 그의 8유형 장본능은 음모를 알아챈다. 집단이 어떻게 작동하는지 아는 그의 사회적 하위유형은 그들이 어떤 방법을 사용할지 알려준다.

우정이란 단어의 또 다른 의미는 그와 다른 집단 사이의 생사의 의리이다. 몇몇 장면들이 이것을 보여주는데, 특히 당신이 가족 구성원에게 결코 이방인의 편을 들지 않는다는 사실을 보여준다. 여기 돈 콜리오네처럼 사회적 8유형이 지배적일 때, 집단의 결속력이 가장 중요하다. ― 그리고 여기서도 우리는 그들의 중요한 결점을 본다. 그가 아내와 아이들을 사랑하지 않는 것이 아니라, 그의 첫 번째 책임은 자신의 사회적 역할에 있기 때문에 그들을 위한 시간이 없다는 것이다. 사회적 8유형의 가장 중요한 측면 중 하나는 그들의 확고하지만 유쾌한 권위인데, 우리는 이 영화에서 그것을 항상 명확하게 볼 수는 없다. 그것은 때때로 2유형을 떠올리게 하는데 그들은 이 역동을 가지고 있지만 직접적으로 대립하는 에너지를 가지고 있지 않기 때문이다.

9유형의 세 가지 하위유형

상처

어느 날 9유형 아이는 버려졌다고 느꼈으며 아무도 그들의 욕구를 생각해주지 않는다고 느꼈다. 그들은 사랑의 완전한 결핍을 느꼈고 아무도 그들에게 관심을 기울이지 않는다고 느꼈다. 그들의 고통을 진정시키기 위해 그들은 배경에 녹아 들거나 습관에 동화되거나 자신의 욕구를 표현하지 않고 살아가기로 결심했다.

격정: 관성 Inertia

이것은 자기 자신을 잊어버리고 자신의 필요를 고려하지 않는 것이다. 그것은 자신을 제대로 사랑하는 것에 대한 게으름이다. 마치 자신의 내면을 들여다볼 수 있는 능력이 부족한 것 같다. 9유형들은 삶의 목표와 이

유가 부족하다. 그들은 삶의 흐름에 휩쓸리는 사람과 같다. 그들이 무엇보다도 하려는 것은 배를 흔들지 않는 것이다. 그들은 실제로 어디로 가는지 신경 쓰지 않는다. 클라우디오 나란호는 열의와 열정의 부족에 대해 말한다. 무기력하게 있는 것으로써 그들은 신체적인 감각뿐만 아니라 감정에도 무감각하게 된다. 마치 그들과 외부 세계의 자극 사이에 에어백이 있는 것과 같다. 그것은 충격을 흡수하여 그들을 보호하지만 상황에 대한 반응성을 떨어뜨리는 쿠션이다. 그들의 모든 충동이 억제된다.

선호하는 방어기제: 마취 Narcotization

이것은 무감각해지고, 당신의 외부 환경의 안락함에 당신의 에너지를 분산시킴으로써 자신을 잃고 잠들어 있는 것에 관한 것이다. 여기에는 두 가지 고전적인 형태의 마취가 있다. 하나는 당신의 습관에 잠드는 것이다. — 시간표, 일상, 매일의 습관적 행동과 물질적인 편안함 — 쿠션, 당신의 정원, 텔레비전, 독서. 삶의 리듬은 신성해지고, 삶은 만족스럽게 흘러가고, 중요한 것은 그렇지 않은 것으로 용해된다. 자신과 외부 세계 사이의 경계가 모호해진다. 어떤 일이든 로봇 같은 활동으로 전환하면서 감정적으로 연관되는 것을 피한다. 공격성은 무뎌지고 자존감은 있지만 당신은 변화를 위해 위험을 감수하기보다는 진화의 이 단계에 머물기를 선호한다. 당신은 의식적으로 외부세계의 자극을 무시하려고 하지 않지만 사실 그것이 당신이 하는 일이다.

또 다른 형태의 마취는 흔하지만 에니어그램 책에서는 드물게 언급된다. 바로 활동activity이다. 당신은 자신을 잊고, 분주한 분위기를 만듦으로 자신의 우선순위를 숨긴다. "내가 아무것도 하지 않고 있는 것이 아니라, 내가 계속 해야 할 많은 것들을 찾고 있는 것이다." 사실 9유형들은 그들의 우선순위에 대해 잠들어 있다. 예를 들어 관계를 해치는 주제에 대한 대화에 참여하게 되는 불편함을 피하기 위해 그들은 차의 범퍼를 수리하고, 정원 바닥에 울타리를 치고, 수영장에 가는 것과 같은 일련의 중요하지 않은 활동에 몰두한다. 이차적으로 중요한 것들이 너무 많은 공간과 시간을 차지하기 때문에 중요한 것들은 단순히 존재하지 않게 된다.

자기보존 9유형

- 9유형의 몰입: 갈등으로부터 도망치는 것, 자신들의 진심을 말하는 것과 자신들의 자리를 차지하는 것을 피하는 것
- 자기보존 하위유형의 몰입: 집, 안전 및 물질적 안정
  = 식욕

종종 자기보존 9유형은 집에 머무르는 것으로 묘사된다. "나는 삶에서 가능한 한 적게 요구한다. 나는 일상과 습관이 있고, 외출을 많이 하지 않으며, 나의 집은 편안하다. 내 삶은 일상 속에서 부드럽게 흥얼거리는 게 맞는 것 같다고 생각한다." 그러나 이것은 가장 흔한 패턴이 아니다. 자기보존 9유형은 보통 물질적인 편안함을 증가시키고 일족의 기본적인 필요를 돌보기 위해 스스로를 잊을 정도로 많은 에너지를 불러일으킬 수 있다. 그들은 개인적인 욕구를 경시한다. 그들의 진정한 정서적 욕구는 실용적인 것들에 대해 생각하는 것으로 대체된다. 음식, 집에서 해야 할 일, 쇼핑, 소파에 앉아 오랫동안 텔레비전 보기, 정원 가꾸기. "내가 쇼핑을 할 때, 항상 필요한 것보다 두 배나 많이 사는 것은 사실이다. 예를 들어 어느 날 집에 도착했을 때 나는 집에 세 명밖에 없는데도 화장지를 30롤이나 샀다는 것을 깨닫게 되었다. 내가 별장에 도착하면 제일 먼저 하는 일은 쇼핑을 하는 것이다. 냉장고와 찬장이 꽉 찼는지 알아야 한다. — 그것은 매우 중요하다. — 그러면 나는 안전함을 느낄 수 있다." 마치 그들의 내면이 진정으로 필요로 하는 것은 비필수적인 것으로 대체되는 것 같다.

어떤 특정한 순간에 정말로 중요한 것은 그들이 실용적인 일에 쏟는 에너지 아래에 숨겨져 있다. "내가 진정으로 원하는 것을 아는 것에는 시간이 필요하다. 남편이 내게 무언가를 제안할 때, 나는 남편에게 내가 잘 모르거나 진실된 대답을 해줄 시간이 필요하다고 말하는 것이 부끄럽다고 생각한다. 그래서 나는 그에게 나중에 그것에 대해 이야기하겠다고 말하면서 시간을 벌고, 집이 꽤 깨끗할지라도 청소기를 돌림으로써 내 자존감이 부족한 것에 대한 좌절감을 해소한다." 실용적인 것들에 집중하는 것은 그들의 억눌린 내면의 분노를 완화하는 목적을 달성한다. 그들은 가구, 잡동사니, 옷과 같은 너무 많은 것들을 모으는 경향이 있다. 보통 그들의 지하실은 모든 종류의 물건들로 가득 차 있다. 그것은 충분한 사랑을 받지 못하는 것에 대한 그들의 두려움이 충분한 안락함을 가지지 못하는 두려움으로 바뀐 것 같다. "내가 괜찮다고 말할 때는 내 안의 느낌에 맞추는 것이 아니라 그 시간에 내가 있는 장소와 조화를 이루는 느낌에 대한 것이다."

역설
나의 편안함의 수준을 높이는 것이 나의 정체성을 되찾아 주지는 않을 것이다.

메타포 — 편안 추구자 Comfort Seeker
그들은 집과 일상을 자신에게 맞는 리듬으로 조직하는 데 탁월하다. — 때때로 자신을 더 편안하게 만들기 위해 물질적인 것들을 모으는 데 너무 많은 시간과 에너지를 소비하는 위험을 감수한다.

9유형의 경고신호
- 과도한 편안함
- 타인에 대한 지나친 친절
- 지나치게 표면에 나서지 않음
- 과도한 나태함

자기보존 하위유형의 경고신호

- 안전에 과하게 주의를 기울임
- 직장에서 너무 많은 시간을 보냄
- 물질적 안녕에 과하게 집중
- 저녁에 집에서 하는 일이 너무 많음

자기보존 9유형의 관점 – 올리비에OLIVIER

나의 유형에 대해 내가 좋아하는 점

나는 나의 차분한 면을 좋아한다. 내가 반드시 느리다거나 신경을 쓰지 않는다는 건 아니지만, 나는 시간을 내서 살아가는 것을 좋아하고 일들을 적절하게 알맞은 시간에 하는 것을 좋아한다. 요즘 세상에선 무엇보다 속도를 중시하는 사회에 살고 있다는 느낌이 든다. 그것은 나에게 맞지 않는다. 계절에는 리듬이 있고, 하루에도 리듬이 있고, 나의 몸도 리듬이 있다. 이것은 보편적이며 우리의 생리에 내장되어 있다. 과일이 자라기 위해서는 알맞은 시간이 필요하다. 개인적으로 나는 나의 내면의 시계와 우주의 위대한 시계 모두에 어떻게 귀 기울여야 할지 알고 있다고 느끼며 이 둘을 정렬시키기 위해 가능한 한 노력할 것이다. 그것이 아마도 내가 정원을 가꾸는 것을 좋아하는 이유일 것이다. 그것은 나를 지구의 리듬과 다시 조화롭게 만든다. 또한 나는 달의 주기를 알고 있으며 식물을 심을 때 그것들을 고려한다. 그러나 내가 속도를 내야 할 때, 대부분의 경우 나는 그렇게 하는 데에 문제가 없다. 예를 들어 내가 테니스를 칠 때, 나는 공을 치기 위해 코트를 가로질러서 몸을 날릴 수 있지만, 포인트가 끝나면 나는 숨을 쉬는 시간을 보내고 서두르지 않고 내 자리로 돌아간다. 같은 방식으로 나는 하루 종일 활기찬 시간과 느린 시간을 번갈아 가면서, 이 균형이 건강하다는 것을 알게 되었다. 나는 하루 종일 시속 100마일로 사는 사람들을 이해하기가 힘들다.

나의 하위유형에 대해 내가 좋아하는 점

나는 우리 집의 분위기가 좋다. 모든 것은 제자리를 가지고 있지만 누구든지 그들만의 방식대로 어지럽히고 나서 그들이 적합하다고 생각하는 대로 그것들을 다시 자리에 놓는 것은 괜찮다. 사람들은 내 집에 오는 것이 좋다고 말한다. 편안하고 차분하다. ― 사실 나는 대부분의 경우 다른 사람의 집으로 가는 것보다 그들을 집으로 초대하는 것을 더 좋아한다. ― 나는 안방 샌님인 것 같다. 내 친구들은 내가 항상 그들을 환영한다는 것을 알고, 그들이 원할 때 방문하며 나는 그들을 초대하는 것이 매우 행복하다. 게다가 9유형에 대한 대부분의 고정관념과는 대조적으로 내 자기보존 하위유형은 일할 맛을 준다. 나는 대형 통신 회사의 대표이고 나는 프로젝트를 수행하고, 사람들에게 동기를 부여하고, 돈을 벌고, 시간을 내어 그것을 즐기는 것도 좋아한다. 휴일에는 나는 수영을 하고, 테니스를 치고, 해변에서 시간을 보내며 내 몸이 즐길 수 있는 햇살 좋은 곳에 끌린다.

나의 유형과 하위유형의 조합에 대해 내가 좋아하는 점

나는 타인의 말을 듣는 재능(9유형의 특성)과 자기보존 하위유형에서 오는 편안한 환경을 만드는 본능이 두 곳에서 결합된다고 생각한다. 직장에서 내가 효과가 있는 홍보 슬로건을 찾고 싶다면, 나는 내 주변의 모든 사람들의 의견을 잘 수렴하고 내 하위유형은 그것이 실용적인 용어로 어떻게 보일지 상상할 수 있는 능력을 주는데, 그것은 아이디어를 살아나게 한다. 이러저러한 색깔의 과일은 이 노출과 함께 그 각도에서 찍은 것이 그 맛을 생각나게 할 것이다. 나는 이것을 내 자기보존 하위유형의 특별한 재능인 일종의 실용적이며 현실적인 지성이라고 본다. 이 생각에 따르면 나는 DIY를 꽤 잘한다. 예를 들어 어느 해 휴일에 나는 내 차의 엔진에 무슨 문제가 있는지 깨닫게 되었고 어떻게 수리해야 하는지 알고 있었다. 그 순간부터 나는 시간 가는 줄 모르고 수리하는 데 필요한 시간을 보냈다. 나는 그 일을 가능한 한 빨리 끝내고 싶어 안달인 것은 아니다. 나는 내 목표를 알고 있고 거기에 어떻게 도달해야 할지 알고 있으며 좀 더 빨리 해내기 위해 스스로를 몰아붙이기보다는 내 페이스대로 일하는 것을 선호한다. 삶에 대한 **욕구**가 강한 것 같지만 내 속도에 맞춰 살려는 **욕구**이다.

참고 영화 — 콘스탄트 가드너 The Constant Gardener

랄프 파인즈가 연기한 젊은 영국인 외교관은 케냐 주재원으로 조용한 생활을 하고 있다. 그는 나이로비의 바쁜 불협화음과 단절된 채 혼자 살고 있다. 그는 그의 (영화의 제목과 같이) 사무실에 있는 실내용 화분에 물을 주는 데 많은 시간을 보내고 있으며 모든 비즈니스 미팅에서 매우 보수적이고 정치적으로 올바르다. 어느 날 젊은 여성이 그와 사랑에 빠져 결혼한다. 그녀는 인도주의적인 대의를 위해 열정적으로 헌신하고, 다국적 제약회사의 비밀스러운 관행들을 조사하던 중에 결국은 죽임을 당하게 된다.

그 순간부터 그는 근본적으로 변화한다. 이 부분이 9유형의 자질이 진정으로 나오기 시작한다. 결단력, 자신감, 그리고 자신을 옹호할 수 있는 능력과 함께 예상치 못한 내면의 힘이 솟아난다. 그는 삶의 의미를 찾는다. 그는 목표가 있고 아무도 그를 막을 수 없다. 그는 여전히 같은 사람이지만 모든 것이 달라졌다. 그는 인생을 다르게 살고 있고 그의 우선순위는 명확하다. 그는 그가 차단해 왔던 자신의 생명력과 동물적인 힘을 다시 되찾았다. 이제 그에게는 지속성과 일관성이 있다. 이 영화는 질병, 보살핌, 삶과 죽음에 관한 것이기 때문에 자기보존 영화이다. 이 영화는 우리에게 자기보존 9유형의 2개의 극단적인 예시를 보여주고 영화가 진행되는 동안 우리는 그의 참 자아를 재발견하는 누군가의 변신을 목격하게 된다.

> • 9유형의 몰입: 갈등으로 부터 도망치는 것, 자신들의 진심을 말하는 것과
>   자신들의 자리를 차지하는 것을 피하는 것
> • 일대일 하위유형의 몰입: 파트너에게 집중
>   = 연합/융합

　여기에는 두 개의 모순되는 에너지가 있다. 자기 망각과 일대일 관계를 향한 강렬한 열망이다. 이것은 종종 파트너와의 융합으로 이어진다. "나는 그들의 필요와 욕망을 완전히 공감할 정도로 자신을 잊었습니다. 나는 갈등이 없었기 때문에 내 삶이 행복하다고 느꼈다. 나는 17년 동안 윈드서퍼였고, 심지어 프랑스 챔피언이기도 했다. 그리고 어느 휴일 아침에 내가 서핑 보드를 꺼낼 때, 갑자기 나는 바다나 바람을 좋아하지 않는다는 것을 깨닫게 되었다. 17년 동안 나는 내 파트너가 윈드서핑을 좋아하기 때문에 윈드서핑을 좋아한다고 믿었다. 내가 그렇지 않았다는 것을 깨닫는 것은 큰 타격이었다." 결합union은 두 개인의 조합이기보다는 공동의 존재로 살아가는 것이다. 이것은 결혼에 대한 구시대적 환상이다. 1 더하기 1은 1인 것이다. "오랫동안 나는 남편과 완전히 합쳐지는 것이 남편에 대한 내 사랑과 우리가 부부로서 성공했다는 가장 멋진 증거라고 믿었다." 사실 이것이 문제의 핵심이다. — 자기 망각self-forgetting.

　이것을 좀 더 깊이 들여다보면, 스스로에게 정말 행복한지 묻지 않기 위해 함께 하는 삶을 최대한 편안하게 만드는 것이라고 말할 수 있을 것이다. "당신도 알다시피 상대와 완전히 융합될 정도로 자신을 잊는다는 것은 흥분되는 일이다. 마치 내가 파트너를 흡수하는 스펀지 같았다. 이 삼투압은 정말 멋지다. 그것은 모두 완만하고 모서리가 없는 고치 같다." 직장에서도 이런 동일한 특성들이 나타난다. 그러나 결국에는 상사의 우선순

위에 순응하는 뛰어난 능력이 당신의 진정한 잠재력을 실현하는 데 방해가 될 수 있다.

역설

내 파트너의 소망들과 병합merging되는 것은 나 자신의 욕구를 표현하는 것을 보다 어렵게 만든다.

메타포 — 병합하는 사람One who Merges

연구원, 작곡가, 혹은 예술가들은 흔히 그들이 작업하고 있는 것과 완전히 하나가 된다는 느낌을 받는다. 그들은 그들의 작업에 너무나 열중하고, 일에 너무 녹아 들어서 피곤하거나 배고픈 것을 알지 못한다.

9유형의 경고신호

- 과도한 편안함
- 타인에 대한 지나친 친절
- 지나치게 표면에 나서지 않음
- 과도한 나태함

일대일 하위유형의 경고신호

- 자신이 강렬하고 열정적인 사람이라는 것을 증명하고 싶어하는 것에 몰입
- 파트너에게 과도하게 집중: 그들이 무엇을 하는지, 어디에 있는지, 누구를 만나는지
- 스스로의 행동에 과하게 집중 — 넓은 시야의 부족
- 스스로의 목표와 파트너가 관심을 갖는 다른 것들 사이에서 경쟁

일대일 하위유형의 관점 – 클레어CLAIRE

내가 나의 유형에 대해 좋아하는 점

일종의 평화로움을 발산하는 나의 능력은 내가 조화를 이루는 데 도움이 되는 자질들의 컬렉션을 가지고 있다고 느낀다. 예를 들어 내가 가구를 고르는 데 특별한 재능이 있는 것은 아니지만, 나는 방 안의 물건들을 그럭저럭 서로 잘 어울린다는 유쾌한 느낌을 만들어 내도록 정돈할 수 있다. – 그리고 이런 환경에서 사람들이 평화롭게 살 수 있다는 느낌. 사람들은 내가 강렬하면서도 침착한 에너지를 발산한다고 말한다. 나는 주변 사람들의 욕망, 욕구, 고통을 이해하는 정말 섬세한 능력을 가졌다고 생각한다.

나는 듣는 것을 좋아하고 다른 사람들이 원하는 것을 자유롭게 말해주는 것을 좋아한다. 필요하다면 나는 다른 사람들에게 좋은 지지자가 될 수 있다고 생각한다. 나는 말이나 침묵을 지키며 시간을 내어 앉아 다른 사람이 자신의 문제 대한 해결책을 찾도록 돕거나 자신의 어려움을 해결할 수 있는 것을 제안할 준비가 되어 있는 사람이다. 나는 또한 한 집단의 다른 관점을 인지하고, 차이점 속에서 조화를 이루는 역할을 하는 것을 좋아한다. 나는 기독교인들이 성도의 교감이라고 부르는 것에 매우 민감하다. 이 원칙은 우주의 모든 것이 연결되어 있고 각 사람의 행동이 세상의 나머지 부분에 영향을 미친다는 것이다. 나는 모든 사람들이 지구상의 모든 사람들의 안녕에 대해 더 많은 책임을 느꼈으면 좋겠다.

내가 나의 하위유형에 대해 좋아하는 점

정말 양질의 일대일 관계를 경험할 수 있는 기회이다. 접골사로서 직장에서 내가 아기를 치료할 때, 말을 사용하지 않고, 갑작스럽게 진정되고 평화로워지는 이 작은 인간의 본질과 유대를 빠르게 이룰 수 있다는 것은 꽤 마법 같은 일이다. 그것은 쉽게 소통하고, 누군가와 특별한 관계를 맺을 수 있고, 아주 짧은 시간일지라도 이 엄청나게 강한 접촉 때문에 감히 자신을 드러낼 수 있는 깊은 대화에 바로 들어갈 수 있다는 것이다. 이것은 일종의 매우 짧은 완전한 융합이다. 단순한 시선이 누군가가 필요로 하는 촉매제가 될 수 있고, 일대일 접촉의 질은 내가 그들을 아끼는 것을 단지 보기만 해도 누군가에게 표현할 수 있게 해준다.

내가 나의 유형과 하위유형의 조합에 대해 좋아하는 점

다시 말하자면 접골사로서 나의 업무에서 나의 9유형과 일대일 하위유형의 결합은 사람들이 그들의 삶에서 새로운 균형을 찾도록 도와줄 수 있는 자질을 제공한다고 생각한다. 9유형의 사람을 환영하고 듣는 능력이 일대일 하위유형의 역동성과 접촉을 위한 행동력과 결합된다고 생각한다. 내 안에는 두 역동이 있는 것 같다. 하나는 수용하는 사람인데 들어온 것을 담을 수 있는 인내심 있고 세상에 언제나 존재하는 컵 같다. 다른 하나는 외부 세계와 관련하여 보다 공격적인데, 느낌을 표현하고 행동을 취할 용기이다. 그것은 담대하게 느끼는 것을 표현할 수 있고 행동을 취한다. 나의 이 두가지 부분은 상대방이 마음을 열고 처음으로 어떤 것들을 이해하는 것을 볼 때 기뻐한다.

또 다른 예를 들면, 나는 너무 다른 쌍둥이를 키우고 있다. 아들과 딸이다. 나는 그들이 함께 있을 때, 또는 내가 그들 각각과 함께 있을 때 매우 편안하다. 두 상황 모두에서 나는 그들의 말을 듣는 방법과 그들이 자신을 이해하고 받아들이는 방법을 알려주려고 노력했다.

참고 영화 — 잉글리쉬 페이션트The English Patient

전쟁이 끝날 무렵인 1945년이다. 그녀가 겪어온 끔찍한 갈등으로 인해 분열된 젊은 간호사가 토스카나의 버려진 수도원에 몸을 숨긴다. 그녀는 비행기 사고로 심하게 상처입고 기억상실증에 걸린 조종사를 그녀의 은신처로 데려온다. 이 영화의 세 주요 배역은 일대일 프로파일의 좋은 예이다. 알마시 백작과 캐서린 클리프튼의 사이의 사랑이야기는 이 하위유형의 두 사람을 연합하게 할 수 있는 격정의 종류에 대한 실제 예시이다. 그러나 일대일 하위유형의 예시를 들자면 하나에게 돌아가야 한다.

9유형의 첫번째 특징은 경청 능력이다. 이 영화는 하나의 이야기이지만 그녀는 주인공이 아니다. — 이야기를 듣는 것은 하나를 통해서이다. 당신은 종종 9유형에게 이것을 발견하게 된다. 그들은 무대 맨 앞에 나서지 않고 이야기에서 중심 인물이 될 수 있다. 또 다른 단서는 우리가 9유형을 다루고 있다는 것인데, 하나는 갈등을 견디지 못하는 온화한 존재이고, 거절하기 힘들어 하고, 평화와 고요를 찾고 있다. 영화에서 여러 번 그녀는 자신이 엄청난 고통의 이야기들을 듣고 있는 것을 알게 된다. 그녀는 이러한 고통에 대한 이야기를 차분하고 사려 깊게 받아들이고 그들이 필요로 하는 시간을 주는데, 이것이 바로 이러한 유형의 특징이다. 9유형은 자신의 의견으로 바로 건너뛰기보다 상대방의 말을 진정으로 받아들이고 자신의 생각을 가라앉힐 수 있도록 시간을 갖는 방법을 어느 누구보다 더 잘 알고 있다. 하나가 말할 때 그것은 대부분 단순하고, 진지하며, 부드러운 것을 말하기 위함이다. 영화의 시간 범위 (수개월) 동안 그녀는 사물들이 각자의 시간에 따라 변하도록 내버려둔다. 하나는 밤 늦게까지 환자를 돌볼 때, "왜 이렇게 늦게까지 있느냐?"라고 묻는다.

일대일 하위유형은 영화 어디에나 있다. 당신은 하나가 누군가를 볼 때마다 그녀의 시선에서 불을 볼 수 있을 것이다. 9유형의 시선은 아마도 모든 일대일 하위유형 중에서 가장 덜 찌르듯 하지만 그것은 매우 지속적이다. 종종 이 시선은 침묵을 동반한다. "당신과 강한 유대를 이루고 싶다"는 그들의 시선으로 일대일로 말한다. 9유형은 무슨 말을 해야 할지 모르기 때문에 아무 말도 하지 않는다. 하나의 캐릭터에서 당신은 일대일 친밀감을 빠르게 만들어낼 수 있는 매력적인 면을 발견할 수 있다. 그녀가 환자와의 관계를 발전시키는 것은 정상적인 간호사/환자 관계를 분명히 넘어서는 것이다. 그녀는 그와 사랑에 빠진 건 아니지만 그와 강렬한 일대일 관계를 맺고 있다.

다가가려는 일대일의 욕구와 아무것도 하지 않으려는 9유형의 본능

사이의 양면성은 물론, 거절하기 어려운 것과 자신이 원하는 것을 표현하는 것 사이의 모순도 여러 차례 나타난다. 예를 들어 첫 번째 장면에서 우리는 기차 안에서 하나가 수월하게 여러 환자들을 혼자 돌보지만, 그들 중 하나가 그녀에게 키스해달라고 했을 때 거절하지 못하는 모습을 본다. 나중에 그녀는 이웃 마을에 가서 레이스를 사기 위해 그녀에게 돈을 요구하는 친구에게 똑같이 거절할 수 없게 된다. 그러나 다른 한편 그녀는 죽어가는 환자를 돌보기 위해 혼자 남겨둘 것을 요구하는 신속한 결정을 내리는 데 어려움이 없다. 어느 날 수수께끼의 "영국인 환자"의 정체를 안다고 주장하는 이탈리아인 카라바지오가 두 은둔자의 삶에 간섭하지만 그녀는 거절하지 못한다. 이후에 그녀는 그것을 후회하며 "나는 우리 둘만 있었던 시간이 더 좋았다"라고 그녀의 환자에게 말한다. 카라바지오와 그녀의 환자가 서로의 고민을 말할 때, 그녀는 개입하거나 판단하지 않고 들어준다.

"자신 스스로 모든 공간을 차지하지 않는 주연"에서 부드러움, 견고함, 매력을 결합한 이러한 종류의 일대일 9유형 캐릭터는 특히 캐서린 드뇌브의 몇몇 역할 (예를 들어 "인도차이나") 혹은 그레이스 캘리의 역할 ("리어 윈도우")에서 자주 등장한다. 동일한 남성인물로는 알프레드 히치콕 감독의 "너무 많이 알고 있는 남자"의 제임스 스튜어트가 있다.

사회적 9유형

- 9유형의 몰입: 갈등으로부터 도망치는 것, 자신들의 진심을 말하는 것과 자신들의 자리를 차지하는 것을 피하는 것
- 사회적 하위유형의 몰입: 친구, 연합과 모임에 집중
  = 사회적 참여

자기 망각self forgetting은 집단에서도 일어날 수 있다. 그것은 소속감을 경험하는 안심할 수 있는 방법이다. 당신은 사랑받는다고 느낀다. "그룹에 헌신함으로써 나는 내 자신의 필요를 유예할 수 있는 구실을 갖게 된다. 그 그룹에 속한다는 것은 내가 말하든 말든, 진심을 말하든 말든 자유롭다는 것이다. 나는 다른 사람들의 말을 듣고, 다른 관점을 듣고, 일이 어떻게 돌아가는지 보는 시간을 갖는 것으로 시작할 수 있다. 나는 꼭 관여하지 않고 거기에 참여하는 것을 즐긴다." 때때로 사회적 9유형은 그룹의 주변에 머무르며, 어떻게 더 많이 참여해야 할지 알지 못한다. ─ 그들은 어느 정도 그룹에 녹아 든다. 그들은 실제로 그들의 자리를 차지하기 위한 어떠한 행동도 취하지 않으면서 종종 스스로에게 "내가 정말로 이 그룹에 자리를 잡고 있나?"라는 질문을 던진다.

그들은 흔히 자선단체에서 책임을 맡게 되는데 다른 사람들이 생각하기에 그들이 그 자리를 잘 맡을 것이라 생각하기 때문이다. "나는 그 역할에 지원한 적도 없이 결국 5개의 다른 단체의 대표, 회계, 혹은 총무를 맡게 되었다. 나는 심지어 내가 실제로 하겠다고 말한 적이 있는지조차 확실하지 않다. 나는 단순히 아니라고 말하지 않았고 어떻게든 모두 동의한 것이 되어버렸다. 하지만 보라. 이 모든 사람들을 만나서 그들의 말을 듣고 결국 함께 결정을 내릴 수 있어서 아주 좋았다. 그러던 어느 화창한 날 나는 정신을 차리고 스스로에게 내가 정말로 그곳에서 무엇을 하고 있는지 물었다. 왜냐하면 나는 의식적으로 그것을 하겠다고 하지 않았기 때문이다." 이것은 모두 편안함에 관한 것이다. 당신이 잘 알고 있는 같은 장소와 위원회 구성원의 정기적인 회의 날짜는 뜻밖의 상황과 잠재적인 걱정을 잘 억누른다. "계속해서 같은 사람들을 만나는 것은 안심이 된다. 그것은 나에게 자신감을 준다. 심지어 내 자신에 대해 말하는 것이 가장 편하게 느껴지는 상황이라고 생각한다."

직장에서 사람들은 흔히 9유형이 경영위원회의 의장을 맡기에 이상적인 사람들이 될 것이라고 말한다. 사회적 하위유형에 대한 이 생각에는 많은 의미가 있을 수 있지만 다른 하위유형들에게는 해당되지 않을 수 있다.

역설

그룹이 반드시 내 자신의 관점을 진술하는 방법을 배우는 가장 쉬운 환경은 아니다.

메타포[1] — 화합가Bringer-Together

그들은 쉽게 그룹의 소망을 따르며 공동의 이익을 위해 그들 스스로 의 많은 부분을 포기하기까지 한다.

9유형의 경고신호

- 과도한 편안함
- 타인에 대한 지나친 친절
- 지나치게 표면에 나서지 않음
- 과도한 나태함

사회적 하위유형의 경고신호

- 과도한 인정의 욕구
- 사회적 관계를 유지하는 데 너무 많은 시간의 소요
- 너무 많은 클럽과 집단에 속함
- 그들이 지지하는 명분에 과하게 헌신

사회적 9유형의 관점 — 플로렌스FLORENCE

내가 나의 유형에 대해 좋아하는 점

나의 유형을 잘 대표하는 사람으로서 처음에는 이 질문이 쉽다는 것을 알았지만, 성찰해보니 대부분 부정적인 측면이 떠올랐다. 이것들을 제거한 후에 나는 내 유형에 대해 내가 좋아하는 것이 무엇인지 알아낼 수 있었다. 나는 내 감정을 잘 다스리는 것 같다. 한편으로는 외부로부터 오는 충격을 흡수하는 범퍼를 가지고 있지만, 다른 한편으로는 내 자신의 감정을 외부에 거의 드러내지 않는다. 나는 내가 개방적이고 관용적이며, 내 생각, 의견, 감정을 잘 활용하지 못한다고 생각한다. 이 재능은 다른 사람들이 평가받지 않을 것을 알고 자신을 자유롭게 표현할 수 있다는 것을 의미한다. 나는 또한 사람들이 서로를 이해하거나 합의에 이를 수 있는 아이디어를 종종 찾을 수 있다는 재능도 가지고 있다. 그리고 마지막으로 내가 아파트 혹은 집에서 살 때, 나는 그냥 필연적으로 사랑스럽고 따뜻한 분위기와 함께 모든 사람들이 좋아할 수 있는 생활 공간을 만들어 낸다.

내가 나의 하위 유형에 대해 좋아하는 점

나는 그룹에서 딱 맞는 내 자리에 있다. 나는 쉽게 발언하고, 토론회를 조직하고, 모든 사람들이 발언할 수 있도록 한다. 나는 단지 이런 종류의 상황을 설정하는 것 같다. 직업적으로 나는 새 직장을 얻자마자 작업 그룹을 조직한다. 사람들이 집단 내에서 자신의 목적과 목표 그리고 어려움을 표현할 수 있는 장소가 필요하다는 것은 내게 분명하고 확실하다. 이러한 업무 회의에 소요되는 시간은 팀을 구성하는 데 절대적으로 중요하다. 큰 그림과 작은 실질적인 관심사 둘 다 그룹 전체에 의해 토론되고 토의한다. 이것이 나의 참여형 경영 스타일이다. 시도되고 검증되었으며 나와 모두에게 이익이 되는 것 같다. 하지만 분명히 할 것은 그것이 생산성에 방해가 되지 않는다. 나의 팀은 벌집과도 같다. 그들은 따뜻하며 쾌활하다. ─ 그러나 그것이 모두가 목표를 달성하는 것을 막지 않는다. 그리고 거기에 더해 나는 매일 점심과 커피 휴식 시간을 주최함으로써 집단의 결속력을 북돋고 있다. 내 개인적인 생활에서 한두 사람을 집에 초대하는 일이 거의 없다. 차라리 10명이나 여러 명 정도 둘러앉아 모두를 위한 식사를 준비하겠다. 나의 느긋한 존재감은 내가 강력하게 지키고 싶은 대의를 위해 사람들을 결집시킬 수 있다는 것을 의미한다.

내가 나의 유형과 하위유형의 조합에 대해 좋아하는 점

나의 9유형과 나의 사회적 하위유형의 마력은 사람들이 종종 나를 "조용한 힘" 또는 "벨벳 장갑 속의 철권"이라고 묘사한다는 것을 의미한다. 집단에서 나는 결코 외롭지 않다. 내 에너지는 그곳에 있는 모든 사람들과 합쳐지고 나는 그들과 동일시한다. 이것은 내가 내 자신과 다른 사람들을 위해 지도하고, 조직하고, 멈추고, 결정할 수 있다는 것을 의미한다. 마치 내가 그 그룹의 대변인이 되고 그들과 더 동일시되는 것 같다. 그럴수록 더 쉽게 그들을 대변할 수 있다. 그러면 내가 부정적으로 생각했던 내 유형의 일부들이 사라지는 것처럼 보인다. 집단에 있는 것은 일대일 상황에 있는 것보다 나를 더 편안하게 해준다.

참고 영화 — 러시아 하우스The Russia House

러시아 편집자인 케이티는 러시아 엔지니어가 쓴 원고를 영국 출판인 발리 블레어에게 건네주려 하자 그녀는 자신도 모르게 그들을 국제 스파이 세계로 끌어들인다. 민감한 군사 정보가 포함된 이 원고를 영국의 방첩 활동이 가로챘을 때, 문서에 대해 더 많은 것을 알기 위해 블레어를 그의 의사에 상관없이 러시아로 보낸다.

블레어의 스타일은 다소 느긋하다. 그의 흐느적 거리는 모습과 방첩 요원의 군대 스타일 사이의 대조는 재미있다. 우리는 여기에서 자신의 리듬에 따라 살고 다른 사람이 그에게 그들의 리듬을 강요하지 못하게 하는 사람을 본다. 방첩요원들이 그를 그들의 일에 참여시키려 할 때, 우리는 그에게 정보를 소화하고 그가 무엇을 하기 원하는지 결정을 내릴 시간이 필요하다는 것을 알 수 있다. 결국 그는 자신의 더 나은 판단에 반하여 "예"라고 말한 적도 없고 "아니오"라고 말한 적도 없이 마지못해 간다. 그는 그들과 맞설 수 없다고 느끼기 때문에 흐름에 맡기고 두고 보는 것을 선호한다.

우리는 또한 블레어의 느긋한 면을 볼 수 있는데, 영화 내내 그의 목숨이 위태롭고 그는 그것을 알고 있지만 여전히 침착하다. 몇 피트 떨어진 곳에서 사람들이 그의 운명을 결정하는 동안, 우리는 그가 낚시를 하는 것을 본다. 그가 여러 목격자들과 함께 거짓말 탐지기 검사를 받을 때, 그는 무슨 일이 일어나고 있는 것과는 무관하게 다른 곳에 있는 것처럼 보인다. 스트레스나 상황의 어려움을 느끼지 않도록 스스로는 "마취"시키는 것은 9유형의 방어기제이다.

이 영화는 우리에게 9유형의 수동적/능동적 양극성을 보여준다. 수동적인 면은 9유형이 무엇을 할지 바로 결정하지 않는다는 것이다. 그들이 결정을 내리는 사람이기보다는 결정을 따르는 사람이고, 그들은 바람을 타고 갈등에서 떨어진 곳을 차지한다. 이 영화에서 블레어가 그렇게 오래 살아남은 것은 아마도 이 기질 덕분이다. 이 냉혹함의 부족은 그를 위협적이지 않게 만든다. 사람들은 그를 덜 의심한다. 그는 그가 순진해 보인다는 느낌으로 당신을 잠재우고 방심하도록 유도한다. 그리고 그는 결코 서두르지 않는 것처럼 보이고 일이 그들의 시간 안에 끝날 것이라고 믿는 이상한 시간 관리가 있다.

그는 능동적인 면도 가지고 있는데, 9유형이 마지막에 결정하기 때문이다. 이 결단은 종종 그들이 원하지 않는 것을 기반으로 한다. 그리고 그들이 올바른 길을 선택했다고 확신하면, 그들의 에니어그램 화살표가 시작된다. 3지점에서는 효율성과 실용성을 찾고 6지점에서는 상황의 쇠퇴와 흐름, 그 결과 다른 시나리오를 알아낸다.

피터 오한라한은 말한다. "이 하위유형은 그들의 친구들과 주변의 집단들의 욕망과 쉽게 합쳐진다." 이 영화에서 발리는 실제로 합쳐지지는 않지만, 그는 스파이 역할에 빠져들기 때문에 그가 너무 잘 해내서 당신은 그가 정말 스파이인지 종종 자문하게 될 것이다. 그리고 당신은 그가 3유형처럼 너무나 역할에 몰두해 자신 스스로를 잃어버리지 않았는지 자문하게 된다.

그의 성격에는 또한 "지역사회 후원자"의 측면이 있다. 바쁜 생활(거의 7유형처럼 보일 수 있는)의 한 가운데에서 그는 그의 오케스트라와 영—러 협회의 충실한 회원이다. 그는 친구도 많고 아는 사람도 많다. 그의 "싹싹한" 에너지로 그는 목소리를 높이지 않고, 스푼, 유리잔, 테이블, 그리고 담배 종이로 십여 명의 손님들을 위해 음악을 연주한다. 그를 둘러싼 모든 것은 조화를 이룬다. — 9유형과 사회적 에너지 둘 다.

그는 또한 문화와 다른 나라들에 관심이 있다. "나는 미국을 사랑하지만, 또한 러시아와 영국도 사랑한다." 그는 또한 체코인, 베트남인, 한국인, 아프가니스탄인에 대해 깊이 있게 이야기한다. 그는 또한 회사에서 훌륭한 연설을 할 수 있다. 예를 들어, "점심과 저녁 사이에 세상을 구하는 방법 — 나는 새로운 러시아를 믿는다. 20년 전에는 악몽 같은 프로젝트였는데, 지금은 그게 우리의 유일한 희망이다. 우리는 우리가 군비경쟁으로 당신들을 파멸시킬 수 있다고 생각한다. 인류의 운명을 가지고 노는 것 말이다." 그리고 그가 MI6에 심문을 받았을 때, 그들은 그에게 냉소적으로 "당신을 이것을 믿는가?" 그는 "모르겠다. 내가 말할 때는 믿지만, 당신은 러시아에 있어야 한다"라고 대답한다. 그는 자신이 처한 상황과 합쳐져 자신의 신념 마저도 적응하기 위해 변하는 것처럼 보인다. 어쨌든 그가 이 난장판에서 벗어날 수 있는 해결책을 찾을 수 있게 해주는 것은 어떤 집단이 중요한지에 대한 그의 사회적 관점이다. 예를 들어 그는 미국인과 영국인을 모두 상대해야 한다. 그는 그들의 사고방식이 어떻게 다른 것인지 알고 있다. 그는 그들이 어떻게 따로 그리고 어떻게 함께 움직이지는 보고 그것을 이용할 수 있다. 그가 살아서 그 상황을 벗어날 수 있게 해주는 것은 그의 하위유형과 그의 유형의 능력이다.

영화에서 9유형이 호의적으로 심지어 영웅적으로 보이는 것은 꽤 드문 일이다. 이 역할은 우리에게 전형적인 9유형을 보여주며 그들이 어떻게 행동하고 결단력 있는 사람이 될 수도 있는지도 보여준다. 당신이 느긋하다고 해서 당신이 필요할 때 강력한 행동이나 위험을 감수할 수 없다는 것을 의미하지 않는다. 당신은 몇몇 테니스 챔피언들에게서 이런 자질을 발견한다. 그들은 코트에 오면 졸린 곰인형처럼 보이고, 흔히 첫번째 세트를 잃지만 엔진이 달아오르면, 그들이 처음 경기를 시작했던 때와는 완전히 정반대의 에너지로 달리고 싸우고 승리한다. 사실 이 유형을 캐리 커쳐 해서 묘사하기에는 꽤나 어려운데 그들이 상황에 따라 매우 다양하기 때문이다. 일단 그들이 원하는 것이나 그들이 가고 싶은 곳을 결정하면, 그 무엇도 9유형을 막을 수 없다. 그들의 고집은 그들을 코뿔소 같은 에너지로 그들을 나아가게 한다.

2장 참고 문헌

1유형의 하위유형

1. 참고 자료로 사용된 영화에 대한 당신의 기억이 무엇이든, 당신은 캐릭터의 에너지와 행동을 실제로 경험할 수 있도록 그것들을 다시 보는 것을 강력히 추천한다. 27편의 영화는 모두 DVD로 감상이 가능하다.

2. Claudio Naranjo (1991), *Ennea-Type Structures; Self-Analysis for the Seeker*, Gateway.

3. 위의 책.

4. Peter O'Hanrahan, *Enneagram Work* (미출판, *www.enneagramwork.com* 참고).

5. Sandra Maitri (2001), *The Spiritual Dimension of the Enneagram - Nine Faced of the Soul*, Putnam/Penguin, New York.

2유형의 하위유형

1. Claudio Naranjo (1991), *Ennea-Type Structures; Self-Analysis for the Seeker*, Gateway.

2. Peter O'Hanrahan, *Enneagram Work* (미출판, *www.enneagramwork.com* 참고).

3유형의 하위유형

1. Claudio Naranjo (1991), *Ennea-Type Structures; Self-Analysis for the Seeker*, Gateway.

2. Peter O'Hanrahan, *Enneagram Work* (미출판, *www.enneagramwork.com* 참고).

3. Peter O'Hanrahan, *Enneagram Work* (미출판, *www.enneagramwork.com* 참고).

4유형의 하위유형

1. Claudio Naranjo (1991), *Ennea-Type Structures; Self-Analysis for the Seeker*, Gateway.

2. Peter O'Hanrahan, *Enneagram Work* (미출판, *www.enneagramwork.com* 참고).

6유형의 하위유형

1. Claudio Naranjo (1991), *Ennea-Type Structures; Self-Analysis for the Seeker*, Gateway.

2. Peter O'Hanrahan, *Enneagram Work* (미출판, *www.enneagramwork.com* 참고).

7유형의 하위유형

1. Claudio Naranjo (1991), *Ennea-Type Structures; Self-Analysis for the Seeker*, Gateway.

8유형의 하위유형

1. Claudio Naranjo (1991), *Ennea-Type Structures; Self-Analysis for the Seeker*, Gateway.

9유형의 하위유형

1. Claudio Naranjo (1991), *Ennea-Type Structures; Self-Analysis for the Seeker*, Gateway.

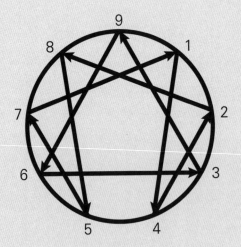

03

하위유형을 이용하여
자신을 일깨우기

변형을 위한 길 닦기

20세기 발전의 활용

온전히 우리 자신이 되기 위한 여정은 쉽지 않으니 이미 자기Self를 향한 길을 열어놓은 몇몇 여행자들의 도움을 받아보자. 칼 구스타프 융이 1916년에 우버페르쇤리히überpersönlic(초개인super-personal)이라는 단어를 처음 사용한 이래 100년 동안 자아초월 운동은 상당히 발전했다.

자아초월 운동은 의식의 확장을 목표로 하는 다양한 학문적 배경을 가진 사상가들의 공동체이다. 미셸 랜돔Michel Random(1)은 이를 보다 구체적으로 설명한다. "자아초월은 질문, 개방과 경청으로 특징지어진다. 자아초월적 사고는 의식과 무의식과 같은 용어 사이의 관계를 보다 전체적이고 세세한 시각으로 확립한다. — 의식은 하나됨이다."

융 이후, 이 메시지는 많은 작가들에 의해 받아들여졌다. 몇몇 고전으로는 이탈리아인 로베르토 아사지올리Roberto Assagioli의 『정신종합요법Psychosynthesis』, 로베르 드조유의Robert Desoille의 『꿈에서 각성하는 것에 관한 대화Conversations on Waking Dreams』, 그리고 오스트리아인 빅터 프랭클Viktor Frankl의 『실존주의 심리치료Existential Psychotherapy』가 있다. 그러나 또한 뒤르케임Karlfried Graf von Duerckheim의 『하라, 인간의 생명 센터Hara, the Vital Centre of Man』, 루돌프 슈타이너Rudolf Steiner의 『인류의 영적 교감

Spiritual Communion of Mankind』, 보리스Boris Cyrulnik의 『육체와 영혼*Flesh and Soul*』, 디팩 초프라Deepak Chopra의 『평화가 길이다*Peace is the Way*』와 같은 보다 접근하기 쉬운 작품들이 있다. 그리고 좀더 과학적인 작품들로는 휴버트Hubert Reeves의 『천국과 삶의 연대기*Chronicles of Heaven and Life*』, 루퍼트 Rupert Sheldrake의 『자연의 영혼*The Soul of Nature*』그리고 데이비드David Bohm 의 『사고의 한계*The Limit of Thought*』가 있다.

그들은 모두 에니어그램의 메시지와 같은 내용을 제시했다. "우리 모두는 우리가 생각하는 것보다 훨씬 더 아름답다. 우리는 자기 안에 예상치 못한 자원을 가지고 있다. 그것들은 거기, 우리 안에 있다. 단지 우리가 그것들과 접촉하지 않고 있는 것이다. 우리는 제한된 관점에서 세상을 바라보고 있기 때문에 균형을 잃고 있다."

프랑스인 미셸 랜덤은 자신의 작품(2)과 1995년 유네스코와 미국이 기획한 도쿄 국제 포럼을 통해 이러한 자아초월적 시각을 보다 폭넓은 대중에게 제공하는 데에 크게 기여했다.

자아초월 운동은 그것의 여러 학제 간 성격 때문에 흥미롭다. 자아초월 운동의 연구는 마티유 리카드Matthieu Ricard와 같은 과학자와 다양한 신념을 가진 종교인들, 철학자, 의사, 그리고 심리치료사들을 모아 놓는다. 우리는 에니어그램의 르네상스를 그 당시의 심리영성적 상황과 분리할 수 없다. 그리고 클라우디오 나란호가 에살렌에서 프리츠 펄스의 후계자였다는 것을 기억하는 것은 중요하다. 자아초월 운동은 과학, 심리학, 그리고 영성의 교차로에 분명하게 자리 잡고 있다. 이 모든 것은 한가지 공통점이 있다. 그것들이 어떤 형태이든지 명상이 자아의 안식과 의식의 확장을 이루기 위해서는 꼭 필요한 수행이라고 확신한다는 것이다.

에니어그램의 특별한 기여 이해하기

에니어그램은 처음부터 영적인 목적을 가지고 있었으며, 이것은 에니어그램이 절대로 단순한 기초 수준의 개발 도구가 아니라는 것을 의미한다. 이러한 점에서 에니어그램을 다른 모델들과 차별화하는 몇몇 주요 요소들을 기억하는 것이 유용하다.

에니어그램은 상징이다

에니어그램은 의식의 다양한 수준에서 해석될 수 있는 메타포이다[3]. 상징 사전The Dictionary of Symbols은 다음과 같이 정의한다. "에니어그램 도형은 모든 사람의 내부에 존재하는 본능적이고 영적인 힘뿐만 아니라 무의식과 의식의 모든 영향을 단일 모델로 모을 수 있는 속성을 가지고 있다."[4] 보리스 모라비에프Boris Mouravieff와 같은 저자는 이 상징적인 차원을 더 탐구했다[5]. 이것은 에니어그램의 강점이자 약점이다. 몇몇 사람들은 이것이 다양한 수준에서 해석될 수 있다는 점에서 감탄한다. 다른 사람들은 과학적이지 않은 어떤 도구도 신뢰할 수 없고 심지어 타락할 수도 있다는 것을 염려하면서 같은 이유로 그것을 악마화 한다.

이 모델의 기본은 원이다

원circle은 우리가 상상할 수 있는 가장 포괄적인 모델이다. 만약 우리가 원이 우리 안에 존재하는 잠재력의 전체를 나타낸다고 가정한다면 에니어그램은 우리에게 우리가 성장하고 우리 자신을 통합하는 데 도움이 되는 이정표의 완전한 지도를 제공한다. 이 시스템에서 원은 우리의 잠재력의 무한한 위대함을 나타내며 다음과 같은 것을 표현한다. "우리의 가능성은 우리가 상상했던 것보다 훨씬 더 크다. 이 원안에서 우리의 의식이 진동하는 작은 부분을 보고, 우리가 아직 탐구하지 않은 공간과 비교해 보라."

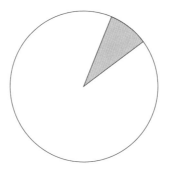

그림 19 발견될 수 있는 잠재력과 관련된 나 자신

또 다른 관점에서 만약 우리가 원을 원의 중심에 있는 하나의 진리를 중심으로 세상의 모든 남성과 여성의 관점의 총합을 묘사하는 것으로 간주한다면, 우리는 논쟁에서 누구도 옳거나 그르지 않다는 것을 깨닫는다. ─ 오직 다른 관점이 있을 뿐이다. 만약 우리가 이 사고방식에서 출발한다면, 나와 다른 관점을 가진 모든 사람들 때문에 풍요로워지는데 그들은 내가 평소에 가지고 있던 것과는 다른 관점을 열어주기 때문이다. 이러한 표현 방식은 추상적으로 보일 수 있지만 에니어그램이 제공하는 지도로 인해 구체적이고 강력해진다. 적어도 3일간의 에니어그램 워크숍에 참여한 사람은 누구나 그것을 증언할 것이다.

그러나 다른 관점을 상징하기 위한 방법으로 원으로 돌아가보자. ─ 이것은 우리가 곧장 사물을 영적인 방식으로 보도록 인도한다. 우리는 우리가 다른 사람들과 어떻게 다른지 인식하고 다른 사람들과 접촉함으로써 우리의 잠재력을 최대한 발휘할 수 있다. 이것이 마틴 부버Martin Buber의 주요 철학이다. "만일 내가 다른 사람과 이어져 있다면 나는 사람이다. 내가 스스로를 다른 사람으로부터 분리하면 나는 존재하지 않는다." 에니어그램이 내러티브 전통으로 가르쳐질 때, 그것은 우리가 우리 자신의 관점의 한계를 인식하는 데 필요한 지도, 우리가 다른 사람들과 어떻게 다른지를 더 많이 받아들이는 열쇠, 그리고 그들의 가장 깊은 자아에서 다른 사람들을 진정으로 만나고자 하는 열망을 제공한다.

유형은 변화의 대리자로 간주된다[6]

당신의 유형과 함께 작업하는 것은 변형을 가능하게 하는 전환점이며 평범한 의식이 더 높은 존재의 차원으로 진화하는 수단이다. 우리가 습관적으로 아홉 가지 원형 중 하나를 받아들이는 행위는 우리의 어린 시절로 거슬러 올라가는 이유들로써 우리의 측면 중 하나를 다른 측면보다 우선시하는 선택을 평생 동안 했다는 것을 받아들이는 것이다. 이것을 인식함으로써 우리는 또한 우리의 주요 단점을 인정하고 그것을 우리 발전의 출발점으로 받아들인다. 헬렌 팔머는 이렇게 말한다. "영적인 관점에서 볼 때, 유형은 핵심 존재의 본질을 지탱하는 껍데기이다. 이 유형은 자동조종에서 작동하는 조건화된 구조이지만 이것이 껍데기, 그릇인 만큼 우리는 그것을 존중해야 한다. 그것은 우리에게 안정과 정체성을 주고 우리의 자존감을 높인다. 한편 유형은 또한 우리의 고통의 근원을 유지하는 것이다. 실제로 사건의 객관적 현실과 이미 우리의 유형에 의해 여과된 우리의 경험 사이에는 차이가 있다." 예를 들어 우리가 스트레스를 느낄 때 (즉, 불쾌한 긴장감), 대부분의 경우 우리는 우리 유형의 편향을 통해 이러한 고통을 스스로 발생시킨다.

우리가 우리 스스로에게 세심한 주의를 기울이기 시작하면 유형은 우리에게 유용한 통찰력을 제공한다

에니어그램은 각 유형이 중점적으로 몰입하는 것을 명명한다. 다시 말하지만 하위유형은 우리가 조건화 패턴 중 하나에 따라 반응할 때 더 빨리 알아차릴 수 있도록 도와준다. 따라서 이 도구는 즉각적인 가치가 있는데, 우리가 찾고 있는 것이 무엇인지 알면 비교적 짧은 훈련 후에 우리는 자신에 대해 많은 것을 배울 수 있고 우리의 행동을 알아차리기 시작할 수 있기 때문이다.

유형은 일상적인 상황에서 유용하다

특히 하위유형은 일상생활에서 우리의 되풀이되는 행동의 정확한 형태를 묘사한다. 반면에 우리의 유형을 아는 것만으로도 우리는 이 발견으로 도대체 무엇을 해야 할지 궁금해하며 불확실한 상태에 빠질 수 있지만 우리의 하위유형을 인식하면 우리에게 숨을 곳을 주지 않는다. 하루에 수십 번씩 우리 모두는 그것에 직면해야 한다. "어리석은 바보야. 네 자동화된 패턴이 또 있어!"

유형은 깊은 역사적 전통에서 나온다

유형은 사람들이 그들 자신 안에서 센터링하지 않을 때 굴복하는 주요 경향에 기초한다. 그것이 일곱 개, 여덟 개, 아니면 아홉 개 중 어떤 것이든, 이러한 성향들은 많은 전통과 문화에서 찾을 수 있다. 사막의 교부들, 즉 4세기의 첫 번째 기독교 수도승들은 분노, 교만, 허영, 시기, 슬픔, 탐욕, 탐닉, 욕망, 자기 망각의 9가지 격정(일곱 가지 대죄의 원조들)을 확인했다. 우리는 이 목록이 두려움 대신 슬픔이 나타난다는 것을 제외하고는 에니어그램의 격정의 목록과 거의 같다는 것을 알 수 있다.

중년기의 위기 관리

중년기의 위기는 보편적인 경험이다. 대부분의 문명에는 그것을 설명하는 용어가 있다. C. G. 융은 심리학에 이 개념을 처음 도입하여 "삶의 전환점"이라고 불렀다. 그 이후, 수도사 안셀름 그루엔Anselm Gruen을 포함한 많은 저자들이 그것에 관한 책을 썼다[7]. 종종 이 위기는 충격 후에 드러난다. 사별, 해고, 이혼, 사고… 그것은 또한 우리의 마지막 아이가 집을 떠나는 날 우리를 강타할 수도 있고, 뚜렷한 원인 없이 일종의 근본적인 우울증으로 서서히 나타날 수도 있다. 이 위기는 세 가지 특징을 가지고 있다.

- 그것은 실존적이다. ― 그것은 삶의 의미에 의문을 제기한다.
- 그것은 우리 중 일부가 이미 살아온 것보다 더 적은 시간이 남아 있다는 것을 깨닫는 인생의 중간에서 일어난다.

- 그것은 깊고 인생을 바꾼다. 중년기의 위기가 한번 나타나게 되면 상황은 결코 같을 수 없다.

아브라함 매슬로우Abraham Maslow와 자아초월 운동은 우리 모두가 물질적, 감정적, 사회적 목표의 대부분을 달성했다는 것을 깨닫는 수준에 이르렀다고 말한다. 이것이 앞서 이야기한 '부유한 불만족' 세대의 특징이다. 인본주의 심리학자들은 이 위기의 기초를 형성하는 네 가지 실존적 압박을 설명한다.

- 의미 추구: 왜 생명은 존재하는기? 우리는 왜 지구에 있을까? 우리에게는 사명이 있는가?
- 생명의 유한한 본질: 죽음과 재탄생이다. 모든 생물은 죽는다. 모든 관계는 어떤 식으로든 끝날 것이다. 우리는 삶의 과정에서 사별을 겪어야 한다.
- 외로움: 기본적으로 우리는 혼자이다. 우리는 혼자 태어나서 혼자 죽는다. 탄생과 죽음 사이에 우리는 외로움을 피하기 위해 많은 시간을 보낸다.
- 한계: 우리는 단지 인간이다. 우리는 모든 힘을 다 가진 것이 아니다. 사실 우리는 극도로 제한되어 있다. 우리는 우리가 원하는 만큼 강하지 않다. 그리고 그것은 때때로 우리를 우울하게 한다.

이러한 깨달음은 행동을 위한 두 가지 가능한 요구call를 발생시키는 경향이 있다. 첫 번째는 우리가 진저리가 났다는 것이다. 에너지가 바닥났다는 것이다. 우리는 육체적으로 진정한 자아와 어울리지 않게 사는 것에 지쳤다. 다른 감정적, 심리적 요소들은 이러한 권태감을 더욱 날카롭게 만든다. 우리의 뉴런은 계속된 긴장 상태로 충분히 지쳤다. 우리의 감정은 우리의 경호원이 되는 것을 충분히 했다. 우리가 경험하는 또 다른 충동은 갈망이다. 그것은 마치 우리 자신이 되고자 하는 소명과 갈등을 느끼는 것과 같다. 우리의 일부는 완전하지 않다. 우리는 성취를 갈망한다. 우리는 우리가 완전히 깨달은 존재가 되는 것이 어떤 것인지 엿볼 수 있는 드문 순간에 우리 모두가 경험했던 놀라운 감각들과 다시 접촉하기를 원한다. 간단히 말해서 우리는 완전히 그리고 자유롭게 우리 자신을 재발견하고 싶다. 우리는 우리 자신의 본질과 깊이 다시 연결될 필요가 있다. 그러던 어느 날, 중년의 위기의 혼돈 어딘가에서 우리를 변화시킬 수 있는 자극을 주는 욕망이 나타난다. 아니크 드 소우제넬리Annick de Souzenell는 우리가 스스로 주도권을 잡도록 권한다. "왜 우리가 누구인지 알기 위해 외부의 트라우마가 나타나기를 기다려야 하는가? 왜 우리는 큰 불행이 일어나기를 기다려야 하는가, 우리가 아닌 보이는 사람으로부터 떠날 때라는 것을 배우기 위해서?"

통합의 재발견 — 인식 경로

그래서 우리 자신과의 통합으로 돌아가는 것이 목표이다. 하지만 어떻게 해야 하는가? 완벽성의 순간을 찾기 위해 방어를 이완시킴으로써 말이다.

자아Self를 향해 나아가기

본질essence과 성격personality은 동일한 자아의 두 가지 측면이다. 본질은 진정한 자아, 우리가 작은 아이였을 때 이런 삶의 방식을 지속할 수 없다는 것을 발견하기 전의 모습, 이 완전한 순수함, 환경에 대한 즉흥적인 반응을 나타낸다. 이러한 존재의 방식을 재발견하려면 시간을 가지고 다른 사람의 도움을 받아 방어기제를 부드럽게 해체해야 한다. 이 접근법은 우리가 견고한 방어기제를 유지할 필요가 있다고 말하는 고전적인 심리학적 접근과는 다르다. 인본주의 심리학은 다르게 생각한다. 그러한 관점에서 우리가 더 많은 방어기제를 완화할 수 있을수록 우리는 더 균형 있게 될 것이다. 방어기제가 더 강력할수록 우리는 더 병들게 된다. 즉 우리의 진정한 자아와 단절된다.

만약 우리가 완전히 우리의 성격 안에 산다면 우리는 완전히 진짜가 아니다. "페르소나persona"의 원래 의미는 "가면"이었다. 우리의 성격 내에서 우리 내부의 어떤 것도 정상적이고 쉽게 작동하지 않는다. 우리는 우리 자신이 역할을 수행하도록 강요한다. 그러므로 성격은 우리가 하는 모든 일에 존재한다. 유형의 패턴은 거의 모든 상황에서 항상 곤경에서 벗어날 방법을 찾는다. 이것의 유일한 문제는 모든 형태의 고통이 유형의 두려움, 긴장 그리고 그러한 유형의 작용을 재활성화시켜 우리 자신을 더 분리시키고 고통의 수준을 높인다. 그것은 결국 삶이 우리 자신으로 다시 돌아오도록 요구할 때까지 계속되는 악순환이다.

방어를 완화하기

인본주의 심리학은 우리의 방어를 완화하고 유형의 자동적 활성화 상태를 중단해야 한다고 제안한다. — 지금까지는 좋다. 그러나 그러기 위해서 우리의 무의식에 대한 작업을 해야 한다. 대부분의 경우 유형의 행동은 무의식적으로 고통을 차단하여 우리가 그것을 느끼지 못하게 한다. 야노프 박사는 말한다. "일반적으로 우리는 원초적인 고통을 직접적으로 느끼지 않지만 긴장의 형태로 경험한다. 따라서 치료는 환자가 더 이상 자신을 해치는 것을 피하지 않는 지점으로 유도하고, 환자가 고통으로부터 스스로를 해방시키고 고통으로부터 오는 상징적인 행동과 그것이 만들어내는 긴장을 멈추도록 계속해서 그들이 이 고통을 느끼도록 돕는 것으로 구성된다."

억압된 감정과 다시 접촉하기

성격은 고통스러운 감정을 경험할 수 없다는 것에 대한 반응으로 발달한다. 그 중심에는 느낌의 억압과 "유형" 행동으로의 변환이 있다. 비록 아홉 가지의 유형이 우리에게 아홉 가지의 다른 관점을 제공하지만 우리 자신을 해방시키기 위한 작업은 모든 유형에서 동일하다. 우리는 긴장과 방어기제를 해체함으로써 원래 상처의 스트레스 요인을 해체해야 한다. 우리가 이것을 하지 않고 유형이 계속 상황을 운영하도록 놔둔다고 하면,

방어기제는 스스로를 강화한다. 이것은 우리가 잘 기능하고 있다는 인상을 주지만, 사실 우리는 깊은 내면의 긴장에 의해 지배되고 있다.

어떤 사람들은 우리가 스트레스를 많이 받는 시대에 살고 있기 때문에 갑옷을 입고 긴장 속에서 사는 것이 불가피하다는 것을 받아들이는 것이 정상이라고 생각하면서 이 도전에서 도망친다. 본질을 향해 나아간다는 것은 우리가 더 나은 사회적 기능을 수행하거나 증상을 완화하는 것 이상의 것을 열망할 수 있다고 감히 상상하는 것을 의미한다. 우리는 우리의 동기를 살펴보기 시작해야 한다. 본질을 향해 나아간다는 것은 또한 우리가 정상적으로 경험하는 것과 다른 존재의 상태에 도달하는 것이 가능할지도 모른다고 상상하는 것을 의미하는데, 우리가 완전히 우리 자신이 될 수 있다는 입장에서 각각의 감정이 왔을 때 환영하고 내적 통합을 경험하는 긴장 없는 삶, 방어 없는 삶이다. 이것은 우리가 다시는 걱정하거나 불행하지 않을 것이라는 것을 의미하는 것이 아니라, 우리가 무엇을 상대하든, 우리는 사물을 있는 그대로 보고, 아무런 기대 없이 매 순간 현재를 살고, 우리 유형으로 인해 발생할 수 있는 왜곡을 알아차림으로써 상황에 대응할 것임을 의미한다.

정기적으로 우리 자신을 다시 센터링하기

오래된 신념에 따르면 성격에서 본질로의 여행은 일직선으로 일어난다고 말한다. — 그것을 믿지 말라! 진화의 여정은 결코 길고 고요한 강이 아니며 확실히 직선적이지 않다. 조건화된 행동을 완화하기 위한 개발 작업은 중기적으로는 가속화된 결과를 낳지만, 성격의 닻은 여전히 정기적으로 자신을 주장한다. 그것들은 점점 덜 폭력적으로, 하지만 여전히 계속해서 자신을 주장한다. 우리가 목표로 하는 것은 자아를 없애거나 자아가 공격을 멈추기를 바라는 것이 아니다. 목표는 오히려 자아가 주도권을 잡았음을 점점 더 일찍 알아차리고 우리가 균형 잡힌 자아에서 너무 멀어지기 전에 우리 자신을 다시 센터링하는 것이다. 로버트 아사지올리Robert

Assagioli가 그의 책 『정신종합요법Psychosynthesis』에서 말했듯이, "당신은 결코 자아를 죽이지 않을 것이다. 당신은 오직 자아가 살 공간을 넓힐 수 있을 뿐이다." 이 자기계발 작업의 이점은 많다. 우리는 향상된 의식, 자유와 내적 평화를 얻으며, 항상 우리의 고통을 완화하는 내내 에니어그램이 작동하게 되는 것은 이 세밀하고 광범위한 인식의 공간에서이다.

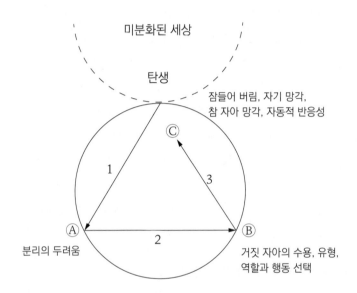

미분화된 세상

탄생

잠들어 버림, 자기 망각,
참 자아 망각, 자동적 반응성

Ⓒ

1

3

Ⓐ   2   Ⓑ

분리의 두려움

거짓 자아의 수용, 유형,
역할과 행동 선택

1. 분리와 분화 단계

2. 자동화 단계

3. 동일시와 잠이 드는 단계: 자아는 그의 성취를 자랑스러워한다.

그림 20   거짓 자아의 구성

이 책의 1부에서 우리는 어린 시절에 거짓 자아가 형성되는 과정을 설명했다. (A, B, C 단계) [그림 21]에서 D, E, F 및 G 단계는 경종이 울렸을 때 어떻게 작업을 시작할 수 있는지 보여준다.

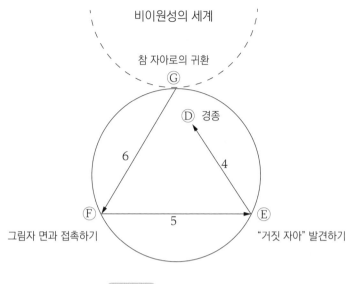

그림 21 참 자아로 돌아가기

D. 경종

무엇인가가 실존적 위기, 각성을 촉발한다.

4. "간격" 단계

이런 생각들을 분명하게 설명할 수는 없지만, "진정한 나"와 "거짓된 나" 사이의 간격을 갑자기 깨닫게 된다. 이로 인해 우리는 치료를 시작하고, 스스로에게 질문을 던지고, 우리 자신이 되는 것을 갈망하게 된다.

E. "거짓 자아" 발견하기

이 단계는 우리의 정체성이 어떻게 구성되는지 이해하는 데 도움이 되고, 아홉 가지 유형의 설명을 통해 우리 자신을 알아가는 데 도움이 된다. 그것은 우리가 관계를 다루는 방식인 과거를 조명하고 우리에게 변형의 길을 제공한다. 우리의 지배적인 유형을 발견함으로써 우리는 더 잘 인식하게 된다. — 그리고 에니어그램의 표지판은 이 여행의 단계를 더 명확하고 쉽게 만드는 데 도움이 된다.

5. "준비" 단계

이 단계는 우리 원칙의 실패에 대해 알아낸 것들을 고려하여 우리 자신을 받아들이고 책임지고, 우리 자신과 화해하는 시간을 갖는 것이다. 우리의 자아는 누그러지고 이완되기 시작하고, 일종의 겸손함이 싹트기 시작한다. 우리는 자신을 관찰하기 시작하고 우리의 감정을 있는 그대로 더 많이 받아들이게 된다.

F. 그림자 면과 접촉하기

이 단계에서 우리는 우리의 무의식적인 두려움과 근본적인 긴장을 묘사할 수 있게 된다. 우리는 두려움이 우리를 가로막는 곳이 어디인지, 긴장이 언제 발생하는지, 그리고 우리의 자동 반응이 정확히 언제 시작되는지 알아차리기 시작한다.

6. 변형 단계

우리는 더 이상 우리의 가장 어려운 감정으로부터 도망치지 않는다. 우리는 고통이 다가오고 우리의 모든 존재가 우리를 우리 유형의 조건화 행동으로 밀어낼 때 담대하게 현재에 머무를 수 있다. 그리고 그것을 통해 우리는 …의 특징 중 하나인 소중한 내적 평화를 얻는다.

G. 참 자아로의 귀환

이 여행에서 에니어그램 사용하기

에니어그램의 비교할 수 없는 장점은 에니어그램이 자아와 그것이 어떻게 작용하는지에 대한 정확한 설명을 제공한다는 것이다. 자아와 우리가 선호하는 행동은 이 세상에서 생존하고 고통을 최소화할 수 있는 수단을 주었고 우리의 자존감을 키우는 데 도움을 주었다. 만약 그것들이 존재하지 않았다면 우리는 자존심도, 존엄성도 없었을 것이다. 우리가 보게 될 것처럼 자아는 우리가 본질로 돌아오도록 도와줄 바로 그 자체이다. 게다가 에니어그램이 제공하는 지도가 중년기에 특별히 관련이 있다고 생각한다. 자아(고착과 격정)라는 용어와 우리가 수행하는 역할에 대한 정확한 설명, 원래 상처의 형태, 기본적인 두려움, 믿음, 이 모든 매개 변수들이 중년기에 명확해지고 이해되기 시작한다.

또한 에니어그램은 우리가 역할을 수행하도록 강요한 고통을 조명한다. 그러므로 그것은 우리를 우리 자신에 대한 더 나은 이해와 수용으로 이끈다. 우리의 그림자 측면들이 일단 빛 속으로 끌어들여지고, 이해되고, 받아들여지면 용서받을 수 있게 된다. 에니어그램은 우리가 "나"를 구성하기 위해 여행했던 길을 보여주면서 거짓된 자아에서 본질로 돌아오는 길을 조명한다. 나는 단순히 본질과 성격의 간격을 알아차리는 것만으로 내적인 해방이 시작된다고 확신한다. 그 알아차림이 우리의 모든 긴장과 두려움을 해결하지는 못할 것이다. 하지만 일반적으로 그 알아차림은 우리를 변화시키고, 자아와 재회하는 길로 나아가게 할 것이다. 우리의 인식은 확장되고 우리는 더 이상 우리가 역할을 수행하고 있다는 사실에 좌우되지 않는다. 우리는 "자동화"와 그렇지 않을 때를 알아차리기 시작할 수 있다.

그러나 닻은 깊이 내려져 있다. 어떤 반사작용은 유전자에 깊이 박혀 있고, 다른 반사작용은 세포에 깊이 박혀 있다. 약 5살 때부터 우리는 방어를 다듬고 갑옷을 강화해 왔다. 조건화는 자동적으로 이루어졌고, 이제 우리는 정신적으로, 감정적으로 그리고 본능적으로 모든 것을 포기해야 한다! 그것은 별로 재미있어 보이지 않고 확실히 당신의 시간을 보내는 좋은 방법이 아니다. 그렇다면 왜 우리가 이 길을 힘들게 가야 하는가? 아마도 완전함의 경험은 다른 어떤 것과 같지 않기 때문일 것인데, 우리 자신의 어딘가에서 우리는 이 모든 낭비된 시간에 진저리가 나거나, 우리 자신을 우리 존재의 가장 깊은 부분과 일치되기를 원하기 때문이다. 하지만 무엇보다도 일단 완전함이라는 것이 각성되면 우리가 더 우리 자신이 되도록 충동질하는 내적인 힘은 우리에게 선택의 여지를 주지 않기 때문이다. ― 비록 이 선택이 우리 주변의 모든 사람들을 화나게 만들더라도!

하위유형의 반응성을 넘어서 – 변형의 패턴

격정의 에너지 변환하기

긴장이 강렬한 순간에 대한 대응으로 이완한다는 아이디어는 모든 위대한 영적 전통에 항상 존재했다. 개인 개발에 관련된 대부분의 사람들에게 "놓아 보내기letting go"라는 문구는 대표적인 생각이지만 대부분의 경우 그것은 다소 추상적으로 남아 있다. 에니어그램의 유용성은 어디에서, 언제, 무엇을 이완해야 하는지 정확하게 설명한다는 것이다.

- 정신적으로는 정신 기능이 집중하는 방향을 그것은 정확히 설명한다 ([그림 9]. 고착을 보라). 여기 1유형의 예가 있다. "당신의 생각이 당신이 보는 것과 되어야 할 것을 비교하기 시작할 때 그리고 일종의 분개가 솟아나면 특히 주의를 기울이라." 그러한 이해를 통해 1유형은 무엇을 주의해야 하는지 정확히 알수 있다. 그들은 "놓아 보내기"에 대한 생각을 특정한 종류의 주의와 연결시킬 수 잇다.

- 감정적으로는 에니어그램은 격정의 묘사를 통해 어떤 상처가 유발될지, 그리고 왜 유발될지를 보여준다. 다시 1유형의 예가 있다. "완벽한 이상에 대한 당신의 이상은 당신을 실수에 매우 민감하게 만든다. 분노가 솟구치고, 그것을 막고 억누르고, 이것은 당신의 내적 긴장을 고조시킨다." 동일한 조언이 적용된다. 고객이 자신의 유형을 확인하면 특정 방향으로 놓아 보내는 데 집중할 수 있다.

- 행동적으로는 하위유형을 연구함으로써 각 사람은 그들의 특정한 유형의 반응성이 어떤 형태로 정착되었는지 알아차리는 데 도움이 되는 세 가지 랜드마크를 얻는다.

이뿐만 아니라 에니어그램은 우리가 반응성을 억제하는 데 성공했을 때 우리 각자가 존재할 수 있는 존재의 상태를 자세히 설명한다. 유형이 해제되면 이완은 세 가지 센터에서 작동한다.

- 정신적 – 주의의 위치가 확장되고, 평상시의 초점을 벗어나서 움직인다. 의식은 더 넓어지고 덜 지향된다.

- 감정적 – 반응성이 눈에 띄지 않는 곳으로 들어가고, 긴장이 풀리고 두려움이 사라진다.
- 행동적 – 본능(자기보존, 일대일, 사회적)은 유형에 따라 좌우되기 보다 순간적으로 자신의 진정한 재능을 발휘할 수 있다.

[그림 22]와 [그림 23]은 격정의 에너지를 전환함으로써 얻을 수 있는 차이를 보여준다.

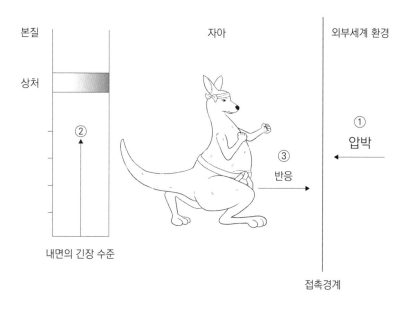

그림 22 자동적 반응성 패턴

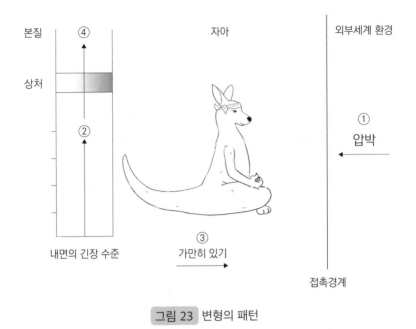

본질　④

자아　　　　외부세계 환경

상처

②　　　　　　　　　①
　　　　　　　　　압박

내면의 긴장 수준　③
　　　　　　가만히 있기

접촉경계

그림 23 변형의 패턴

　유형이 해방되면, 한 가지 결과는 우리가 우리의 환경에 대한 보다 창의적인 방향을 재발견한다는 것이다. 우리는 반복적으로 학습된 행동에 더 이상 사로잡히지 않는다. 우리는 본질적으로 지금 여기서 일어나고 있는 일을 진심으로 환영한다. 그래서 우리는 외부 자극에 바람직하게 반응할 수 있는 적절한 위치에 있다. 다시 말해 본질은 존재의 상태, 살아가는 태도이다. 두려움, 편견 또는 기대 없이 유동적이고 완전히 수용적인 존재이다. 우리는 스스로를 폐쇄하는 자동적 행동의 함정에서 벗어났다. 우리는 당신과 내가 같은 전체의 일부인 비이원적인 어린 시절의 세계를 재발견했다. 에니어그램의 특별한 공헌은 그것이 아홉 개의 원형들을 통해 본질의 특정한 형태를 묘사한다는 것이다. 아홉 가지의 격정 각각은 그것을 초월할 때 자신만의 맛과 느낌을 가지고 있다. 비이원성의 경험은 모든 유형에서 공통적이지만 놓아 보내는 것의 맛은 다르다.

　또 다른 결과는 우리가 에너지로 가득 차 있다는 것이다. 사실 우리는 외부의 자극에 자동적으로 반응하지 않았기 때문에, 두려움을 이겨낼 용기가 있었기 때문에, 우리는 보통 하위유형의 행동에 의해 소모될 에너지를 유지했다.

미덕과 신성한 사고의 활성화 – 실천과 행동

내면 관찰자 개발

어떤 형태의 영적 발전도 우리의 조건화, 즉 우리가 언제 어디로 자동적으로 움직이는지 알아차리려는 노력과 의지 없이는 이루어질 수 없다. 내면 관찰자는 우리 유형의 자동적인 행동과 평행하게 항상 거기에 존재하는 별개의 인식이다. 그것은 우리가 우리의 강박적인 반응으로부터 거리를 둘 수 있게 해주기 때문에, 우리는 물러서서 우리의 반응이 정말로 현재 상황에 대한 가장 적절한 반응인지 평가할 수 있다.

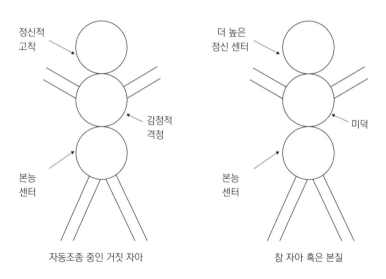

그림 24 격정의 에너지의 변형

내면 관찰자는 우리의 생각, 감정, 그리고 평범한 느낌과는 별개이다. 그것은 우리의 주의가 어디로 향하는지를 알아차릴 수 있다. 그것은 우리에게 무슨 일이 일어나고 있는지 알려준다. 실제적인 예로 우리는 다음을 갑자기 알아차릴 수 있다. "당신은 다른 무엇인가에 대해 생각하고 있다. 당신은 더 이상 당신이 하고 있는 일에 현존하지 않는다. 아마도 당신은 휴식을 취해야 할 것이다." 그 직전의 순간, 우리의 주의는 방황하고 있었다. 내면 관찰자는 우리의 생각의 흐름에서 분리된 중립적인 입장에서 우리가 더 이상 우리 자신에게 존재하지 않는다는 것을 알아차릴 수 있었다. 우리를 자기 자신으로 돌아오게 함으로써, 그것은 우리에게 우리의 의식을 현재의 순간으로 되돌리거나 습관적인 몰입에 초점을 맞추도록 둘 중 하나를 선택할 자유를 준다.

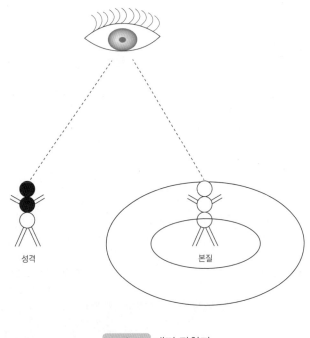

그림 25 내면 관찰자

자아는 내면 관찰자를 좋아하지 않는다. 왜냐하면 그것이 자아가 우리 성격을 자동적으로 통제하지 못하게 하기 때문이다. 내면 관찰자가 잠들어 있는 한, 자아는 상황의 지배자이다. 우리의 행동은 조건화되고, 우리의 반응 방식은 자동적이며, 정신적인 고착과 감정적인 격정 사이의 동맹이 맺어진다. 하지만 우리가 내면 관찰자를 알아차리고 함양하는 순간부터 우리는 그것을 마음대로 불러낼 수 있다. 우리 생각의 흐름을 멈추게 함으로써 우리는 지금 이 순간, 우리가 우리의 성격의 조건화된 패턴에 따라 움직이고 있는지, 아니면 본질에 속하는 수용의 상태에 있는지를 질문할 수 있다.

우리가 정기적으로 그것을 호출함으로써 내면 관찰자를 훈련시킬 수 있지만, 그것은 결코 자동으로 되지 않는다는 것을 언급할 가치가 있다. 비록 내면 관찰자가 우리 편이지만, 우리의 행복을 기원하는 친구는 항상 노력, 일종의 의식적인 관심을 필요로 할 것이다. 이상적으로 그것은 좋은 여행의 동반자가 될 것이다. 명석하고, 충실하고, 자비롭다. 내면 관찰자에는 두 가지 주요 기능이 있다. 즉 우리의 주의 방향을 설명할 수 있고 우리가 하고 있는 일에 쏟고 있는 인식의 정도를 평가할 수도 있다. 그래서 일단 우리가 에니어그램 유형을 확인하면 내면 관찰자는 우리의 반응 방식을, 우리 자신의 어느 부분이 자유롭지 않은지 볼 수 있고, 우리의 주의가 어디로 가고 있는지, 우리의 주의가 그곳으로 자유롭게, 선택에 의해, 또는 자동적으로, 강박적으로 가고 있는지를 파악할 수 있다.

내면 관찰자는 결코 조건화되지 않는다. 그것은 편견, 의견 또는 억제가 없는 중립적인 목격자이다. 예를 들어 우리가 생각하고 있는 것을 고려할 때, 그것은 단지 "당신의 주의는 사고에 있다"는 것을 알아차릴 뿐이다. 약간의 훈련을 받으면 "당신의 주의는 사고 모드에 있을 때 안정을 유지하는 것이 어렵다"는 것을 알아차릴 수 있다. 영적인 삶의 일부가 우리의 자동적인 행동으로부터 우리 자신을 해방시킬 것인지 아닌지를 결정할 수 있는 우리의 자유에 관한 것이라고 가정할 때, 영적인 삶을 발전시키려면 내면 관찰자를 발달시키는 것이 필수이다.

헬렌 팔머는 자신의 책 『에니어그램*The Enneagram*』에서 다음과 같이 말한다. "우리가 내면 관찰자라고 부르는 의식의 일부는 우리가 우리의 유형 습관으로 우리의 동일시를 완화시킬 수 있게 한다. 유형적인 관점에서 볼 때, 우리의 정상적인 주의의 초점을 느슨하게 하는 것은 우리를 취약하게 만든다. 예를 들어 호흡에 주의를 환기시킨다는 사실만으로도 자아에게는 위험한데, 자아가 더 이상 통제하지 못하기 때문이다. 반면, 본질적인 관점에서 중립 의식은 정상적인 의식의 생각, 감정, 느낌에 의해 정상적으로 소모되는 에너지를 포함하고 진정시킨다. 중립적인 의식, 즉 아무런 기대도 없는 의식은 내면의 평화와 존재의 질적인 측면에서 상당한 유익을 만들어낸다."

습관적인 반응 패턴에서 벗어나도록 우리 자신을 강요함으로써, 우리는 이완 프랙티스를 위한 일시적 중단과 같은 짧은 "공허"의 순간을 만들 수 있다. 우리가 그것을 더 잘하게 될수록 이러한 공허함의 순간들에 "완전함"의 감각이 들어오기 시작할 것이다.

우리의 균형 잡힌 에너지를 환영하기

시간과 프랙티스를 통해 내면 관찰자는 그 자체로 힘이 될 수 있다. 상징적으로 에니어그램은 세 가지 종류의 에너지에 대해 말한다. 능동, 수용, 중립 또는 균형 잡힌 에너지. 우리는 또한 물리학의 양극, 음극, 중성극에서도 이 아이디어를 찾을 수 있다.

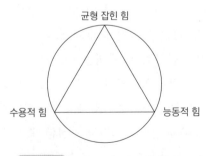

그림 26 능동적, 수용적, 균형 잡힌 힘

- 능동적 힘은 행동, 앞으로 나아가고, 생성하고, 표현하는 것이다.
- 수용적 힘은 환영하고, 평가하고, 반성하고, 예측하고, 이해하고, 질문한다.
- 균형 잡힌 힘은 행동도 반사도 아니다. 그것은 감정적으로 분리되어 있는 동시에 지금 이 순간에도 거대하게 존재하는 중립적인 의식이다. 만약 당신이 그 순간에 존재하는 일종의 현존을 의미한다면, 당신은 그것이 명상적이라고 말할 수 있다.

클라우디오 나란호와 변형 과정

클라우디오 나란호는 그의 책 『에니어유형 구조*Ennea-type Structures*』[8]에서 변형 과정을 다음과 같이 설명한다. "에니어그램 유형은 존재의 상실에 대한 다양한 변이를 보여준다. 핵심적인 순간은 우리의 행동을 바꾸는 것이 가능하다는 것을 깨닫는 순간이다. 우리가 공허함, 상실감에 대해 충분히 느꼈다는 것을 깨닫는 즉시, 우리는 우리의 행동 구조를 관찰하기 시작하고 우리를 괴롭히는 고통으로부터 우리 자신을 약간 해방시킬 수 있다." 에니어그램은 우리가 어떻게 그리고 왜 자신 안에 잠들었는지, 어떻게 '자아'가 계속해서 윙윙거리는 성격의 햄스터 바퀴 아래에 묻혔는지 이해할 수 있게 해주기 때문에 중요하다.

클라우디오 나란호는 그의 책 다른 곳에서 자아의 변형 과정에서 세 가지 상태를 다음과 같이 묘사한다.

- 자기 관찰 작업을 시작하고 반응성의 만연함을 알아차린다.
- 자아를 상대로 일종의 "성전"을 벌이는데, 이 기간 동안 당신은 스스로에게 성격의 자동적 습관을 비활성화하고 당신의 격정에 상응하는 미덕을 기르도록 강하게 요구한다.
- 신성한 사고로 사는 것을 경험하는 데 도움이 되는 관조적인 실천을 세우는 것 ─ 고착이 이완되고 훨씬 더 큰 의식을 가능하게 하는 순간들이다.

헬렌 팔머와 영적 경험

2003년 6월 파리에서 열린 첫 번째 프랑스어 에니어그램 포럼[9]에서 헬렌 팔머는 "영적 세계의 기본적인 질문은 "나와 본질, 나와 내적 삶 사이에 무엇이 간섭하는가?"라고 말했다. 대답은 그것은 나, 나의 유형, 나의 껍질, 나의 자동화된 반응이다. 그리고 그것은 그들의 종교나 신념이 무엇이든지 간에 모든 사람들이 경험한다. 심지어 무신론자들도 우리가 영적 경험이라고 부를 수 있는 더 진정한 현실과 접촉하기를 원한다. 나는 평생 내 유형과 동일시했고 내가 유형이라고 믿었다. 영적인 용어로 "나는 환상의 베일에 싸여 있었다. 사실 내면 관찰자는 항상 그곳에 있었지만 그것은 항상 현실의 일부였다. — 하지만 그것을 인식하지 못한 것은 나였다. 나는 그것이 존재한다는 것을 깨닫지 못했기 때문에 그것을 요구한 적이 없다. 이제 내가 그것의 존재를 발견했으므로 질문은 다음과 같다. 만약 내가 감정에서 벗어나서 그것들을 진정시킬 수 있다면 왜 내 감정으로부터 고통을 받아야 하는가? 여기서 발견한 것은 내 유형을 지속적으로 관찰하고, 고착과 격정을 인식하고, 그것들이 활성화되었는지 아닌지를 알아차릴 수 있는 수용적 의식의 존재이다.

영적인 경험은 아마도 껍데기가 풀어지고 부드러워지며 집착을 놓아보내는 그 순간일 것이다. 그리고 나서 우리는 이 수용적 의식의 존재를 경험한다. 그것은 항상 그곳에 있었다. 결코 사라지지 않았지만 내가 단순히 잊고 있었던 것이다. 현재 서양에서는 내면 관찰자를 개발할 기회가 거의 없지만, 대부분의 영적 전통에서 내면 관찰자는 발전을 위한 필수적인 열쇠로 여겨진다. 만약 내가 나 자신과 더 위대한 현실 사이의 장애물이 된다면 어떻게 그것을 알 수 있을까? *껍데기와 내면 관찰자의 발견은 영적 변화의 기초이다.* 그것은 내가 평범한 것보다 더 큰 의식에 이끌리기 위해 내가 해야 할 일을 찾는 열쇠이다. — 어떻게 하면 껍데기를 풀어버릴 수 있고 껍데기만 있는 것이 아니라는 것을 알게 될 수 있을까? 내가 정말로 현실을 받아들이고 싶다면 '나'는 뒤로 물러서야 하고 유형 요소는 보이지 않는 곳으로 흐려져야 한다.

감히 아무것도 안 하기

치료와 개인적 발전은 그 자체로 내면의 통합을 재발견하기에 충분하지 않다. 과거를 진정시키고, 틈을 메우고, 일부 봉쇄를 풀 수는 있지만 결코 완전성을 가져오지는 못한다. 이것을 확보하는 훨씬 더 확실한 방법은 우리가 매일의 묵상을 통해 사용하고 있는 이러한 "능동적인" 사고 과정을 뒷받침 하는 것이다. ─ 유효한 결과에 대한 보장이 없다는 것을 받아들이는 것이다. 우리는 아마도 우리가 침묵 속에서 자신과 다시 연결하기 위해 하루에 두어 번 멈추지 않는 한, 자아는 계속 강해질 것을 인식해야 한다. 자아는 우리가 인정하는 것보다 훨씬 영리하다. 만약 우리가 한 가지 작동 모드를 중단한다면, 그것은 아마도 다른 모드를 찾을 것이다, 아마도 덜 명확하지만 여전히 효과적인 것, 그것이 계속 주도권을 유지할 수 있도록 보장할 것이다. 사람들이 담배를 끊은 것에 자부심을 느끼고 초콜릿을 먹음으로서 그것을 만회하고, 다른 형태의 같은 강요라는 것을 인정하고 싶지 않을 때와 같은 종류의 것이다.

자동적인 행동을 덜하게 하기 위해서 아무것도 하지 않아야 하는 필요성은 많은 문화에서 부정의 길Via Negetiva로 알려져 있다. 사실 우리는 앞서 언급했던 균형 잡힌 에너지에 대해 이야기하고 있다. ─ 지금 여기에 있고 시간의 움직임에 자신을 가라앉히고, 생각, 감정, 감정의 흐름을 알아차리고, 그것들을 놓아 보내는 것, 다시 말해서 명상하는 것이다.

여정 시 주의사항

일부 사람들은 자신과 다른 사람들을 더 잘 이해하기 위해 에니어그램을 기본 수준에서만 계속 사용할 것이며, 이것은 좋은 시작이다. 다른 사람들은 에니어그램을 사용하여 길을 닦아 존재로 돌아오는 위대한 모험을 시작하고 싶을 것이다. 이러한 사람들에게는 다음과 같은 몇 가지 권장 사항이 도움이 될 수 있다.

- 혼자 이겨내려고 하지 말라. 자아의 함정을 스스로 이겨낼 수 있다고 생각한다면 당신은 스스로를 속이는 것이다. 당신과 공모하지 않을 누군가의 외부적 관점은 필수적이다. — 그리고 그것은 당신의 파트너를 위한 역할이 아니다.
- 길을 찾기 위해 너무 멀리 가지 마라. 우리 존재의 더 높은 차원은 지구 반대편에 숨겨져 있지 않다. 그것은 매 순간 우리 안에 있지만, 그곳에 없는 것은 우리이다. 왜냐하면 우리는 우리 자신에게 현존하지 않기 때문이다.
- 치료법을 선택할 때 주의하라. 너무 자주 우리는 우리 유형의 가장 편한 것에 집중하는 경향이 있다. 그래서 9유형은 요가를 잘하는 것을 매우 자랑스러워 할지도 모른다. 7유형은 광대 워크숍을 즐길 수 있고, 4유형은 연극에서 연기를 함으로써 그들의 감정을 자유롭게 조절할 수 있다. 그건 괜찮겠지만 우리 자신을 속이지 말자! 우리는 단순히 우리 자신을 즐기기 위해 이러한 활동을 하는 것일까 아니면 우리의 자동적 행동을 약화시키고 진화할 준비가 정말로 되어 있는가?
- 감각적인 관점에서 내부의 기준점이 필요할 것이다. 유형의 폭풍이 몰아칠 때 다시 돌아올 수 있도록 유형이 이완되었을 때 신체의 특정 부위의 느낌을 발달시키거나 알아차리는 것이 좋은 아이디어가 될 것이다.
- 신체적으로 긴장이 고조되고 뿌리를 내릴 때를 인식하는 법을 배우는 것도 필요할 것이다.
- 감정적으로 허버트 밴슨[11]과 대니얼 골먼[12]과 같은 많은 전문가들은 감정적인 고통에 대한 최고의 치료법은 싸움이나 도망, 그것을 억누르거나 자신을 산만하게 하는 것이 아니라고 생각한다. 그들은 최고의 공식이 고통 안에서 긴장을 푸는 것이라고 한다. 그래서 느낌의 이완을 이루어 내는 것이다. 이것은 고통이 사라진다는 것

을 의미하지 않는다. 그것은 당신이 상상력 때문에 고통에 추가적인 고통을 더하지 않는다는 것을 의미한다. 그리고 만약 당신이 호흡의 상승과 하강과 같은 것에 주의를 기울인다면 결국 당신은 고통을 보이지 않는 곳으로 보낼 수 있다. 통증은 남지만 "호흡 뒤에 사라진다"고 한다.

하위유형과 여행하기

워크숍의 많은 참가자들은 하위유형이 의식을 확장하고 존재를 변화시키는 데 도움이 되는 훌륭한 열쇠라는 것을 발견했다. 다음은 그들의 이야기이다. 우리는 당신의 유형에 대한 예가 없더라도 각 하위 유형이 작업해야 하는 공통 주제를 볼 수 있도록 하위유형별로 정리했다. 참가자들이 자신의 말을 하고 있지만, 이 섹션은 몇 페이지고 여러분의 눈을 지치게 하고 싶지 않기 때문에 우리는 그것들은 기울임 꼴로 쓰지 않았다.

자기보존

자기보존 6유형 - 패트릭, 46, 치료사, 코치

당신이 6유형에게서 기대하듯이, 내가 하위유형에 대해 배웠을 때 첫 번째 반응은 이것을 사용하여 내 자신을 안전하게 만드는 방법을 찾는 것이었다! 먼저 하위유형을 사용하여 다른 사람들의 예상 반응을 파악하고 충돌의 위험을 방지하기 위해 사용했다. 자기보존 하위유형에서는 필요한 거리를 존중하거나 침입을 피하는 것을 의미했고, 일대일 하위유형에서는 그들의 강렬함을 받아들이고 삼켜지는 혹은 버림받는 느낌없이 물러나는 것을 의미했고, 사회적 하위유형에게 그것은 그들에게 짜증을 내지 않고 그들이 나에게 나쁜 느낌들을 가지고 있거나 나에게 관심이 없다고 스스로에게 말하지 않고 그들과 관계를 끝낼 수 있다는 것을 의미했다. 나는 약간의 편집증적인 예감들이 잘못된 경보를 발생시킬 때 이를 무력화할 수 있게 되었다. 직장 생활에서 나는 동료들과 대화할 때 어떤 예를 사용할지 결정하는 데 도움을 주기 위해 동료들의 하위유형을 사용하기 시작했고, 이것은 우리의 대화를 더 의미 있게 하였고 나를 안심시켰다.

그 후 나는 다른 사람들이 하위유형을 이용하도록 돕기 시작했다. 자기보존 6유형의 키워드는 '따뜻함'인데, '친절하다'는 뜻으로 이해한다. 나는 항상 가르치는 일을 잘했고, 직장 생활에서 나는 내 고객이 관계의 어려움을 선택하고 이해하는 데 도움이 되는 하위유형을 자주 사용했다. 내가 설명을 하고 그들이 할 수 있는 연습을 시키면, 그들은 자주 세 가지 하위유형의 관련성에 놀랐다.

그리고 마침내 나는 그 지식을 내 자신에게 적용했다. — 이것은 시간이 좀 걸렸다. 나는 내가 자기보존 하위유형임을 바로 확인하지 않았다. 왜냐하면 나의 공포에 대항하는 측면이 내가 서로 다른, 그리고 꽤 자주 긴장을 유발하는 관계를 추구하도록 이끌기 때문이다. 나는 내가 일대일 하위유형이라고 생각했다. 하지만 보안 문과 경보, 잠의 필요성 그리고 다른 많은 단서들은 내가 자기보존 하위유형에 의문을 갖도록 했어야 했다! 내 하위유형을 알게 되면서 내 유형이 생생해졌다. 나는 내 삶의 실제적인 디테일에서 그것을 보았고 그것이 자리를 잡았을 때 그것과 대화하는 법을 배웠다. 과거에 나는 먼 들판이나 미지의 나라를 여행하는 것을 두려워했다. 나는 만약을 위해 두 대의 컴퓨터가 필요했다. 나는 가루비누 하나를 사지 않고 세 봉지를 사곤 했다. 나는 기온이 낮아져 추워질까 옷을 너무 많이 입었다. 나는 작은 증상 때문에 의사에게 달려갔다. 이제 나는 가을에 라틴 아메리카에 갈 것이다. 나는 여행에 대한 위험과 나는 괜찮다와의 균형을 잡았다. — 내게 진전이 있는 것 같다!

자기보존 6유형 - 엘리자베스, 50, 간호사

오 세상에 — 안전이 항상 내 최우선 순위였어! 내 유형과 하위유형의 몰입을 의식하는 것은 내가 안전하다는 것을 확인하는 데 얼마나 많은 시간을 소비하고 낭비하고 있는지 깨닫는 데 도움이 되었다. 실제적인 예를 들어보자면, 아파트를 나서기 전에 나는 항상 창문이 잠겨 있는지, 가스가 켜져 있는지, 담배꽁초가 완전히 꺼졌는지 확인하곤 했다. — 나는 거의 자동적으로, 무의식적으로 이것을 하곤 했다. — 그리고 문을 잠근 후에 종종 두 번째 또는 세 번째 확인을 위해 그것을 다시 열곤 했다. 요즘 나는 여전히 위험이 없는지 확인하지만, 한 번이면 충분하다는 것을 깨달았다. 재정적 안정도 내 주요 관심사 중 하나이다. 나는 매달 지출하는 비용을 계산했고 내 계좌를 관리하는 데 도움이 되는 컴퓨터 프로그램을 가지고 있다. 나는 25년 동안 간호사로 일해왔고 일정한 월급을 받지만, 그럼에도 불구하고 매주 장부의 균형을 맞추곤 했다. 요즘은 한 달에 한 번 정도 한다. — 그것이 발전이다! 다른 하위유형을 알게 되면서 타인을 더 잘 이해하고 더 관대해졌다. 내 파트너는 일대일 9유형이기 때문에 융합이 우선이다. 나는 가끔 혼자 있어야 하기 때문에 이것은 내게 힘들었을 수도 있지만, 일단 우리가 하위유형을 이해하고 나면 우리는 관계에서 각자 필요한 것에 대해 논의할 수 있었고 타협점을 찾을 수 있었다. — 만약 내가 이러한 차이를 이해하지 못했다면 우리는 헤어졌을 수도 있다.

나는 지금 세 가지 하위유형의 균형을 맞추기 위해 노력하고 있다. 나는 항상 직장 밖에서 사회생활을 해왔지만 그것은 높은 우선순위는 아니었다. 그것은 항상 회계, 집안일, 그리고 쇼핑을 한 후에 이루어졌다. 비록 찬장이 가득했음에도 빈 냉장고가 정말 나를 걱정시켰다! 이런 몰입에서 자신을 자유롭게 하기 위해 관리해 온 하위유형(부분적으로!)을 이해한 덕분에 이제 사회 생활을 위한 시간이 더 많아졌다. 즉 스포츠 클럽, 명상 수업, 워크숍 및 토론회 등이다. 요즘 나는 내 삶이 훨씬 더 풍부하고 균형 잡힌 삶을 살고 있다는 것을 알게 되었다.

자기보존 7유형 - 허버트, 59, 접골사

내가 내 하위유형을 처음 알았을 때, 그것이 내 삶을 그렇게 바꾸지는 못했다. — 그것은 내 행동 중 일부를 잘 묘사해 주기는 했지만, 그래서? 심지어 나는 모델로서의 에니어그램을 무시했다. 나는 3유형들과 7유형들이 꽤 비슷하다고 생각했다. 그리고 내가 특정한 유형에 전념하는 것보다 그들 둘에게 느끼는 모든 불편함을 합리화하는 것이 더 쉬웠다고 생각한다. 패널들은 나를 받아들이는 첫 단계로 나아가는 데 도움을 주었지만, 내 개인적인 발전을 위해 에니어그램을 사용하는 것에 전념하기에는 뭔가 부족하다고 느꼈다. — 그것은 그저 매우 지적으로만 느껴졌다.

내 하위유형을 인식함으로써 이 불편함이 해결되었다. 곧바로 나는 내 자기보존의 하위유형을 인식했고 갑자기 내 삶의 다른 부분들이 이해되었다. 나는 뒤로 물러서서 특정 행동 사이의 연관성을 인식할 수 있었다. 그룹에 속하는 것의 중요성, 삶의 실제적인 부분을 조직하고 관리하는 데에 중점을 두고 있는 것, 필요한 것들이 없으면 발생할 두려움, 나 자신과 사랑하는 사람들을 위한 행복과 안전에 대한 추구, 내 집과 내 건강에 대한 관심, 내 몸에 대한 관심(그래서 나는 접골사이다)이다. 내가 7유형이라는 것을 받아들이는 것은 내 유형이 일상 생활에서 어떻게 작용하는지 정말로 깨닫는 것과는 거리가 멀었다. 내 하위유형이 어떻게 어디서 극단적으로 변하는지, 어떻게 그것이 내가 두려움에 마주 앉아 있는 것을 멈추게 하는지, 그리고 그것이 어떻게 나를 생존에 관한 모든 것과 불안해하는 것이 당연한 이 세상에서 점점 더 많은 활동의 악순환으로 이끄는지를 보는 데 도움을 주었다. 마치 지금 이 순간을 있는 그대로 환영하는 것을 희생하면서 점점 더 많은 움직임을 찾아 앞으로 도망치는 것 같다.

자기보존 8유형 - 이사벨, 39, 인적자원개발 관리자

나는 에니어그램에서 내 유형만 알고 왔다. — 나는 8유형이 그들의 개인적인 능력에 대해 확신하는 것과 같은 방식으로 이것에 대해 확신했다. — 나는 의심하지 않았고 무엇이든 대처할 수 있었다. 그것은 실수였다. — 나는 내 하위유형이 무엇인지 깨닫지 못했다! 나는 하위유형에 대해 막연하게 들었었지만 그것에 대해 실제로 상세하게 접하지는 않았다. 내 하위유형을 아는 것은 내 유형만큼 쉽고 확실하게 일어나지 않았다. 나는 소거법으로 그것을 해결했고 결국 증거에 굴복해야 했고 내가 자기보존이라는 것을 받아들여야 했다. 나는 내 몸에 주의를 기울인다. 배고플 때 먹고, 졸릴 때 자고, 피곤할 때 쉬고, 언제든지 이렇게 한다. 나는 지금이 저녁 6시이고 저녁을 먹을 "정상적인" 시간이 아니어도, 지금이 만약 8시 40분이고 "자러 가기에는 너무 이르다"해도 상관하지 않는다. — 나는 내 자신에게 귀를 기울인다.

나는 더 이상 신지 않는 신발이든, 어울리지 않은 바지이든, 지겨워진 책이든, 쓸모없는 가구이든 물건을 버리기가 힘들다는 것을 알았다. 나는 집에 음식이 있는 것을 좋아해서 아무것도 부족하지 않다(지난 전쟁을 겪은 우리 할머니처럼 말하고 있다!). 내 가족도 나에게 중요하다. 나는 친구들 보다는 가족과 함께 축하하거나 식사를 하고 싶다. 나는 내 자매나 어머니를 많이 보지 못한다. 그들은 모두 멀리 떨어져 살고 있지만 나는 그들이 그곳에 있다는 것을 알고 있고 원할 때 언제든지 그들을 볼 수 있다는 것을 알고 있다. 나는 그들과 전화하는 데 내 모든 시간을 쓸 필요를 느끼지 않는데 나는 마음 속 깊은 곳에서 항상 그들이 아주 먼 곳에서 당신이 볼 수 있는 등대처럼 그곳에 있을 것이라는 것을 알고 있기 때문이다. 자기보존은 "클랜"에 대해 이야기한다. 그리고 그것은 나를 안심시킨다. 그러나 내 자기보존 하위유형에서 가장 중요한 부분은, 나를 흥분하게 하는 것은 "안전"으로 밝혀졌다. 나의 안전은 나의 즐거움보다 더 중요하다. — 나는 스카이다이빙, 패러글라이딩, 번지점프를 하고 싶지만 안전상의 미지수(낙하산이 열릴 것인가, 패러글라이더의 캐노피가 찢어질 것인가, 번지 로프의 탄력성이 유지될 것인가?)가 너무 많아서 이러한 욕망에 나를 맡길 수 없다. 나의 신체적 안전은 나의 재정적인 안전보다 중요하고 나의 감정적인 안전보다 더 중요하다. 나는 나 혼자 살 수 있다는 것을 안다. 하지만 내 머리 위에 안전한 지붕 없이는 아니다. 나는 안정적인 직업을 가졌기 때문에 기분이 좋다(나는 공무원이다). 즉 내 주요 욕구를 간단히 해결할 수 있고, 내 스스로 집을 짓고 먹을 수 있기 때문이다. ― 만약 나에게 그런 안전함이 없다면 다른 사람과 관계를 시작하는 것을 상상할 수도 없다는 것을 알고 있다. 파리에 왔을 때 직장을 구하는 데 9개월이 걸렸다. 내게 할 일을 주기 위해, 나는 무제한 영화 관람권을 내 자신에게 사주었다. 그 9개월 동안 나는 영화관에 대여섯 번 정도 갔었음에 틀림없다. 나는 내 경제적 안정에 대해 너무 걱정했기 때문에 좋은 영화의 즐거움에 내 자신을 풀어놓지 못했다. 10년 후에 나는 또 다른 영화 관람권을 얻었고 적어도 일주일에 두 번은 간다!

에니어그램을 공부하고 자격증을 따는 데 1년이 걸렸고, 내 자기보존 하위유형이 나의 8유형을 조절한다는 것을 깨달았다. 내가 내 신변의 안전에 집착한다는 사실이 내가 무엇인가를 이루기 위해 지나친 노력과 에너지를 쏟는 것을 막는다. 요즘 나는 내 행동 중 몇 가지와 내 하위유형 사이의 연관성을 볼 수 있고, 솔직히 말하자면 나는 종종 내 유형보다 하위유형에서 더 벗어난 행동을 한다고 생각한다. 이러한 행동들이 내 하위유형에서 나온다는 것을 알면 그것들을 침착하게 받아들이기가 더 쉬워진다.

자기보존 9유형 - 엘리자베스, 51, 전직 컨설턴트

나는 내가 자기보존 하위유형이라는 것을 알게 되어 매우 행복했다. 나는 자연과 고독을 즐기고, 인생에서 좋은 것들을 실제로 경험하는 능력이 내 9유형 자기 망각의 단점에 긍정적인 균형을 이루었다. 내 유형과 하위유형을 인식하는 것은 둘 다 다행이었다. 마치 내가 집에 온 것 같았다. 이것을 깨닫고 나는 또한 너무 자기보존에 집중하는 것의 부정적인 측면을 인식했다. 그래서 지금은 내가 나를 무감각하게 하고 미루는 데 사용하던 물질적인 것에 우선순위를 덜 두려고 노력한다.

하위유형을 이해하는 것은 내 매부 장 피에르처럼 동시에 두 사람에게 주의를 기울일 능력이 없는 사람이 나를 화나게 하는 이유를 이해하는 데 도움이 되었다. 내가 그와 내 여동생이 함께 있을 때, 그는 마치 나를 투명하게 보는 것 같다. 나는 내 여동생을 자주 보지 못하지만 내가 그곳에 있을 때는 그가 여동생을 독점한다. 그의 행동이 그의 일대일 하위유형에서 비롯되었다는 것을 깨닫는 것은 그를 이해하고 거부감을 느끼지 않게 하는 데 도움이 되었다. 그에 대한 내 분노는 그를 너무 일대일로 적용해서 보는 순간에 재미로 바뀐다. 내가 그것을 깨닫자 나는 내 동생과 혼자 만날 때를 더 중요하게 생각하게 되었고, 나는 그녀와 단둘이 있는 시간을 정말 소중하게 생각한다. 나는 걱정하는 것을 그만 두었다. 흥미롭게도 한번은 내가 우연히 그와 단둘이 있었을 때 우리는 즐거운 시간을 보냈다. 내가 하위유형에 대한 작업을 하기 전에 나는 만약 그와 같은 일이 있었다면 매우 불편했을 것이라고 생각한다. 왜냐하면 나는 그가 항상 나보다 내 여동생에게 집중했기 때문에 그가 사람으로서 나에게 관심이 없다고 확신했기 때문이다.

일대일

일대일 하위유형(유형 명시되지 않음) - 코시마, 42, 심리치료사

내 하위유형을 찾는 것은 내 개인 발전에서 깨달음의 순간이었다. 마치 무의식적인 역할에서 벗어나 무대에서 내려와 그때까지 해왔던 인간관계 게임을 관찰할 수 있는 것 같았다. 내가 어떤 대가를 치르더라도 다른 사람들을 기쁘게 하고 사랑받는 것을 과도하게 중요하게 생각했다는 것이 결정적 증거였다. 나는 내 하위유형이 주도권을 잡고 있었고 내가 함께 있는 누구와도 적절한 수준의 친밀함을 선택할 수 없다는 것을 깨달았다. — 나는 불꽃에 매료된 나방 같았다. 그 이후로 나는 내가 다른 사람들과 거리를 둘 수 있다는 것을 깨달았다. 나는 실제로 그들을 관찰하고, 그들의 요구를 들어주고, 그들의 입장이 되어 그들을 더 잘 이해할 수 있다.

내 삶에서 내 하위유형의 과중함을 깨달았을 때 내 그림자 측면, 즉 내가 다른 하위유형을 얼마나 무시하는 지를 알아차리는 데 도움이 되었다. 갑자기 내 자기보존 파트너와의 논쟁이 이해가 된다. 나는 다시 역할에서 벗어나 우리의 일상적인 긴장과 오해를 관찰할 수 있었다. 이제 나는 서로의 차이를 존중하고 서로를 보완하는 방법을 즐길 수 있게 되었다. 만약 내가 지나치면 경고들이 켜지고, 나는 그것을 알아차리고 균형을 잡는다. 나는 세 가지 본능적인 힘의 상호작용과 풍부함을 훨씬 더 중요하게 여길 수 있다.

일대일 2유형 – 도미니크, 48, 엄마

내가 내 에니어그램 유형을 10년이상 알고 있었기 때문에 하위유형 워크숍에서는 조금 느긋하게 왔다가 — 그리고 나서, 쾅, 내 하위유형이 해일과 같다는 것을 깨달았다. 처음에 나는 나의 일대일 하위유형을 받아들일 수 없었고 내 "공격/유혹"의 부정적인 면을 모두 알아차리고 평생의 어둠 속으로 역행하는 어려운 시간을 보냈다. 나는 내 자신에 대해 매우 죄책감과 나쁜 감정을 느꼈지만 나중에 그것을 받아들이기 시작했다. 내 인생의 영화가 다른 방향으로 되돌아가기 시작했고 빛이 다시 들어왔다. 나는 공격/유혹이 내 생존에 얼마나 중요한지 깨달았다. 나는 나의 어린 내면 아이가 삶을 헤쳐나가기 위해 이 시스템을 어떻게 사용했는지, 그리고 어떻게 다른 사람들을 돕고, 자신을 잊고, 사랑하고 사랑받기 위해 그것을 사용했는지 이해했다.

내 하위유형을 깨닫는 것은 내게 내면의 평화와 죄책감으로부터 엄청난 안도감을 주었다. 그것은 나를 더 잘 이해하도록 도와준다. 그것은 죄책감 없이 나를 돌보고 다른 사람들과 다르게 소통할 수 있게 해준다. 나는 또한 관계의 어려움이 종종 유형의 차이보다 하위유형의 차이에서 더 많이 발생한다는 것을 깨달았고, 그렇기 때문에 다른 사람들을 더 잘 받아들이기 위해 하위유형을 이해하는 것이 매우 중요하다.

일대일 3유형 - 린다, 44, 트레이너

내 하위유형을 발견한 것은 나에게 진정한 깨달음이었다. 그것은 내 유형을 생생하게 했고 나의 반복되는 자동 패턴을 조명했다. 비록 이것이 처음에는 조금 고통스러웠지만 그것은 기쁨의 원천이 되었다. 왜냐하면 내가 내 습관을 알아차리는 것을 더 잘 알게 되면서 나는 다른 더 적절하고 따라서 더 평화로운 행동 방식을 선택할 수 있기 때문이다.

나의 하위유형에 대해 작업하면서 나는 세 가지 분야에 각각 소비하는 시간, 에너지, 주의의 균형을 재조정하여 나 자신과 다른 사람들을 위해 더 공정한 삶을 살 수 있도록 노력할 수 있다. 나는 나의 자기보존 측면을 개발하기 시작했다. 그것은 내 자신에게 더 친절하고, 내 몸과 감정의 소리를 더 많이 듣고, 더 적절한 리듬을 가지고 사는 것이다(보통 그것은 내 평소 최고 속도 3유형의 템포보다 느리다는 것을 의미한다!). 그것을 이루기 위해 나는 태극권을 수련한다. 지금 여기는 더 많이 현존하게 하고, 속도를 늦추는 것뿐만 아니라 내 움직임, 내 자세 그리고 내 느낌에 있어서 더 진정성을 향해 나아가도록 작업하는 것을 가르치고 있다. 이 규칙적인 실천은 또한 내가 행동을 취해야 할 욕구와 거리를 두도록 도와준다. 나는 나의 추진력을 수정하는 것도 배우고 있다. 나는 내가 항상 사건보다 앞서 달리고 있다는 것을 알고 있다. 나는 (놀라움으로!) 적절한 순간이 오면 때로는 일이 나의 개입 없이도 일어날 것을 배우고 있다. ─ 그것은 꽤 편안한 일이다!

나는 점차 시속 100마일의 속도로 모든 것을 시작해야 하는 나의 욕구를 포기하고 있다. 나는 내 직관을 더 신뢰하고 행동을 취해야 할지 말아야 할지 결정할 때 옳다고 여겨지는 것이 나를 인도하도록 하는 법을 배우고 있다. 일대일 하위유형의 지나친 부분을 완화하기 위해, 나는 "당신은 어떤 역할을 하고 있는가?"라는 질문을 던지려고 한다. 그것은 내 자동 조종사가 내 역할을 결정할 때, 그리고 그것이 어떻게 내가 사랑과 인정을 받기 위해 많은 부당한 에너지를 소모하게 만드는지 알아채는 것에 관한 것이다. 내 하위유형이 충동적으로 발작하기 시작하는 것을 느끼면 일시정지 버튼을 누르고 호흡을 한다. 그리고 나서 나는 지금 이 모든 에너지를 소모하는 것이 옳지 않다는 것을 알아차렸다. 그리고 나서 나는 불편함을 안고 앉아서, 본능적인 욕구가 지나가기를 기다리며, 내가 깊이 바라는 것과 더 일치하고, 나의 이미지에 관한 것은 덜하고, 균형 잡힌 존재 방식을 향해 나아가는 것에 집중할 수 있다.

나는 내가 좋은 쇼를 펼치지 못하는 불편한 상황, 예를 들어 내가 능력이 없어서 빛날 수 없는 전문분야에서 도망치곤 했다는 것을 깨닫기 전까지 오랫동안 사회적 측면을 소홀히 했고 무의미하다고 생각했다. 요즘 나는 사람들을 서로 접촉하게 하거나 자선단체에 참여하게 함으로써 내 사회적 측면을 개발하고 있다. 이 일은 내가 내 자신을 안정되게 하고, 현존하게 하고 내가 만나는 모든 사람들과 함께 역할을 수행하지 않도록 한다.

일대일 4유형 - 발레리, 43, 중간 경력의 변화

내 하위유형을 깨닫는 것은 내 유형을 발견하는 것의 슬로우 모션 버전처럼 느껴졌다. 마치 내가 모든 것을 재점검하게 만든 두 번에 걸친 해일에 압도된 것 같았다. 일단 그 감정을 극복하면 나는 깊은 물속으로 들어가는 것과 무슨 일이 일어나고 있는지 좀 더 초연한 시각을 가질 필요가 있었다. 비록 주로 무의식적이지만 내가 대부분의 시간을 보내는 곳이 하위유형이라는 것을 금방 깨달았다. 그것은 내 삶의 모든 면에서 내가 찾고 있는 것이다. 그것은 나의 강박관념이자 함정이고, 나의 짐이자 보물이고, 나의 맹점이자 나에게 주어진 선물이다. 나는 내 변형에 대한 희망이 내 유형과 하위유형 사이의 공간에서 나아갈 길을 찾을 수 있다는 것을 깨달았다.

내 인생의 그 시점에서 한 가족의 어머니로서의 역할 때문에 16년 동안 자기보존 모드로 지냈다. ― 그것은 내 하위유형이 아니다. 나의 진정한 욕구가 일대일 관계에 있는 것이라는 것을 알게 되면서 나의 지배적인 하위유형은 그림자에서 벗어날 수 있었다. 내가 일대일 관계에 있고, 다른 사람과 교감하는 것을 좋아하고, 내가 그것을 잘한다는 것을 깨닫는 것은 해방이었다. 그 관계를 맺을 때 기분이 좋고 잘한다. 나는 또한 이러한 관계의 재능이 때때로 나와 상대방 모두에게 폭군이 될 수 있다는 것을 알게 되었다. 그것은 공간을 차지할 수 있는데, 사실 사용 가능한 모든 공간을 차지한다. 이것을 깨닫는 것은 모든 것을 변화시켰다. 그것은 인식하고 있는 상태에 관한 것이다. 일단 알게 되면 모든 것이 쉬워진다. 일대일 관계에서 나는 이제 담대하게 내 자신이 될 수 있는 동시에 상대방에게 필요한 거리를 주려고 노력한다. 나의 자기보존적인 면은 내가 너무 얽매이지 않고 그 순간에 닻을 내리고 있을 수 있도록 도와준다. 나의 사회 영역에서 나는 집단과의 관계라는 미지의 영역으로 나아가는 방법을 점차 배우고 있는데, 이는 나를 불편하게 하고 당혹스럽게 하지만 내 다른 면을 열 수 있게 해준다. 나는 아직 도달하지는 않았지만 이것의 아름다움이 이 여정에 있다는 것을 알고 있고, 내가 추구하는 평화는 단지 그것을 바라는 것에서 올 수 있다. 요즘 나는 세 가지 하위유형의 균형을 맞추기 위해 작업하는 것을 목표로 하고 있는데, 이 목표는 나를 행복하게 한다. 나는 좋은 위치와 장소를 향해가고 있다.

일대일 6유형 – 수잔, 55, 인사부장

내 유형을 깨닫고 내 하위유형에 대해 배우는 것은 나 자신을 더 잘 알고 다른 사람들을 더 잘 이해하는 데 도움이 되었다. 내 하위유형의 경우 개인적으로나 직장 생활에서 다른 사람들과의 관계가 매우 중요하다. 하지만 그것은 사람들만의 문제가 아니다. 나는 또한 내 작은 모자 아래서 외부 세계와 완전히 단절되어 나의 업무나 책과 일대일로 지낼 수 있다.

직장에서 나는 나의 "힘과 아름다움"에 초점을 맞춘다는 것을 인정한다. 그것이 시작되면 나의 모든 관심은 나와 함께 있는 사람에게 집중된다. 나는 그들에게 완전히 집중하고, 그들의 말을 듣고, 내 주변을 잊는다. 이를 통해 함께 있는 사람이 신뢰받고, 더 안전함을 느끼고, 안심할 수 있다고 생각한다. 이는 인사부장으로서 내 역할에 있어 매우 중요하다. 누군가와 함께 있을 때, 나는 나의 엄청난 집중력에서 오는 강력함을 알아차린다. 이것은 내가 신뢰를 형성하려고 할 때 안심이 되고, 그것은 또한 자극적이고 거의 중독성이 있다. 그것은 내가 다른 하위유형의 사람들과의 관계에서 찾을 수 없는 풍부한 에너지와 깊이를 찾을 것이라는 것을 알기 때문에 같은 하위유형의 사람들과의 관계를 추구하게 만든다. 나의 일대일 선호는 내가 모르는 사람들과도 관계를 시작할 수 있게 해준다. 나는 또한 하위유형에 대한 지식을 나의 발전을 위해 사용한다. 내가 자기보존적인 면을 전면에 내세울 때, 나는 식사를 함께 하는 것에 더 많은 관심을 기울였다. 나는 음식의 맛에 초점을 맞추고 이것은 내 머릿속에 있는 것이 아니라 그 순간에 있는 것을 돕는다. 나는 또한 사회적 하위유형 사람들을 더 중요하게 생각하는 법을 배웠고, 이제는 그들을 만나는 것도 즐긴다. 집단에 있는 것은 나에게 더 많은 공간을 주고 내 머릿속에 있는 것을 줄이고 나 자신과 더 조화롭게 지낼 수 있도록 도와준다.

일대일 6유형 – 클로드, 47, 치료사

나는 내 유형이 내 인생에서 어떻게 작용했는지 알고 있다. 그것은 내가 누구와도 싸우고 싶지 않았음에도 불구하고 가라데를 수련하고, 항상, 거의 강박적으로 파스텔 색상을 입고, 울거나 소리지르고 싶을 때, 언제나 웃고, 지식, 사실, 그리고 경험을 얻기 위해 신체적으로나 지적으로 나를 지치게 하고, 내 역량이 특별하다는 것을 증명하기 위해 항상 더 많은 것을 추구하는 것에 관한 것이다. ─ 그것이 내가 내 하위유형에 대해 알기 전의 삶이 그랬던 것이다!

내 하위유형을 발견하면서 나는 이러한 행동 뒤에 있는 이유를 이해하게 되었다. 나는 나의 힘, 부드러움 또는 따뜻함을 통해 사람들을 설득하고 싶었다. 요즘 나는 적절한 분노나 무언가에 대한 거부감을 더 많이 표현할 수 있고, 내 자신을 돌볼 시간을 가질 수 있다. 나의 외적인 삶에서 극단적인 형태로 작용했던 "힘과 아름다움"은 이제 내 안에 있고, 나는 더 이상 어떤 것도 증명할 필요가 없다고 말하고 싶다. 요즘 나는 진정한 나 자신, 혼자, 다른 한 사람 또는 군중과 함께 있는 것의 놀라운 유익을 즐겁고 평화롭게 발견하고 있다. 나는 그 순간을 즐기고, 지금 여기는 있는 것들의 깨달음을 이용하고, 자비와 감사로 삶을 바라보며, 매일 음악을 듣는 법을 배우고 있다. 한마디로 — 사랑하기 위해서.

일대일 6유형 – 마할리아, 32, 트레이너 겸 치료사

나는 내가 일대일이라는 것을 바로 알았다. — 그리고 그것은 내가 내 개발을 진전시키기 위해 어디에 집중해야 하는지 즉시 알 수 있게 해주었다. 오늘 내 자신을 보면 내가 일대일 6유형이라는 것을 아는 것뿐만 아니라 나는 그보다 더 크다는 것도 알고 있다. 이것을 알게 되면 나는 이런 자질들을 자유롭게 가지고 사용할 수 있고, 삶에서 내가 다르게 반응해야 할 때 그런 자질들에 사로잡히지 않게 된다.

예를 들어 나는 이제 자기보존 하위유형에서 영감을 얻을 수 있다. 그것들은 나를 내 안에 있는 다른 존재의 방식으로 다시 연결시켜주지만 그것은 잠들어 있다.

무엇이 나를 몰아붙이고 그것이 무엇인지에 대한 나의 불안, 감정 그리고 강렬함을 더 많이 인식할수록 그것들을 훨씬 더 쉽게 놓아 보낼 수 있다. 한편으로는 그것들을 사랑하고 소중히 여기지만, 다른 한편으로는 내 안에 있는 다른 하위유형들의 작은 목소리를 더 잘 인식하게 되면서 나는 그것들이 단지 감정이라는 것을 인식할 수 있었다. 내가 자동적인 반응을 알아차렸을 때, 나는 배로 힘 있게 호흡하는 법을 배웠고, 내 몸 전체와 신체적 욕구를 연결시키고, 더 넓은 시각으로 바라보는 것에 내 의식을 여는 법을 배웠다. 일상 생활에서 하위유형이 어떻게 작용하는지 알게 되면서 매일 내 목표는 조금 더 완전하고 진정한 나와 가까워지는 것이다.

일대일 8유형 – 알릭스, 50, 코치

나는 일대일 하위유형이 8유형의 전체적인 면을 강화한다고 느낀다. 일단 내가 과도하게 행동하는 경향을 깨달았을 때, 나는 내 삶에 조금 더 냉철함을 가져올 수 있었다. 이것은 사회적 8유형이 친구를 유지하고, 받아들여지고, 심지어 집단의 인정을 받기 위해 지금 당장 조금 덜 해야 한다는 것을 배울 필요가 있고, 필요한 것을 해야 하는 것과는 매우 다르다. 8유형은 자급자족하기 위해 종종 자신을 억제하고, 본능적으로 무엇이 자신에게 적합한지 알고, 그것을 고수한다. 일대일 8유형은 8유형의 과잉 경향을 더욱 악화시키는 경향이 있다고 생각한다. 나는 나의 일대일 8유형의 강박을 "나는 모든 것을 원한다"로 요약할 것이고, 이것은 "지금 당장" 원하는 것을 가지려는 8유형의 강박을 악화시킨다. 이 두가지를 합치는 것은 간단하고 명확하지만 그것은 또한 양보가 없고, 과도하고, 심지어 잔인하다. ― "나는 지금 당장 모든 것을 원한다!"

이러한 행동을 가장 잘 보여주는 것은 내가 다른 사람들에게 접근하는 방식이다. 본능적으로 우리 사이에 강한 유대감이 있다는 것을 알게 될 때(이런 일이 새로운 사람을 만날 때마다 일어나지 않는 것이 다행이다. 그렇지 않으면 나는 지칠 것이다!) 나는 내 일대일 하위유형에서 직접적으로 나오는 특정한 행동으로 바로 들어간다. 나는 융합과 강렬함을 향해 최고 속도로 나아가고, 종종 그 사람에 대한 독점적인 접근을 원하며, 때로는 그들을 조종할 정도까지, 그러나 동시에 나는 내가 거절당할지도 모른다는 생각을 견딜 수 없기 때문에 그들에게 일종의 양면성을 가지고 있다. ― 그것은 최대한이다! 요즘 난 내 하위유형이 어떻게 작동하는지 알았기 때문에 이런 행동을 하는 나를 볼 때, 나는 내 행동이 가장 넓은 의미에서 유혹의 측면이 있다는 것을 알 수 있다. 그렇기 때문에 일대일, "성적"을 설명하는 다른 단어가 내게는 확실하게 의미가 있다. 그리고 나는 또한 "소유/굴복"이라는 문구를 완전히 이해한다. ― 나는 당신과 강한 유대를 추구하고 경험하기 때문에 나는 당신에게 모든 것을 줄 것이다. ― 그것은 전부 아니면 아무것도 아니고, 삶이든 혹은 죽음이든 ― 혹은 내가 원하는 대로 되지 못했고 내 자신을 당신의 뜻에 완전히 맡기지 못하기 때문에 고통스럽다는 것을 의미하더라도, 당신을 완전히 버릴 것이다.

이 관계에서 이에 더해서 상대방도 일대일이라면, 휴! 당신은 믿을 수 없을 정도로 격렬한 대화를 끝임 없이 계속해서 하게 될 것이다! 예를 들어 당신은 새벽 2시까지 자동차 배터리가 방전되고 고장이 날 때까지 차 안에 앉아서 이야기할 수 있다. 당신은 어쩌면 해가 뜰 때까지 밤새도록 이야기할 수 있다. 여자 친구들과 점심시간은 언제나 부족할 것이다. 수면과 건강이 나빠도 웹서핑을 하며 밤을 보낼 수 있을 것이다. Skype 대화는 절대 한 시간 이내로 논의를 끝 낼 수 없을 것이다. ― 누군가가 고의로 혹은 아니든 전화를 끊을 수도 있다는 생각을 참을 수 없다. 당신은 전문적인 혹은 개인적인 일을 성취하기 위해 끝없는 에너지를 소비할 것이다.

나의 에니어그램 하위유형 훈련을 통해 일대일 하위유형이 무엇에 관한 것인지, 메커니즘이 어떻게 작동하는지, 그리고 내 자동적 반응을 저지하는 방법을 더 잘 이해할 수 있었다. 그 이후로 나는 뒤로 물러서서 일어나고 있는 것들에 대한 조용한 관점을 얻을 수 있다는 것을 알게 되었다. 비록 내가 여전히 가끔 과도함에 굴복하더라도 나는 그것들에게 덜 좌지우지되는 것 같은 느낌이 든다. 나는 내 강박관념을 더 잘 관리하게 되었고, 내 개인적인 발전을 통해 덜 강해지고 "사랑할 때는 아무것도 중요하지 않다"는 이전의 신념을 누그러뜨리는 법을 배우고 있다. 종종 지나치던 시간, 돈, 에너지를 보내는 방식이 요즘에는 더 차분해지고 내면의 미소로 나를 지켜보며 그 모든 것을 하고 싶은 욕구를 가라앉힐 수 있다. 나는 또한 내 삶에서 자기보존 하위유형의 가치를 이해하기 시작했다. 나는 내 자신을 더 잘 돌보고, 내가 먹는 것을 지켜보고, 잠을 잘 자는지 확인하고, 덜 위험하게 살고, 과민행동을 억제하고, 언제 멈추고 "태양이 내일도 그곳에 있을 것"을 결정해야 하는지 배우고 있다. 이러한 새로운 행동들은 내 삶의 질을 향상시켜 주고 있는데, 내가 의식적으로 행동하고 있기 때문에 더욱 그렇다.

코칭 작업에서 나의 하위유형은 고객에게 든든한 존재가 될 수 있는 능력과 고객들이 내가 실망시키지 않을 것이라고 느낄 수 있는 역량을 제공한다. 나는 내 발전의 경로가 내 8유형과 일대일 하위유형이 나를 끌어들이는 충동에 대한 알아차림을 잃어버리지 않도록 냉정을 유지하는 법을 배우는 것이라고 본다.

사회적

사회적 하위유형(유형은 명시되지 않음) - 도미니크, 44, 심리치료사

내 하위유형을 발견하는 것은 내 유형을 발견하는 것만큼 중요했다. 불편함이 닥칠 때마다 도망가는 방식과 관심의 중심을 본능적으로 제어하는 이 레버를 의식하게 되는 것은 꽤 대단한 일이다. 개인적으로 내가 좋지 않은 처지에 있을 때, 나는 내 슬픔에 스스로 직면할 수 없다. 그리고 나는 내 고통에 대해 이야기하기 위해 일대일 하위유형을 찾지 않는 경향이 있었는데 내가 그것을 잃을 위험이 있기 때문이다. 오히려 나는 사회적 문제에 대해 매우 열정적인 경향이 있고, 이것은 나를 내 자신으로부터 산만하게 하고 내 진짜 욕구로부터 멀어지게 만든다.

내가 내 하위유형을 알아차린 이후로 내 삶은 바뀌었다. 나는 사회활동으로 도망치는 대신, 자기보존 모드에 머문다. 이것은 내가 내 감정을 직시하고, 신체적이며 심리적인 욕구를 말하고, 균형 잡힌 방식으로 그것들을 충족시키는 법을 배우도록 도와준다. 그리고 내가 기분이 좋지 않을 때 일대일 만남을 피하지 않는 것은 내가 그들에게 제공할 수 있는 유일한 것이 나의 약점일 때에도 상대방은 여전히 나를 받아들이고 사랑할 것이라는 것을 깨닫는 데 도움이 되었다. 사실 나는 자기보존 하위유형과 일대일 하위유형을 경험하는 것이 내가 성장할 수 있게 해준 것들이라는 것을 알게 되었다. 또한 나의 하위유형을 깨달은 것은 그들이 단순히 평범하고 물질적이라고 생각하기보다는 내가 부족한 자원을 가지고 있기 때문에 자기보존 유형을 존중하는 데 도움이 되었다. 일대일 친구들과 함께라면 나는 이제 버림받거나 거절당하는 것이 두려워서 도망가고 싶은 유혹을 받지 않고 나와 그들과의 관계의 강렬함을 유지할 수 있다는 것을 알게 된다. 물론 당신의 지배적인 하위유형은 변하지 않고 나는 항상 사회적 하위유형일 것이다. 하지만 그것은 덜 반응적이고 더 유연해졌다. 나는 사회적 명분에 훨씬 덜 사로잡혀 있고 내가 관여하는 명분의 성공에 대해 그다지 걱정하지 않는다. 요즘 나는 삶의 다른 측면에서 큰 기쁨을 느끼고 있다. 집을 편안하게 만들고, 냉장고를 채우고, 독서를 하거나, 음악을 듣거나, 명상을 하며 시간을 보내는 편안한 공간을 스스로 마련한다.

사회적 1유형 – 산드린, 45, HR 컨설턴트

나는 내가 1유형이라는 것을 인식하는 것을 어렵지 않게 알았다. 내가 나 자신과 다른 사람들에게 요구하는 것, 그 일을 잘 해야 한다는 나의 주장과 나의 분노는 항상 나의 일부였다. 그럼에도 불구하고 내가 다른 패널들과 함께 있을 때 나는 종종 그들과 다른 것처럼 보였다. 깔끔함, 꼼꼼함, 그리고 작업이 어떻게 완료되었는지에 대한 극도로 세심한 관심의 강조는 내게는 맞지 않았다. 나는 내가 3유형일지 궁금해지기 시작했다. 나는 항상 활동적이고, 효율적이고, 제한된 시간 안에 내가 할 수 있는 최선을 다한다. "당신은 물론 15인분의 식사를 원하지만, 그것에 대해 한 시간 이상 시간을 들이지 맙시다." 하위유형에 대해 배우는 것은 나에게 이 딜레마를 해결했다. 내가 하위유형들의 몰입이 얼마나 다른지 깨달았을 때, 나는 내 1유형이 개미와 연관된 질서를 위한 세심한 관심과 상당히 다르게 보일 수 있다는 것을 이해했다.

나의 관심과 에너지는 구체적인 것에 집중되지 않는다. 내 유형은 사회적 환경에서 두드러진다. 나는 다른 그룹에 속해 있어야 하고, 그들에 대해 내가 관심을 갖는 것은 그들이 취하는 행동, 사회에서 그들의 역할 또는 지적인 집중이다(그것은 청소년 그룹, 지역 사회협회 혹은 연구 그룹일 수 있다). 난 참여하고 싶고, 내게 맞는 역할을 하고 싶다. 그리고 이것은 내 욕망보다는 내가 보는 필요에 의해 정의되는 경우가 더 많다. 계정 정리, 회의 운영, 그룹 멤버의 생일 선물 구매 정리 등이 일일 일람표에 추가돼 과부하가 걸린 노새처럼 느껴진다. 하지만 내가 그것을 하겠다고 해도 나는 그것을 잘 해낸다. 나를 믿어도 된다. 그것은 내가 그 그룹과 암묵적으로 맺은 도덕적 계약을 존중하는 것이다. 그리고 만약 내가 그렇게 한다면 조직적이고 효율적일 수 있다. 이것은 진정한 육체적 완벽주의를 위한 공간이 많이 남아있지 않다는 것을 의미한다. 그래서 나는 내 사회적 1유형을 진정으로 인식한다. 그리고 그것을 인식하는 것 자체만으로는 충분하지 않다는 것을 깨달았다. 다른 모든 유형들이 그렇듯이 나는 계속해서 내 개발 경로를 따라 작업할 필요가 있다. 하지만 내 하위유형을 알아보는 것은 안도감을 주고 명확성을 가져다주며, 요즘 나는 내 1유형 프로파일보다 다른 하위유형 동료들과 더 가깝게 느껴진다.

사회적 5유형 - 안토니, 38, 엔지니어

만약 내가 내 하위유형을 찾지 못했다면 나는 결코 내 유형을 찾지 못했을 것이다. 책에 나오는 5유형에 대한 설명의 대부분은 자기보존 5유형을 묘사할 뿐이다. 그들은 숲속 깊은 곳에 사는 은둔자, 아무것도 필요 없고 책을 읽으며 하루를 보내는 미니멀리스트, 위축된 여성 혐오자로 묘사하기 위해 5유형들을 많이 희화화 할 필요는 없다. 그러나 나는 사람들을 좋아한다. 나는 심지어 내가 꽤 민감하다고 느끼고 다른 사람들이 말하는 것에 정말 관심이 있다. 내 업무에서 나는 인력 관리에 관한 모든 일에 매우 능숙하다고 느낀다. ─ 인재를 영입하고, 그들의 전문적 발전을 안내하며, 소규모 그룹이 함께 문제를 해결하도록 하는 것 ─ 그리고 나는 또한 조직에서 일어나는 주요 사건들도 잘 알고 있다. 5유형의 그 모든 것은 다 어디 있는가?

내게 5유형의 그 무엇은, 내가 타인과 함께 있어야 하는 동시에, 타인의 요구나 필요에 의해 침해당하는 것에 대한 두려움에 대한 것이다. 그래서 내 욕구가 사라지게 된다. 하루 동안 많은 사람들과의 접촉을 문제없이 가질 수 있지만 누구를 언제, 왜 만나는지에 대한 통제력을 유지해야 한다. 내가 추구하는 것은 필요한 것을 말하는 만큼만 지속되는 만남이고, 그렇지 않으면 항상 잡담을 시작하거나 어떤 식으로든 상대방과의 관계가 깨지는 지점이 있다. 하지만 다른 한편으로 만남의 목적이 즐거운 저녁을 보내기 위한 것이라면 그것에 전혀 문제가 없다. 나는 그 자리를 더욱 즐겁게 만들기 위해 파티의 생명과 영혼이 될 수 있다. 나는 많은 친구들과 연락이 많고 자주 외출하지만 어떤 상황에서는 내 5유형의 먼 면이 내 하위유형의 거리가 먼 면을 강화시킨다.

그러므로 내 하위유형에 대해 배우는 것은 내가 내 유형을 찾을 수 있게 해주었고, 내 유형과 하위유형의 조합은 내 행동의 변동을 밝혔다. 나는 다른 사람을 좋아하고 나 자신을 위한 시간이 필요하다. — 이것이 정말 다행이었다는 것을 깨달았다. 나는 항상 자기보존과 일대일 활동에 관여하는 깃이 이렵다는 것을 깨달았지만 그 활동들이 내 발전에 중요한 부분이라는 것을 깨달았다. 요즘 나는 다른 하위유형들로부터 온 사람들에 대해 다른 태도를 가지고 있고, 과거처럼 자기보존 하위유형을 업신여기지 않는다. 심지어 나는 일상의 작은 일에도 완전히 참여하는 그들의 능력에 감탄한다. 요즘 나는 정원사를 보고 그들을 부러워하는 내 자신을 발견할 수 있다. 나는 확실히 내 자신과 다른 사람들과 더 평화롭다.

사회적 7유형 - 이사벨, 42, 공무원

내 하위유형을 찾는 것은 내 7유형을 찾는 것만큼이나 중요했다. 그것은 청구서 관리, 냉장고 채우기, 집 꾸미기 등 삶의 실제적인 측면에 관심이 거의 없어서 내가 느껴야 했던 죄책감을 없앴다. 이것을 아는 것은 또한 세 가지 하위유형 사이에서 내 삶의 균형을 재조정하는 데 도움이 되었다.

요즘 나는 내 행동의 기호, 즉 사회 활동과 지적 삶의 중요성에 대해 더 분명해지고 덜 죄책감을 갖게 되었다. 점차 나는 얼마 전에는 결코 할 수 없었던 자기보존 활동에 더 많은 시간을 보내는 것을 배우고 있다. ─ 나는 여전히 그 활동들에 그다지 관심이 없지만 균형을 맞추기 위해 노력하고 있다는 것을 안다. 이제 나는 내 인생의 그런 면을 정리하는 것에 더 여유를 갖게 되었고 그것이 나에게 너무 부담스럽지 않도록 설정했다.

맺음 말: 완전히, 영적으로, 신성한 당신 자신이 되는 것

에니어그램의 장점 중 하나는 일상 생활, 개인 개발, 영적 실천 등 적용 범위가 넓다는 것이다. 지금까지 여기에는 한 가지 큰 결점이 있었다. 만약 여러분이 그것을 피상적인 수준에서 연구한다면 그것이 우리를 위험하고 피상적인 상자에 넣는 듯한 인상을 받을 수 있다. 나는 이 책이 에니어그램의 신뢰성과 깊이를 모두 키우는 목표를 달성하기를 바란다.

나는 아홉 가지 유형이 우리 자신을 더 잘 알 수 있도록 돕는 데 매우 유용하다고 생각하지만, 아홉 가지 유형에만 의존하는 개발 레시피는 의심스럽다. 하위유형이 이러한 부족함을 보완할 수 있기를 바란다. 하위유형이 시스템을 아홉 기반에서 27 기반으로 나아가고, 세 하위유형이 각 프로파일에 제공하는 뉘앙스는 새로운 개발 기회를 열어준다.

모든 사람들은 이 책의 정보를 가지고 일하는 자신만의 방법을 개발할 것이다. 이 새로운 차원이 가져오는 명확성을 즐기고 개인적인 관계를 개선하거나 하위유형들이 주요 단점에 비출 수 있는 빛을 활용하는 것이다. 이제 우리는 하위유형에 대한 연구를 발전시켰기 때문에 나는 어떻게 더 이상 에니어그램이 피상적이라고 말할 수 있는지 알 수 없다.

하위유형은 항상 에니어그램 시스템의 일부였기 때문에 하위유형을 조명하는 것은 간단하게 시스템의 하위유형에 진정한 위치를 제공하는 것이다. 에니어그램의 부활의 시작에서 하위유형은 가르침의 필수적인 부분이다. 피터 오한라한은 그의 책 에니어그램 워크Enneagram Work에서 이렇게 말한다. "1970년대 버클리에서 에니어그램을 연구했을 때, 우리는 아홉 가지 성격 유형의 특징을 처음 배웠고, 물론 27개의 하위유형들도 그 후 바로 배웠다. 그 과정이 계속됨에 따라 며칠 동안 우리는 정말로 우리 그룹의 하위유형 행동에 주목하기 시작했다. 우리는 함께 살면서 서로를 관찰할 수 있었고 이러한 본능적인 구성 요소들의 바디랭귀지를 알아차릴 수 있었다. 따라서 우리는 우리와 다른 사람들의 주요 단점을 즉시 밝히는 행동에 대한 풍부한 정보를 수집했다."

이 아이디어를 더 심화해서 하위유형들은 우리가 개인 개발에 착수할 때 정말로 자신의 것으로 나타난다고 생각한다. 하위유형들은 우리가 자동적으로 반응하는 지점을 매우 빠르게 발견하도록 도와준다. 1유형의 예를 들어보자. "나는 완벽에 집중하는 사람이다"라는 유형을 통해 배우는 것은 하루에도 몇 번씩, 어디서, 언제, 어떻게 분노가 치밀어 오르는지를 알아차릴 수 있는 것보다 훨씬 유용성이 떨어진다. 모든 영적 전통은 우리가 일상 생활의 작은 행동에 주의를 기울이는 것의 중요성을 주장한다. 하위유형을 사용할 경우, 27개의 프로파일 각각은 우리의 관심이 언제, 어떤 방향으로 빠져나가는지를 알아차릴 수 있도록 도와주는 열쇠를 가지고 있다.

다음에는 우리 자신을 변화시키고 싶어하는 열망을 향한 우리 개인의 자유의지에 달려 있다. 우리 자신을 변화시키기 위해 노력하기보다는 다른 사람들을 변화시키고 싶어하는 경우가 훨씬 더 많지 않은가? 그것은 단지 인간일 뿐이다. 우리 자신을 변화시키기 위해 위험을 감수하는 것은 위험하다. ― 우리는 우리가 무엇을 남겨두고 있는지 알고 있지만, 우리가 무엇을 찾을지는 모른다. 우리의 존재 자체에 질문하는 것은 가혹하고 본질적인 발전의 여정이다. 도움을 받더라도 우리는 우리의 가장 깊은 자아와 대면할 때 외롭다고 느낀다.

그렇다면 왜 우리는 잘 실행된 행동의 보호 껍질을 떠나 우리의 모든 취약함 속에서 감히 벌거벗고 세상에 나가려고 애쓸까? 개인적인 선택인지는 모르지만 나는 에니어그램의 효과가 우리 자신을 각성시키는 것이라고 생각한다. 그리고 일단 우리가 각성하면 우리는 더 이상 선택의 여지가 없다. 센터링된 상태의 경험은 우리에게 "이리로 오라"라고 부른다. 내 경험으로 볼 때 두려움으로부터 완전히 자유로워지고, 내 중심으로부터 행동하고, 존재의 더 높은 차원과 연결되어 있다고 느끼는 순간들을 경험하는 것은 충분히 노력할 가치가 있다. 그 순간들 속에서 나는 진정한 나 자신이고, 나는 완전한 나 자신이며, 나는 완전히 영적으로 "신성한" 나 자신이라는 인상을 받는다. 이것이 내가 여러분에게 바라는 바다. 여러분이 하위유형에 대한 지식을 성취와 내면의 평화를 재발견하는 순간들을 위해 적용할 수 있기를 바란다.

3장 참고 문헌

1. Michel Random, 작가, 철학자, 유네스코에 의해 조직된 모든 국제 행사에 참여했고, 때로는 소집자였다.

2. 예를 들어, *La Vision Transpersonnelle, La Mutation do Futur. La Tradition Initiaatique, L'Art Visionnaire.*

3. 자세한 내용은 C. G. Jung (1964) *Man and his Symbols*, UK, Picador를 참조하라.

4. 자세한 내용은 Chevalier and Gheerbrant(1997) *Dictionnaire des Symboles,* Laffont, France 를 참조하라.

5. Boris Mouravieff (1990) *Gnosis*, La Baconniere, France. 그는 기독교 교리의 맥락에서 에니어그램 심볼을 분석한다.

6. 이러한 주장들 중 일부는 1994년 8월 헬렌 팔머에 의해 Gnosis 저널의 인터뷰에서 개발되었다.

7. 중년의 위기에 대한 또 다른 작품은 Francoise Millet-Bartoli (2006) *The Mid-life Crises*, Odile Jacob, Paris.

8. Claudio Naranjo (1991) *Ennea-type Structures*, Gateways books, USA.

9. 이 포럼은 매년 열린다. *http://www.cee-enneagramme.eu* - 를 보라.

10. Karlfried Graf Duerckheim (1970) *Hara: The Centre of Man George*, Allen & Unwin, UK.

11. 하버드 대학의 박사이자 교수. Benson (1975) *The Relaxation Response - how to resist external stress*, Harper Collins USA.

12. Daniel Goleman (2003) *Destructive Emotions and how we can overcome them - a dialogue with the Dalai Lama*, Random House UK.

역자 소개

김환영

한양대학교 교육학과에서 인적자원개발과 기업문화를 공부하여 교육학 박사 학위를 취득하였고, 1995년 이후 ASTD와 국제에니어그램협회에 참가하여 HRD, Enneagram, Coaching 등을 연구하여 삼성, 현대 및 LG 등에서 경영교육 컨설팅을 하였고, 현재 용인대학교에서 경력설계와 멘토코칭 등을 강의하고 있다. 한국에니어그램협회를 창립하여 초대회장을 지냈고, 국제에니어그램협회 인증 교사 및 한국에니어그램연구원 대표로 연구, 강의 및 저술 활동하고 있다. 『에니어그램 딥리빙』과 『코칭퀘스천(스토리나인)』, 『청소년에니어그램 핸드북 및 상담과 코칭 매뉴얼(학지사)』 등 다수의 공역서가 있다.

김선휘

감리교신학대학교에서 신학학사(2005), Wesley Theological Seminary (2011)에서 Master of Divinity 학위를 취득하였고, 기독교대한감리회 중부연회에서 목사 안수를 받고 정회원으로 미연합감리교회 협동 회원으로 목회하였다. 한국에니어그램연구원에서 연구개발 실장으로서 에니어그램과 코칭을 연구, 강의하면서 크리스천 에니어그램 중심의 영성 에니어그램의 보급을 위해 노력하고 있다. The EI(Riso & Hudson), Mario Sikora, Andrea Isaacs 등 세계적인 에니어그램 전문가의 과정에 참여하고, 『청소년 리더십 에니어그램(스토리나인)』을 공역하였고 에니어그램 하위유형과 구르지예프의 제 4의 길의 번역과 연구에 매진하고 있다.

김진태

서남대학교 교육학과에서 에니어그램과 사티어가족상담을 통한 집단치유로 교육학 박사학위를 취득하였고, 1993년부터 대아중학교에서 학생을 가르쳤고, 현재는 전문상담교사로 상담과 코칭을 전문으로 하고 있다. 국제에니어그램협회 정회원으로 Enneagram과 Counseling 관련 학회와 협회에서 교육과 상담 수퍼비전을 하고 있다. 명지대학교 산업대학원(에니어그램상담심리전공) 등에서 강의하였다. 한국청소년상담학회 학회장을 역임하였고, 한국에니어그램상담학회와 한국에니어그램협회 상임이사, 경남가족상담교육원 대표로 활동하고 있다. 『에니어그램 딥리빙』 및 『부부코칭 에니어그램(스토리나인)』, 『에니어그램 9 리더십』, 『자존감 회복 마음톡톡』 등 다수의 저서와 공역서가 있다.

27 하위유형 : 에니어그램의 열쇠

초판발행	2024년 4월 26일
지은이	Eric Salmon
옮긴이	김환영·김선휘·김진태
펴낸이	노 현
편 집	소다인
표지디자인	Ben Story
제 작	고철민·조영환
펴낸곳	㈜ 피와이메이트
	서울특별시 금천구 가산디지털2로 53, 210호(가산동, 한라시그마밸리)
	등록 2014. 2. 12. 제2018-000080호
전 화	02)733-6771
f a x	02)736-4818
e-mail	pys@pybook.co.kr
homepage	www.pybook.co.kr
ISBN	979-11-6519-495-6 93180

*파본은 구입하신 곳에서 교환해 드립니다. 본서의 무단복제행위를 금합니다.

정 가	20,000원

박영스토리는 박영사와 함께하는 브랜드입니다.